코칭 어드벤처

코칭 능력을
무한대로 늘려주는

코칭
어드벤처

벤저민 다우먼 지음   권오상 허영숙 옮김

예미

| 차례 |

1

코칭 원더랜드

이 책에 대한 안내

　코칭을 시작한다는 것은 상상의 세계로 들어가는 일입니다. 코칭은 '다른 사람'이라는 동화의 나라로 떠나는 모험이지요. 이 특별한 세계는 우리의 현실과 비슷할 때도 있지만 이해조차 할 수 없을 때도 있습니다.

　한 조직의 책임자가 자신이 할 수 있는 최선을 다하고자 코칭을 요청하면, 코치는 그의 영역에 관여하기 위해 발을 들여놓게 됩니다. 어떤 코칭고객이 혹시라도 실수가 있을까 두려워 매일 새벽 5시에 일어나서 서류를 검토하고, 이메일을 보내기 전에 몇 번씩 거듭 확인한다고 이야기하면, 그런 경험이 없는 코치는 전혀 다른 세계로 들어선 듯한 느낌이 듭니다. 그 코칭고객에게는 일상적인 경험이지만, 코치인 나로서는 이해하기 어려운 그 사람만의 이야기이기 때문입니다. 그러므로 나는 코칭고객을 효과적으로 도우려면 그 세계를 이해해야만 하고, '나 자신'이라는 동화의 나라에서 빠져나와 그의 세계로 들어가야 합니다.

코칭 어드벤처

코치로서 다른 사람의 세계에 초대받아 그들을 돕기 위해 질문을 던지고, 관찰하고, 도전의 기술을 제시할 수 있다는 것은 대단한 특권이자 책임입니다. 인생이나 일터에서 누구나 경험하는 비슷한 문제들도 각자의 일상적인 경험과 사고, 그리고 감정을 거쳐 자신만의 유일하고 독특한 모습으로 형상화됩니다. 그래서 나는 코칭을 시작할 때마다 코칭고객의 내적 현실이 나의 현실과 똑같은 규칙을 따르지 않는다는 것을 되새깁니다. 그의 세계도, 나 자신의 세계도, 어디로 나아갈지 알 수 없는《이상한 나라의 앨리스》같은 동화의 나라이기 때문입니다. 무엇이 견고하고 무엇이 약한지 미리 알 수는 없습니다. 우리는 이 동화의 나라 안에 과거 문제에 관한 역사적인 장소와 기념비가 있을지, 또는 거대한 자원과 발견하지 못한 잠재력이 있는지 알지 못합니다.

코칭의 세계가 경이로운 것은 고객이 직면하게 되는 도전 때문만은 아닙니다. 문제의 해결과 성장을 위한 해법은 때로는 예기치 못하거나 논리적이지 않은 경로를 따릅니다. 코칭고객이 어떤 상상을 하는지 탐색하고, 일어나고 있는 일에 대한 그의 믿음과 깨달음을 풀어내지 못한다면, 현실적인 해결책을 찾기 위한 일련의 질문은 쓸모없게 될 수 있습니다. 우리는 외적인 진전을 이루기 전에 내적인 현실을 해결해야 합니다. 때로는 문제를 고착화하거나, 해결책이 또 다른 문제를 만들어 내는 경우도 생깁니다. 막연하게 해결책을 찾아내거나, 문제를 엉뚱한 단계에서 검토할 때, 앞으로 나아갈 길을 찾을 수 없게 됩니다.

나는 여러분이 이 책을 읽으면서 자신의 실제 행동에 대한 통찰력을 얻고, 코칭대화 능력를 향상 시킬 수 있는 기술을 배우기를 희망합니다.

예를 들자면 …… 잠깐만요,

"앨리스Alice, 뭐라고?"

"저에 관한 책이기도 하잖아요. 앨리스가 나오는 책이라고 꼭 말해 주세요."

"그래, 그럴게."

이 책은 앨리스에 관한 책이기도 합니다. 앨리스는 이 책의 주인공이며 그녀가 코칭에 대해 배우는 과정을 적었습니다.

"제가 만난 친구들에 관한 것이기도 해요. 리타Rita랑 로날드Ronald에 대해서도 꼭 말해야 돼요."

"근데 앨리스, 리타는 거북이이고 로날드는 물고기잖아. 이건 진지한 책인데, 말하는 동물들을 벌써 소개하는 건 너무 이르지 않을까?"

"그렇지만, 벤 아저씨가 모두 창조하고 생명을 부여했잖아요. 개미, 밧줄, 물건 등등 아저씨가 안 한 척하지는 마세요."

"그래, 내가 한 거 맞지. 의인화했거든. 앨리스, 좋은 지적이야."

"동물과 이야기하고 있다는 걸 곧 잊어버릴 거에요. 그냥 얘기해 줘요."

"앨리스, 이야기에 등장하는 캐릭터들을 몇 명 소개해주는 건 어때?"

"그럴게요. 먼저, 애벌레가 한 마리 있는데, 이름은 모르겠네요. 다음은 리타인데 바다 거북이에요. 제가 처음 봤을 때는 육지 거북이라고 생각했는데 그녀는 육지 거북이 취급을 받는 걸 별로 안 좋아하더라고요. 리타는 대단해요. 코칭에 관한 모든 걸 알고 있어서 제게 정말 많이 가르쳐 줬어요. 로날드는 친구인데 자전거 제조 회사의 관리자

코칭 어드벤처

예요. 리타가 우리에게 어떻게 코칭하는지 가르쳐 줬어요. 아, 로날드는 물고기예요. 제가 말했었나요? 그리고 크리스티나Christina가 있는데 제가 인터뷰를 주제로 코칭한 무당벌레예요. 휴고Hugo는 침팬지인데 사회적 불안을 겪고 있고, 리타의 코칭고객이에요. 저는 휴고의 코칭사례를 보면서 많은 걸 배웠어요. 레이나드Reynard는 도그하우스에서 만난 여우이고, 레드Tad는 개구리이지요. 그에 대해서는 뭐라 말해야 할지 모르겠어요. 노래는 잘 부르는데 약간 정상이 아닌 것 같았어요."

"앨리스, 그 정도면 충분한 것 같아. 몇 가지 놀라운 일들은 조금 숨겨두자고. 이젠 우리 독자들에게 무엇을 배우게 될 건지 이야기하자."

코칭은 목표를 찾는 것에서부터 시작합니다. 그러므로 우리도 당신에게 이 책을 통해 어떤 목표를 달성하고 싶은지 물어보는 것이 적절하다고 보이네요. 다음과 같은 내용을 고려해서 생각해 보실래요?

- 코칭과 관련해서 무엇을 배우고 싶은가?
- 답을 듣기를 원하는 당신의 코칭 관련 질문은 무엇인가?
- 이 책이 당신에게 읽을 가치가 있게 하는 것은 무엇인가?

물론 이 질문들에 대해 제대로 답을 하지 못할 수도 있습니다. 코칭이 처음이라면, 코칭이 무엇이고, 어떤 역할을 하며, 핵심 기술이 무엇인지에 대해 더 이해하고 싶을 것입니다. 그렇다면 이 책의 앞부분의 내용이 큰 도움이 될 것입니다. 만약 당신이 코칭을 경험한 적이 있다면, 앞부분은 보다 심화된 코칭개념으로 나아가기 전의 중요한 복습이 될 것입니다. 뒷부분은 좀 더 복잡한 아이디어를 소개하고 코치와 그들의 코칭고객이 경험할 수 있는 복잡한 관계를 다루게 됩니다.

"벤 아저씨가 이 책을 쓰게 된 동기도 설명해야 한다고 생각해요."
"앨리스, 좋은 제안이야. 독자들은 두 가지 질문을 가지고 있을 거야. 왜 코칭에 대해 쓰게 되었는가? 그리고 왜 이 책을 쓰게 되었는가?"

왜 코칭에 대해 쓰게 되었는가? 나는 코치의 기술과 태도가 점점 더 중요해지고 있다고 믿고 있고, 코칭에 대해 관심이 많습니다. 비즈니스 세계가 빠르게 변화하기 때문에 스트레스 지수도 빠르게 상승하고 있지요. 그런 상황에서 질문과 경청 기술의 중요성이 잊힐까 걱정입니다.

당면한 문제들을 풀어내는 시간은 점점 더 오래 걸리고, 갈등은 풀기 어려워지고 있습니다. '나를 따르라'고 외치던 영웅적 리더십은 구시대의 유물입니다. 오늘날은 리더로 성공하고 싶다면 스타일과 접근법이 달라야 합니다.

더 넓은 사회에서 우리는 양극화와 갈등이 심해지는 것을 목격하고 있는데, 한쪽이 다른 쪽을 밀어붙여서는 해결될 것 같지 않습니다. 다른 사람의 관점을 듣고 인정하는 능력과, 그 관점이 서로 다르더라도 이해하고자 질문하고 관찰하는 것이 통합과 일치의 핵심입니다. 너무 이상적인지는 모르지만, 나는 코칭의 핵심 기술이 크게 기여할 수 있다고 믿습니다.

코칭에 대해 책을 쓰면서 나는 세 가지를 말하고 싶습니다. 첫째, 전문 코치들의 코칭역량을 강화하는 다양한 방법 제공, 둘째, 코칭 리더십 스

코칭 어드벤처

타일과 관리자, 기업인, 리더들에게 코칭기술 적용, 셋째, 질문, 탐색, 경청기술과 태도 등 코칭의 기본기술들을 일상 대화에 적용할 것을 강조하고 싶습니다.

"와! 벤 아저씨, 무거운 주제네요. 코칭이 세상을 구할 수 있다는 것처럼 들려요."
"앨리스, 너도 그렇게 생각해? 세상을 구하는 그런 일은 하지도 않고, 할 수도 없다는 건 분명히 얘기해 줄 수 있어. 하지만 코칭의 기술들이 내가 사람들에게 나눠줄 수 있는 중요한 도구라고 생각해."

왜 이 책을 쓰게 되었는가? 두 번째 질문이었죠. 여러 가지 이유가 있습니다. 먼저, 코칭에 관한 책 대부분이 교재나 실무지침서라는 것입니다.

"지루해요! 학교를 생각나게 만들어요. 교재는 정말 지루해요."
"앨리스, 교재를 좋아하지 않지? 나도 개인적으로 코칭에 대해 잘 쓰인 교재들을 읽으며 공부하지만, 교재를 읽어서 이해한다는 건 어려운 일이야. 나는 재미도 있고 학습을 쉽게 할 수 있는 책을 내고 싶어. 코칭에 대한 복잡한 아이디어에 쉽게 접근하고 이해할 수 있도록 생생한 사례를 소개하고 싶어."

여기서 잠깐 앞으로 읽게 될 단원들의 내용을 간단히 소개하고 싶습니다.

2장에서는 코칭이 무엇이며, 왜 그러한 접근 방법이 쓰이는지에 대해 소개합니다. 제가 내린 코칭의 정의는 잠재력을 끄집어내고, 유연성을 증가시키고, 대안을 제공함으로써 개인을 성장시키는 도구라는 것입니다.

잠재력을 꺼내고 여는 것은 사고와 느낌, 의사소통, 그리고 행동의 패턴을 제한하는 무언가가 있다는 것을 인식하도록 돕는 일입니다. 그 결과 코칭고객들은 자신의 잠재력을 활용하고 발견할 수 있습니다. 이러한 제한 요소들은 과거의 경험과 연결되므로 탐색이 필요합니다. 누구든 생각과 감정이 내 안에서 어떻게 작동하는지 깨닫게 되면 생각과 감정을 활용할 수 있게 됩니다.

유연성을 증가시키고 대안을 주는 것은 사고나 감정뿐만 아니라 행동에도 적용됩니다. 반복되는 상황에 대해 항상 똑같은 감정적 반응을 보인다면 향후의 행동에서도 별다른 선택의 여지가 없다는 걸 알 수 있습니다.

코칭은 새롭게 행동하는 방식을 탐구하고 조망할 수 있게 하고, 생각과 감정을 바꾸는 데 필요한 새로운 관점을 가져다줍니다. 개인이 성장할 수 있도록 개발한다는 것은, 스스로 깨닫고, 감정과 행동의 범위를 확장하는 것을 돕는 큰 그림을 그리는 일입니다. 이는 코칭주제를 넘어서는 이익을 가져다주며 구체적인 코칭주제 뿐 아니라 한 개인의 성장 차원에서도 도움이 됩니다.

3장은 필수적인 코칭기술인 경청에서 시작하는데, 우리들은 스스로 생각하는 것만큼 경청의 기술이 좋지 않다는 점을 깨닫는 시간이 됩니다.

"벤 아저씨, 실은 제가 읽은 설문 조사에서 거의 모든 사람이 자신들의 경청기술에 대해 '보통 이상'이라고 대답했다는 것을 읽었어요."

"음, 그래, 그렇지, 앨리스. 그게 내가 말하고 싶었던 거야."

3장은 질문하기와 관련된 내용으로 열린 질문과 닫힌 질문의 차이점에 관하여 탐구하고, 코칭이 주로 열린 질문을 다룬다는 것과 무엇이 좋은 질문인지 살펴봅니다.

"그리고 개구리가 만돌린을 연주하는 동안 저는 노래를 해요."

"그렇지, 앨리스, 잘 기억하고 있네. 말해줘서 고마워."

"제가 지금 다시 노래 불러도 될까요? 아주 좋은 도입부가 될 것 같은데요?"

"앨리스, 네 열정을 사랑하지만, 그 노래는 잠시 아껴둬야 한다고 생각해. **3장**에서 더 많이 즐길 수 있을 거야. 지금은 이 책에서 바로 다음에 나오는 것에 관해 이야기하면 어떨까?"

"벤 아저씨, 노래 부르는 건 일단 참을게요. **4장**은 로날드를 만나서 그와 함께 코칭을 하는 얘기죠. 로날드는 코칭이 진짜 도움이 된다는 것을 깨닫고 자기 자신을 코칭하는 데 호기심이 생겨서 리타에게 좀 더 깊이 있게 배우게 돼요. **5장**은 제가 리타와 로날드에게 정말로 어려운 수수께끼를 내기 때문에 아주 재미있어요. 제가 '구멍을 많이 만들수록 구멍 숫자가 적어지는 것은 무엇인가?'라고 물었어요."

"정말 어려운 수수께끼네. 그런데 그게 **5장**의 핵심 내용은 아니잖아."

"벤 아저씨는 항상 너무 심각해요. 좀 더 웃어보세요. 제가 아저씨를 위해 재미있는 시를 찾아 드릴게요."

앨리스는 시를 정말 좋아합니다. 비록 단어를 틀리는 경향이 있지만, 시구절을 자주 인용합니다.

> "틀리는 게 아니고요. 활용영역을 넓혀서 주제에 적절하게 만드는 거 예요."
> "앨리스, 그건 미처 몰랐네. 미안해. 네가 적절한 시를 찾는 동안 나는 내 책을 계속 설명해도 될까?"

앨리스는 가버렸네요.

5장에서는 앨리스의 구멍 수수께끼뿐만 아니라, 어떻게 코칭대화를 진행하는지 처음부터 끝까지 진행구조를 제공하는 GROW 코칭모델을 소개합니다. 당신이 코칭에서 사용하기 좋은 질문들이 많이 제공되지요. 이 책에서 GROW모델을 택한 이유는 단순하고 효과적이기 때문이에요. GROW모델은 딱 4개의 단계로 구성되고 다양하게 적용할 수 있습니다.

6장에서 앨리스가 GROW모델을 실전에 사용하는 모습을 보게 되고, 코칭대화의 사례도 제공됩니다. 지난 15년간 저는 수백 번의 코칭을 경험했고, 그 과정에서 코칭고객들이 직면한 도전과 문제를 서술하는 방식에 일정한 패턴이 있음을 발견했습니다. 이 책에 실린 코칭사례는 내가 과거 만났던 어느 특정한 한 고객과의 경험이 아니라, 특정 이슈와 관련 있는 여러 사례를 모아서 만들었습니다. 제 경험을 최대한 활용하여 각 주인공의 대답을 실제 그것과 일치시키려고 노력하였습니다.

6장은 코칭과 다른 접근 방법 간의 차이점을 살펴봅니다. 멘토링, 교육, 카운슬링, 치료 등의 접근 방법과의 차이점을 설명하였습니다. 사람들이 코칭을 배우기 시작할 때 혼란이 있다는 것을 알고 있습니다. 각각의 접근 방법은 모두 가치가 있지만, 무엇이 코칭이고 무엇이 아닌지에 대해 명확하게 하는 것이 도움이 될 것입니다.

7장은 생각지도라는 개념을 소개하는데, 우리는 모두 각자의 내면에 자신만의 고유한 세계를 가지고 있다는 아이디어에서 출발합니다. 우리는 우리가 경험한 세상이 가장 사실적인 것으로 믿지만, 우리의 인식은 자기 생각과 느낌, 믿음, 가치관 그리고 과거의 경험을 바탕으로 형성됩니다. 코칭에서 이 개념은 매우 중요합니다. 왜냐면 코칭고객들이 자신이 직면한 도전이나 문제를 어떻게 구조화하는지를 이해하는 것은, 코치에게 실용적인 도움을 줄 때가 많기 때문입니다. 코치의 주된 역할은 코칭고객이 실제 상황과 자신들의 생각을 분리할 수 있도록 질문하는 것입니다.

8장에서는 새로운 것을 배울 때마다 거쳐야 하는 학습사다리 4단계를 소개합니다. 이 4단계는 각각 무의식적이고 기술이 없는, 의식적이고 기술이 없는, 의식적이고 기술이 숙련된, 무의식적이고 기술이 숙련된 단계로 나누어집니다.

"그리고 우리는 해변으로 가지요."

"앨리스, 다시 왔구나! 나는 지금 학습사다리를 소개하는 중이었어."

"벤 아저씨, 적당한 시를 찾을 수가 없어요. 그냥 기억나는 대로 읊어볼래요."

앨리스가 자세를 바로 하고 반듯하게 서 있습니다. 시 낭송을 들어보시지요.

미소는 전염성이 있지.
나에게서 너에게로 퍼져나가지.
바다 거북은 오늘, 나를 보고 웃었지.
그 웃음은 나에게 새로운 것을 가르쳐주었지.

내가 모르는 것을 발견했고
내가 숙련되지 않았다는 것을 깨달았지.
하지만 그래서 나는 배우기를 열망하고
나의 경험은 쌓여가겠지.

나는 새로운 것을 배울 때마다 웃게 되고
내가 새로운 것을 실천하는 동안
나는 배우는 것이 즐겁다는 것을 깨닫게 되지.
지금 내가 즐겨 배우는 이걸 코칭이라 하지.

네가 배울 때에도, 잠시 멈춰
너 스스로 활짝 웃어봐.
지식과 기술이 너를 웃게 하고
너도 전문가가 되어 가지.

"앨리스, 매우 훌륭해. 어떻게 그렇게 잘 할 수 있어?"

코칭 어드벤처

"제가 완전히 정확하게 기억해낸 건지 확실하지는 않아요."

"그래도, 아주 사랑스러운 시인걸. 나는 지금 이 책에서 무엇을 다루는지 개요를 설명하고 있어. 계속해도 되겠지?"

그녀는 혼잣말을 중얼거리고 있네요. 아마 그녀는 시의 원래 버전을 기억해 내려고 하는 거겠지요. 나는 하던 얘기를 계속해 보겠습니다.

9장은 사회적 불안을 가진 코칭고객의 사례입니다. 이것은 코칭고객 자신의 생각지도 안에서 생각과 감정 때문에 문제가 발생하는 사례입니다. 그 문제는 코칭고객 자신의 사고와 감정 안에 존재하기 때문에, 우리는 이를 변형시켜서 꺼내올 길을 찾아야 한다는 것이지요.

나는 코치들이 그렇게 하면 해결될 수 없을 것 같은 문제들에 대해서 '실질적'인 해결책을 적용하려는 것을 너무 자주 보았습니다. 이러한 '실질적' 해결책은 문제의 원인보다는 증상을 다루려는 경향이 있습니다.

예를 들면 **9장**에서 우리의 코칭고객인 휴고는 사회적 불안과 더불어 새로운 사람들과 대화를 하는 데 어려움이 있습니다. 친구와 같이 참석하거나, 긴장을 완화할 수 있도록 음료수를 한 잔 마시라는 식으로 실질적인 제안이나 도움을 줄 수 있습니다. 하지만 이런 것은 문제의 증상만 다루게 되며 장기적으로는 도움이 되지 않습니다.

10장은 관리자가 조직 내에서 코칭을 활용하는 것을 다룹니다. 점점 더 많은 리더와 관리자들은 자신들의 팀, 동료, 고객, 협력업체들과의 대화에서 코칭적 접근을 사용하여 성과를 보고 있습니다. 이 장에서 우리는 코칭적 접근을 적용하는 최선의 방법과 그 방법이 어떻게 효과적으로 작동하게 만들지를 다룹니다. 또한 코칭은 시작이 특히 중요하므로, 코칭계

약을 포함한 시작단계를 검토하고, 어떻게 역할, 책임, 기대를 명확하게
할지에 대해서도 다룹니다.

11장에서는 코칭관계 안에서 존재할 수 있는 역학관계를 다루고, 명
백한 경계를 정하지 않아서 발생하는 복잡한 관계를 검토합니다. 코치가
코칭고객의 문제를 해결하기를 지나치게 원하는 상황에 휘말리면 어떤
일이 일어날까요? 이런 일은 코치가 고객에 대해 깊은 관심을 가지고 도
와주기를 원하거나, 자신의 자존심으로 인해 '성공적인' 결과를 지나치게
원할 때 일어납니다.

그러므로 이 시점에서 우리는 도움을 주는 것이 오히려 도움이 되지
않는 경우가 언제인지 생각해 봐야 합니다. 코칭대화가 코칭고객의 주도
성을 빼앗고 있는지 어떻게 인지할 수 있을까요? 어떻게 코치는 코칭고객
에게 주도권을 부여하고 의존성 대신 자기 신뢰를 촉진할 수 있을까요?
이러한 모든 의문을 다룹니다.

12장에서는 코칭고객이 제기하는 문제가 자신의 책임임을 인정하기
를 꺼리고, 문제 해결을 주저하면서 생기는 불편한 코칭대화의 사례를 보
여줍니다. 이것은 여러 가지 원인으로 생길 수 있습니다. 자기 자신의 역
할에 대한 인식이 부족하거나, 문제가 그들에게 주는 이익을 잃는 것을
두려워하거나, 문제에 맞서기 위한 에너지나 자원을 가지지 못하는 경우
입니다. 이유가 무엇이든 이 장에서는 이런 이슈가 어떻게 다루어져야 하
는지 보여주고 있습니다.

13장에서는 코칭고객과의 라포rapport형성의 중요성에 대해서 검토합
니다. 코칭을 위해서 라포형성이 얼마나 필수적인지를 고려한다면, 이렇
게 뒷부분에서 이것을 소개하는 것이 이상해 보일지도 모르겠습니다. 라

포형성은 코칭훈련의 초기 단계에서 자주 다루어지며 매우 단순한 기술 중의 하나로 간주하고 있습니다. 그러나 내 경험상 나중에 더 많고 복잡한 코칭기술이 다루어지면서 잊히는 경우가 많았습니다. 코칭고객의 생각지도 안으로 함께 들어가 일하면서 깊은 라포를 형성하는 것은 숙달을 요구하는 고급 기술이기 때문에 라포형성의 중요성을 잊는다는 것은 무척 안타까운 일입니다.

> "과학은 유일하고 진정한 과목이고, 예술은 시간 낭비라고 말하는 우리 학교의 파커Parker 선생님처럼요!"
> "앨리스, 그게 무슨 뜻이지?"
> "그게 말이죠, 리타는 누군가에게 동의한다는 것과 진실로 인정한다는 것은 큰 차이가 있다고 말했어요. 저는 항상 파커 선생님이 틀렸다고 생각하지만, 만약 제가 파커 선생님을 코칭하고 있다면 저는 선생님의 의견을 인정하고 그녀의 생각지도와 함께 작업하겠지요."
> "앨리스, 멋진 표현이네."
> "비록 파커 선생님은 틀렸지만요."
> "좋은 지적이야. 코치로서 코칭고객의 사고와 감정에 도전하는 방법은 그에 반하는 것이 아니라 함께 하려는 것이지."

13장에서는 라포 뿐만 아니라 코칭 과정에서 일어나기 쉬운 소위 '코칭고객의 저항'에 대해서 다룹니다. 저항이 코칭고객에게 내재하고 있다고 생각하지 않습니다. 그보다는 코치가 '하거나, 하지 않는 어떤' 일에 대한 반응이라고 봅니다. 통상적으로 저항은 코치가 불충분한 라포를 형성하고 코치 자신의 생각지도를 코칭고객에게 반영하려고 할 때 나타납니다.

14장은 피드백을 소개하고, 그것을 코칭에서 어떻게 사용하는지에 대해 검토합니다. 관리자로서 피드백을 주는 것과 코치로서 피드백을 주는 것은 다르지요. 우리는 먼저 코칭 스타일이 어떻게 관리자 피드백을 위해 사용되는지를 검토하고 그 후에 코칭에서는 어떻게 다른지 검토할 것입니다.

코칭에서의 피드백은 말 그대로 코칭고객에 대한 관찰을 피드백하면서 필요하다고 판단되면 코칭고객의 주목을 받도록 하는 것입니다. 예를 들어, 코칭고객이 특정 단어를 말하거나, 어떤 일에 반응하여 신체 언어나 톤을 바꾸거나, 혹은 코치가 행동이나 사고의 패턴을 알아차렸을 때입니다.

15장에서 갈등 탐구를 통한 코칭대화가 나옵니다. 우리 대부분은 직장이나 개인적인 삶의 관계에서 여러 가지 어려움을 경험하며, 갈등은 흔한 코칭이슈이기도 합니다. 이 장에서 코칭고객이 성장하도록 도와주는 갈등의 역학에 대해 살펴보고, 그것이 통찰력과 깨달음을 가져다주는 실용적인 도구라는 걸 보여줍니다.

16장에서는 입장에 따른 인식차이에 대한 보다 자세한 설명과 함께 코칭대화에 대해 살펴보고, 우리가 무언가를 자각할 수 있는 각기 다른 세 가지 입장에 대해 탐색합니다.

첫 번째 입장은 '당신YOU의 입장'입니다. 코칭고객이 어떻게 느끼고 있는지 그리고 그의 현실, 생각, 믿음, 가치, 목표, 필요를 알고 있는가에 대한 것입니다.

두 번째 입장은 코칭고객의 경계선을 이해하는 필수적 요소로서 '상대 방OTHER의 입장'이며 상대방의 관점, 감정, 생각, 가치, 믿음 등을 경험하는 것입니다.

세 번째 입장은 거리를 두는 '상대방OBSERVER의 입장'이며 특정한 상황이나 관계 밖에 있는 사람입니다. 이것은 객관적인 관점이며 상황으로부터 물러나서 큰 그림을 보게 됩니다. 이는 개입된 모든 사람에 대한 보다 넓은 결과를 보면서 그 상황에서의 감정을 분리하는 데에 도움을 줍니다.

17장에서는 슈퍼비전이라는 아이디어를 소개합니다. 슈퍼비전은 코치를 위한 코칭이라 할 수 있습니다. 코칭에는 슈퍼비전의 여러 측면이 존재합니다. 코칭에서 사용할 수 있는 다른 접근 방법을 탐색하고, 특별한 코칭고객을 돕는 기술을 개발하고, 전략을 모색하고, 코치 자신의 느낌과 생각이 코칭에 지나치게 영향을 미치는 상황을 찾아내는 것을 포함합니다. 이것은 코치의 성장을 다루는 것이기도 합니다.

18장에서는 해결책이 어떻게 문제가 될 수 있는지 검토합니다. 어려움이나 도전에 직면했을 때, 해결책으로 시도한 것이 새로운 문제를 만들어 내면 결국 초기의 어려움을 해결하지 못한 결과가 됩니다. 관련된 상황을 무시하거나 존재 자체를 거부할 때 일어나지요. 이것을 해결하려는 시도입니다.

문제를 무시하거나 거부하면, 문제와 분리되고, 어려움을 덜 겪게 되기 때문에 상황이 나아졌다고 느낄 수 있습니다. 하지만 문제의 존재를 부인하는 것은 해결을 어렵게 할 뿐입니다. 문제 자체가 알아서 사라지지 않는다면 말입니다. 문제 보기를 거부하는 것은 해결을 위한 기회를 거부하는 것이라 할 수 있습니다. 그런 상황에서는 수준을 다르게 하여 문제를 검토할 수 있지요.

"만약 당신이 자전거를 빠르게 달리게 하고 싶다면, 페달을 빨리 밟거나, 페달 속도는 그대로 하더라도 기어를 바꿔서 속도를 높일 수 있을 텐데요."

"앨리스, 네가 설명하는 게 낫겠어!"

"벤 아저씨, 이건 리타가 가르쳐 준 거예요. 변화를 만드는 여러 가지 방식이 있다는 거죠. 첫 번째 방법은 페달을 더 빨리 밟아서 빠르게 가는 것처럼, 현재 상황을 고수하면서 그 안에서 발생하는 해결책을 찾자는 것이고, 두 번째 방법은 문제의 정의를 바꾸거나 문제의 구조를 바꾸는 거지요. 기어를 새로 변속하는 것 같이 아예 새로운 방식으로 문제를 해결하는 걸 말해요."

"앨리스, 설명을 잘하고 있네. 계속해 봐."

"벤 아저씨, 우리는 케이크에 관해서도 얘기했어요. 케이크는 제가 좋아하는 거라서 즐거웠어요. 아 참, 그리고 우주선도 나와요. 아, 그 모습이 아저씨 눈 속에 있네요! 이제 다음 장에 관해서 이야기해야겠어요. **19장**에서 리타는 흥미로운 두 가지 심화 개념을 소개했어요. 첫 번째는 투영으로 불리는, 혹시 '인식의 투영'인가, 뭐라고 하죠?"

"앨리스, 투영해서 인식한다는 거야. 투영은 우리가 소유한 정보가 다른 사람에게서 나타나는 것을 볼 때 발생하지. 자기의 특성을 상대방에게서 찾으려 해서 생겨. 만약 그렇지 않았다면, 우리는 다른 사람에게서 볼 수 없었겠지. 우리가 알아채는 건 다른 사람에게 투영했다는 얘기라는 거지."

"맞아요. 바로 그거예요. 코칭에서 내가 기억하는 건, 필요한 정보나 대답은 코치가 투영한 게 아니라 코칭고객이 의미 있게 제시하는 것에서 찾으라는 거였어요. 그렇지 않으면, 우리는 코칭고객의 생각지도와 함께 일하는 게 아니고, 코치 자신의 생각지도 안에서 일하고 있는 거지요."

"맞아, 앨리스. **19장**에서 다룬 두 번째 개념은 뭐지?"

"그것은 코치가 코칭을 통해 중대한 영향을 미칠 수 있다는 믿음이에요. 리타가 우리에게 교사에 관한 연구 결과를 말했는데, 교사가 학생들에게 가진 관점이 학생들의 IQ 향상에 차이를 가져왔다는 내용이었어요. 제가 과학을 못 하는 것도 실은 파커 선생님이 제가 과학을 잘하지 못한다고 생각하기 때문에 그런 게 아닌지 의문이 들어요."

"앨리스, 그럴 수도 있지. 아마 우리는 그 점에 대해 좀 더 많은 이야기를 나눠야 할지도 몰라. 타인에 대한 우리의 관점이 그들의 행동에 대한 해석과 반응에 영향을 미치는 것은 분명 사실이야. 이 장에서 도움이 되었던 '믿음'을 기억하니?"

"물론이죠. 저는 그 부분도 매우 좋아해요. 리타는 자기가 믿고 있는 것이 진실이라고 주장하는 건 아니라고 설명하면서, 그것이 진실인지 알아보는 시도가 도움이 될 거라고 말했어요. 전 리타가 말한 첫 번째 아이디어를 좋아하는데, 그건 사람들이 그 순간에 할 수 있는 최선의 선택을 한다는 거였어요. 각자의 생각지도를 기반으로 우리가 할 수 있는 최선의 선택을 한대요. 때로는 선택이 좋지 않았거나 부정적인 결과를 가져오더라도, 어떤 단계에서는 그게 앞으로 나아가는 최선의 방법이라는 거예요.

두 번째 아이디어는 그들의 행동이 그 사람 자체라고 생각하지 말라는 거예요. 리타는 사람들이 밖으로 표현된 행동을 토대로 판단하는 편견을 가지고 있다고 설명했어요. 그걸 귀인이론이라고 한대요. 어떻게 행동과 태도를 설명하는가 하는 내용이에요. 가장 흔한 실수는 우리 자신의 행동은 환경이나 우리가 처한 상황 탓으로 돌리지만, 다른 사람의 행동은 그 사람 전체의 문제라고 판단하는 거예요."

"매우 좋아, 앨리스. 감동이야!"

"세 번째 아이디어는 우리가 필요한 자원을 이미 가지고 있거나 만들 수 있다는 거예요. 자원이 없는 사람은 없는데, 단지 없다고 생각하는 심리 상태라는 거지요. 우리는 우리가 가진 문제를 뛰어넘는 존재이고, 우리 안에 해답과 해결책을 가지고 있다는 내용이었어요. 우리 인생에 찾아오는 도전을 다루는 방법을 배울 수 있다는 거예요.

벤 아저씨, 다음 건 어떻게 하죠? 제가 지금 케이크와 우주선에 대해 말해도 될까요?"

"네가 아주 잘 정리해 줬으니 이제 케이크와 우주선에 관해 이야기해도 좋겠어. 처음과 연결할 수 있도록 하는 건 어때? 이 모든 게 시작된 곳으로 데려가는 거야."

"제가 아팠던 때요?"

"응, 그게 바로 시작점이지."

"오케이, 벤 아저씨, 시작하죠!"

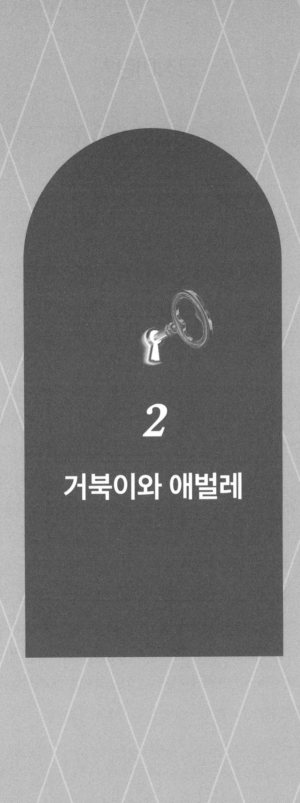

2

거북이와 애벌레

코칭이란?

방학한 지 두 주일이 지났다. 하지만 앨리스는 벌써 아무것도 안 하며 지내는 일상에 지쳐갔다. 게다가 학기 말 무렵 심한 감기에 걸리는 바람에 손꼽아 기다리는 즐거움도 없이 방학을 맞이했다. 이 신나는 방학의 시작을 집에 머물며 침대에서 지내야 한다니. 그녀는 친구들이 보내는 재미있는 방학을 상상만 하면서 콜록거리는 한 주를 보낼 수밖에 없었다. 앨리스는 그 한 주일 동안 시도 읽고, 때로는 우주선을 타고 날아가는 꿈도 꿨지만, 어쨌든 집에 있는 건 너무 외롭고 심심했다. 아침마다 앨리스는 체력이 회복되기를 원했고, 친구들과 재미있게 노는 시간을 기대했다. 그러던 화창한 목요일 아침, 마침내 앨리스는 스스로 자신의 상태가 나아졌다는 결정을 내렸다. 오늘은 산책할 수 있을 거라고 자신을 격려했다.

앨리스의 아빠가 방으로 들어왔다. 그는 '굿모닝, 앨리스'라고 말하면서 딸을 한 번 안아주고는 이마에 손을 올려 열이 있는지 살폈다.

"기분이 좋아졌어요." 앨리스가 말했다.

"아직 미열이 있는걸?" 앨리스의 아빠가 말했다. "아직 다 나은 건 아니야. 그런데 오늘 어쩌지? 일하러 가야 하는데, 널 혼자 둘 수도 없고, 걱정이네."

"저는 괜찮아요, 아빠." 앨리스가 눈을 감으면서 중얼거렸고, 다시 잠에 빠져들었다.

산만하고 변덕스러운 꿈이 이어졌고, 그녀는 몸을 뒤척이면서 돌아눕느라 간간이 잠을 깼다. 마침내 제대로 일어났고, 몸이 가벼워진 느낌을 받았다. 완전히 정상으로 돌아온 건 아니지만, 에너지를 느꼈다. 거의 2주 만에 처음으로 침대를 벗어나는 것처럼 느껴졌다.

"지금 상태가 어때?" 그녀가 자신에게 물었다.

몸의 미열은 사라졌고, 자신도 알 수 없는 이상한 뭔가가 있었다. '내 생일인가?' 생일 아침의 흥분된 느낌과는 조금 다르다고 확신했다. 실수로 옆집 존스Jones 아줌마네 온실 화분을 깼을 때의 느낌과 비슷하기도 했다. 얼른 가서 제가 실수로 깨뜨렸다고 말해야 한다고 느꼈지만, 그것도 아닌 걸 알고 있었다. '앨리스, 이런 느낌은 뭐지?'라고 그녀는 자신에게 혼잣말했다.

앨리스는 아침을 먹으며 토스터에서 갓 나온 빵이 바삭거리는 소리를 주의 깊게 들었다. 그것도 정상이었다. 그녀는 자신의 손가락과 발꿈치를 확인했다. 그들도 모두 잘 있었고 정확하게 잘 움직이고 있었다. 그녀는 테이블 위에 놓인 커피잔을 들어 한 모금 마셔봤다. 커피는 여전히 그녀의 입을 뒤집어 놓을 만큼 독특한 쓴맛을 제공했다. 그렇게 모든 사물이 정상임에도 불구하고 그녀는 무언가 잘못될 것이라는 예감에서 벗어나기 어려웠다. 거칠고 모험적인 '어떤 일들'이 일어나리라는 예감. 그것을 그녀는 과거의 다양한 경험들로부터 익히 알 수 있었다.

"산책하러 갈래." 그녀가 자신에게 말했다. "신선한 공기가 필요해."

밖으로 나가니 태양은 환하게 빛나고 있었고, 새들이 지저귀고 있었다. 앨리스는 산책로를 따라 강가의 숲으로 걸어 들어갔다. 길은 강둑으로 이어졌다. 강물은 자갈과 바위에 부딪혀 거품을 내면서도 빠르게 흐르고 있었다. 발걸음을 멈추고 한참 동안 지켜보다가 다시 산책을 이어갔다. 물살이 소용돌이치는 모습을 지켜보며 걷는 것은 무척 신나는 일이어서, 앨리스는 한 남자가 가까이 있다는 것을 미처 알아차리지 못했다. 깔끔한 양복을 입은 그는 나무 아래 벤치에 앉아 있었다. 그녀는 순간적으로 멈춰 섰다.

'사람이 아니잖아.' 그녀가 속으로 말했다. '아아, 앨리스, 뭔가 이상한 걸 먹었나 봐.' 그녀는 근심스러운 목소리로 덧붙였다. 벤치에 앉아 있는 것은 정장을 입은 커다란 애벌레였다. 그 애벌레는 자기 머리를 두 손으로 감싸고 앞으로 기울이고 있었다. 앨리스는 뭔가 불행한 순간을 보았다고 생각했다.

'행복한 애벌레와 불행한 애벌레의 차이는 뭘까?' 그녀는 자신에게 단순하게 질문했다. '수업 시간에 열심히 공부하지 않았더니 잘 모르겠네. 저 애벌레가 어떻게 느끼는지 알아차리는 방법을 배워둘걸.' 그녀는 수업에서 애벌레의 감정에 대해 배웠는지 기억하려고 애썼다. 머리에 떠오르는 건 아무것도 없었다. '어째서 아무것도 기억하지 못하는 거야?' 그녀는 자책했다.

좀 더 가까이서 보니 앨리스는 애벌레가 검은색 정장에 핑크 넥타이,

갈색 벨트와 여러 컬레의 갈색 신발을 색깔을 잘 맞춰서 신고 있는 것을 알 수 있었다.

'매우 특이하네.' 그녀는 혼자서 말했다. '더군다나 그렇게 많은 신발을 신고 있는 애벌레를 본 적이 없어. 진짜야. 이 커다란 애벌레를 보고 매우 놀라는 건 당연해. 아빠가 일하러 가실 때 정장을 입는 건 매일 봤지만, 거대한 애벌레가 정장을 입은 걸 본 적은 없잖아.'

그녀의 생각은 거기서 멈췄다. 애벌레가 자기 앞에 서 있는 그녀를 보려고 그의 머리를 서서히 들어 올리기 시작했기 때문이었다.

"안녕?" 앨리스가 말했다.

애벌레는 대답하지 않았다.

"안녕?" 앨리스가 다시 말했다. "멋진 아침이야." 앨리스의 어머니는 앨리스에게 신나게 말하는 방법을 잘 가르치며 키웠다.

애벌레는 고개를 들어 앨리스를 응시했다. 좀 더 정확하게 말하자면 앨리스를 한번 쳐다보고, 자기 머리를 손으로 감쌌다.

'얼마나 이상한 일이야.' 앨리스는 애벌레가 자신을 보지 못한다고 생각했다. '내가 보이지 않는 존재가 됐나 봐. 안 보이는 존재라니, 얼마나 이상한 생각이야?' 그녀는 자신을 투명인간이 되었다고 단정했다. '눈에 보이지 않는 사람으로서 어떤 재미있는 일을 할 수 있지?' 그녀는 자신이 할 수 있는 모든 마술을 생각하기 시작했다. 우선 엄마가 구운 쿠키를 엄마 모르게 가져올 수 있고, 저녁 식사 때 아빠 접시에서 감자튀김을 들키지 않고 집어먹을 수 있다는 걸 생각해 냈다.

"멋진 아침은 아니야. 매우 기분 나쁜 아침이야." 애벌레가 앨리스의 생각을 방해하면서 외쳤다. 앨리스는 그가 누구에게 말하고 있는지 보기 위해서 주변을 둘러보았다. 자신은 보이지 않을 테니까 분명히 누군가 다른 이에게 말했다고 생각했다. 그러나 주변에는 아무도 없었다. 게다가 그의 말은 그녀의 인사에 대한 대답이 분명했다. 보이지 않지만, 들을 수 있다는 게 말이 되냐고 생각했다. 몸은 없이 목소리만 내고 있다니!

'재미있네. 드디어 여동생 로리나Lorina에게 마술을 쓸 수 있게 됐어.'라고 그녀는 자신에게 말했다. 그녀는 여동생에게 달려가서 동생의 귀에 대고 큰 소리로 말했던 걸 떠올렸다. 학교에 대해서도 생각나는 게 있었다. '난 선생님의 모든 질문에 큰 소리로 대답했거든. 선생님은 기다렸다가 손을 들고 말하라고 얘기해 줄 틈도 없었지.' 그녀는 유쾌하게 자신에게 말했다.

애벌레가 그녀를 정면으로 쳐다보더니, "끔찍한 아침이야."라고 되풀이해서 말했다.

"나한테 말하고 있는 거니?" 앨리스가 말했다.

"물론!" 애벌레가 미간을 찌푸리면서 말했다.

"그럼, 네 말이 맞네, 매우 끔찍한 아침이야. 나는 내가 보이지 않는다고 생각했는데 알고 보니 아니었어." 앨리스가 고개를 끄덕이며 애벌레의 말에 동의했다. 애벌레는 그녀를 이상하다는 듯이 쳐다보았다. 앨리스는 대화를 계속하려면 애벌레의 아침이 왜 그렇게 끔찍했는지 물어보면 되는 걸 알고 있었지만, 그냥 가만히 있었다. 그러다가 결국 물었다.

"오늘 아침에 뭐가 그리 끔찍했어?"

"이해하지 못할 거야." 애벌레는 앨리스를 쳐다보면서 대답했다.

앨리스는 그 말이 맞을 거라고 생각했다. 그녀는 정장을 차려입은 사람들의 직업에 대해서도 거의 알지 못했다. 하지만 도움이 필요한 사람이 있으면 도와주라고 한 아빠의 말씀이 기억났다.

"네가 옳아." 그녀가 말했다. "나는 이해하지 못하지. 내게 말해 줄 수 있니? 내가 도울 수 있는지 볼게."

"뭘 해야 할지 모르겠어." 애벌레가 말하기 시작했다. "갇혀있는 기분이 들어. 나는 일하는 시간은 길지만, 연봉은 꽤 높은 직장인이야. 팀장님은 친절하고, 내 동료들도 좋은 분들이야. 내가 싫어하는 게 있다면, 아마 그건 일 자체야. 일하는 건 지겹고 의미가 없어. 회의실에서 맨날 사업 개발과 영업에 관해 이야기하지만, 그런 걸 왜 하고 있는지 모르겠어."

"오, 이제 알겠네."라고 대답은 했지만 그게 그녀가 할 수 있는 최선의 반응이었다. 사실 무슨 얘길 들었는지 확신이 없었다. 사업 개발이 무엇인지 잘 몰랐다. 하지만 도울 게 있을 거라는 생각을 했다. 비록 그녀가 사업 개발 분야의 전문가는 아니지만.

앨리스가 뭔가 말을 하려는 순간 애벌레가 다시 말하기 시작했다. "퇴사하고 다른 직업을 가져 볼까 봐. 나는 여러 가지 자격증을 가지고 있거든. 하지만 내가 새로운 직업을 가지게 돼도 똑같을 거야. 은퇴하기 전까지 30년을 더 일해야 하는 건 변함이 없잖아."

앨리스는 애벌레에게 줄 수 있는 조언이 무엇인지 열심히 생각했다. 그러고 나서 또 좀 더 깊이깊이 생각해 봤다.

다행히 애벌레는 앨리스가 생각하고 있는 걸 알아차리지 못하고 자기 생각에 사로잡혀 있었다. 앨리스는 결국 자기가 아무 조언도 해줄 수 없다는 걸 깨달았다. 아무것도! 그의 문제는 앨리스가 도와주기에는 너무나 거창했다. '아무것도 모르는데 어떻게 이 불쌍한 애벌레가 처한 상황을 도울 수 있지?'

앨리스는 그냥 가려고 돌아섰다. 하지만 그 순간, 앨리스는 갑자기 길이 막혀있다는 걸 알았다. 엄청 커다란 거북이가 길을 막고 있었다. 거대한 거북이를 본 순간 앨리스는 갑자기 헉하고 숨이 막히는 것 같았다. 거북이는 매우 큰 붉은 모자와 보라색 드레스, 안경과 립스틱으로 치장하고 있었다. '이것 참. 오늘은 이상한 날이 될 것 같더라니!' 앨리스는 생각했다.

"미안하지만 지나가게 해 줄래?" 앨리스가 최대한 정중한 어투로 말했다.

"네 앞에 있는 불쌍한 애벌레부터 도와야지!" 거북이가 야단을 쳤다.

'헐, 말하는 거북이! 안경에 립스틱, 그리고 드레스까지 차려입은 거북이라니, 말도 안 되는 일이야. 제발 이쯤에서 모든 일이 원래대로 돌아가면 안 될까?'

"그럴 거지?" 거북이가 캐물었다.

"솔직히 말하자면 내가 뭘 해야 할지 모르겠어." 앨리스가 말했다. "나는 사업 개발에 대해 잘 모르기 때문에 도와줄 수가 없어."

"누가 자문을 하래?" 거북이가 반문했다.

"우리 아빠는 항상 사람들을 도와주라고 말씀하셨고, 사실 남을 돕는 것은 매우 좋은 일이야. 그런데 어떻게 도와야 할지 정말 몰라. 저 애벌레는 자기 직업에 대해 말했는데, 난 무슨 말인지 모르겠어." 앨리스는 산책 나온 걸 후회하며 변명했다. 그리고는 말을 멈추고 가만히 있었다.

"내가 설명해 줄게." 거북이가 얘기하기 시작했다. "첫째, 누가 화가 났거나 어려움에 부딪혔을 때 돕는 건 쉬워. 다른 사람이나 동물이 고생하는 걸 지켜보는 건 고통스럽고 그 고통을 줄여주려는 마음에서 돕지. 그

코칭 어드벤처

런데 중요한 건 도와주는 것이 그 사람이 스스로 해결할 능력을 빼앗는 결과로 이어지지 않도록 주의해야 해. 누군가 어려움에 부딪힐 때마다 대신 문제를 해결해 주다가는 우린 그의 문제를 영원히 해결해 줘야 하고, 그는 영원히 스스로 문제를 풀어나갈 수 없게 될 거야. 그런 상황은 시간 낭비면서 지치게 하지. 상대방을 의존적으로 만들고 그들의 기술과 능력, 만족감을 빼앗게 되는 거야.

두 번째로, 만약 도와주려면 우리는 어떤 형태의 도움을 줄 것인지를 고려해야 할 거야. 우리 거북이 세계에 통하는 속담이 있지. '거북이에게 벌레를 주면 하루를 살게 할 수 있고, 어떻게 벌레를 잡는지를 가르치면 평생 살게 할 수 있다.'라는 거야. 뭐, 너도 한 번쯤은 들어 봤을 거야." 거북이는 앨리스를 찬찬히 살펴봤다.

앨리스도 그런 비슷한 내용을 들었다고 생각했고 고개를 끄덕였다. 그녀는 앞에 있는 이 거북이가 육지 거북인가 바다 거북인가 궁금했고, 그 두 종류 거북이가 어떻게 다른지 궁금해졌다. 학교에서 배운 내용을 기억해보려 애썼지만 구분할 길이 없었다. 강물에서 나왔으니 강 거북인가 하는 생각도 했다. 앨리스는 어떤 게 가장 괜찮게 들리는지 결정하려고 했지만, 확신을 가질 순 없었다. 거북이가 앨리스를 보고 친구처럼 말했다. "지금 듣고 있니?"

"응, 하지만, 꼭 그렇다고 말할 순 없어. 정확하게 말하자면 듣고 있으면서 네가 육지 거북인지 바다 거북인지 궁금했어." 앨리스가 대답했다.

"글쎄, 나도 그걸 확인해 보지는 않아."라고 거북이가 말했다. "너한테 소녀인지 소년인지 물어보면 뭐라고 대답할래?"

"나는 소녀야." 앨리스가 그녀의 드레스를 내려다보면서 온순하게 말했다. "내가 여자애인 건 아주 분명해."

"그렇다면 나는 내가 분명히 바다 거북이라고 할 수 있어."

"그렇구나. 미안해. 오늘은 참 이상했거든 아침부터 제정신이 아니야." 앨리스가 말했다.

"네 정신이 아니면 누구거야?" 거북이가 물었다.

"좋은 질문이야." 앨리스가 대답했다. "아무튼, 나는 내가 보이지 않는다고 생각하기도 했거든, 하지만 그건 아니라는 게 분명해졌어. 내 정신이 아니니까 지금의 나는 누구일까. 그건 엄청나게 헷갈리네. 아까 그 속담을 다시 한번 말해 줄 수 있니? 제대로 듣지 못했나 봐."

"그건 거북이에게 생각하는 방법을 코칭해서 그에게 평생 살아갈 힘을 불어넣어 주는 걸 말하는 거야." '거북이에게 벌레를 주면 하루를 살게 할 수 있고, 어떻게 벌레를 잡는지를 가르치면 평생 살게 할 수 있다.'고 앨리스는 생각했다.

"내가 이해했는지 확실하지 않아." 앨리스가 혼란스러운 표정으로 말했다.

"그럼 그 애벌레에게 무엇을 할지를 말해주는 대신 그가 스스로 해결하도록 돕는 건 어때?"

"내가? 어떻게 그렇게 하지?" '그 양복 입은 남자는 사실 애벌레잖아'라고 생각하며 말했다.

"네가 그냥 할 수 있는 건 뭐였는데?" 거북이가 진지하게 물었다.

앨리스는 곰곰이 생각했다. 애벌레한테 어떻게 해야 할지 말해 주는 대신 뭘 할 수 있었을까. 그녀는 자기가 뭘 할지 몰랐던 상황을 떠올렸다. 숲에서 길을 잃었을 때였다. 나무 위에 고양이가 한 마리가 있었다. 웃고 있는 체셔 고양이[1]였다. 앨리스가 그 고양이에게 어느 길로 가야 하는지 물었더니 고양이는 어디로 가기를 원하는지에 달렸다고 대답했다. 그 고양이는 앨리스가 어디로 가길 원하는지를 알지 못했기 때문에 정확한 대답을 할 수 없었다. 지금 앨리스는 애벌레가 원하는 것이 무언지 알지 못했기 때문에 도울 수가 없는 것이다. 몇 가지 물어볼 필요가 있었다는 생각이 들었다.

"질문을 할 수 있었어." 앨리스가 마침내 대답했다.

"좋은 생각이야. 뭘 물어보지?" 거북이가 말하면서 지느러미 박수를 쳤다.

"뭘 원하는지 물어보지." 앨리스가 기분이 좋아져서 애벌레에게로 몸을 돌리면서 말했다. 시간이 전혀 안 흐른 것처럼 애벌레는 여전히 그의 손에 머리를 파묻은 채로 앉아 있었다.

"내가 이해하기로는 넌 직장에 갇힌 느낌이라고 말했어. 그리고 너는 직장을 싫어한다고 했지, 그럼 넌 뭘 원하는 거야?" 앨리스가 묻기 시작했다. 애벌레가 그녀를 쳐다보았다. "이미 말했잖아. 싫어하는 직장에 갇혀 있기 싫다고."

앨리스는 그의 대답을 곱씹어 생각했다. 대답 속에는 아직 답이 들어 있지 않았다. 알고 싶은 건 애벌레가 무엇을 원하는지였다. "근데 말이지, 너는 뭘 원하지 않는지에 대해 말했어. 네 직장에 갇혀있고 거기서 싫어하는 일을 해. 하지만 뭘 원하고 있는지 말하지 않고 있어."

애벌레는 앨리스의 말을 들으며 그녀를 응시했다.

---

1   체셔 고양이는 루이스 캐럴의 소설 《이상한 나라의 앨리스》에 등장하는 가공의 고양이. (譯註)

"내가 다른 방식으로 말해 볼게. 너는 어떤 일을 하는 걸 원하니?" 앨리스가 말했다. 앨리스의 말소리는 앨리스답지 않고 거북이가 하는 말처럼 들렸다.

"잘 모르겠어." 애벌레가 말했다.

"알고 있다면 뭐라고 말할 거야?" 앨리스가 묻자 애벌레의 소리가 들렸다.

"글쎄 자극을 받고, 차이를 만들어 내는 그런 일을 하고 싶어." 애벌레가 처음으로 똑바로 앉으면서 말했다.

"그리고 또?" 앨리스는 자기 자신이 진짜 말하는 것이라는 확신은 없었지만 다음 질문이 술술 나왔다.

"내가 원하는 걸 할 수 있을 만큼 충분한 월급을 받았으면 좋겠어. 업무처리는 좀 유연하길 원해. 그리고 좋은 동료와 함께 일하는 걸 원하지."

"좋아, 참 잘했어. 그중에서 이미 가지고 있는 건 뭐야?" 앨리스가 말했다.

"월급은 충분히 받고 있어. 동료들도 좋아. 그런데 자극을 받거나, 차이를 만들어 내는 건 없고, 업무도 유연하게 처리할 수 있는 게 아니야."

"맞아, 그렇게 말했어. 자극받고 싶고, 유연성이 더 있었으면 좋겠고, 차이를 만들어 내는 걸 원한다고!" 앨리스가 말했다.

"그래, 그게 맞아. 그거야. 내가 원하는 걸 그런 식으로 생각해 본 적이 없었어. 고마워. 큰 도움이 됐어." 애벌레의 얼굴이 환해지는 게 보였다.

"아직 끝나지 않았어." 앨리스는 자기가 그렇게 말하는 걸 들었다. 당황스러웠지만 그런 생각을 했는지도 모르게 그런 말이 튀어나왔다는 건 사실이었다. 깊이 생각하기도 전에 덧붙였다. "차이를 만든다는 건 어떤

코칭 어드벤처

의미야?"

"매우 좋은 질문이네. 진짜 좋은 질문이야." 애벌레가 말했다.

앨리스는 스스로가 정말로 이런 대화를 할 수 있다는 게 놀라웠다. 그래서 자신의 숨은 재능에 대해 자축하려는 순간, 애벌레가 자신을 관심 있게 주시하고 있다는 것을 깨달았다.

"신입직원들과는 다르게 일하고 싶어." 애벌레가 말했다.

"신입직원들과는 다르게?" 앨리스가 반복해서 말했다.

"그래, 맞아. 네가 어떻게 하면 될지 생각나게 해줬어. 정말 고마워." 애벌레가 말하면서 힘차게 돌아서서 출발했다. 앨리스는 자기가 그에게 제공한 게 뭔지 알 수는 없었다. 그러나 그녀는 그냥 소리쳤다. "좋아, 잘 됐어."

'얼마나 이상한 아침이니?' 그녀는 자기 자신에게 말했다. '말하고, 안경을 쓰고 립스틱을 바른 거북이를 만났어. 그리고 애벌레가 하려는 일을 도왔어.' 그녀는 말하는 거북이와 얽힌 문제는 해결했지만, 애벌레와 나눈 대화에 대해서는 아직 혼란스러웠다. 애벌레에게 뭔가 하라고 말한 것도 아니고, 어떤 아이디어를 제안하지도 않았는데, 그는 더 속상해하지 않고, 뭘 해야 할지 알게 됐다. '이상해, 참 이상해.' 그녀는 그렇게 생각했다.

앨리스가 돌아보니 거북이는 숲을 향해 걷고 있었다.

"잠깐만." 앨리스도 거북이를 향해 걷기 시작했다. 거북이는 앨리스가 부르는 걸 들은 것 같지 않았다. 앨리스는 거북이에게 보조를 맞추고 눈 높이도 맞추려고 몸을 굽혔다. "잠깐만 기다려봐." 그녀는 되풀이해서 불렀다.

"뭐?" 거북이가 대답했다.

"질문이 있어. 조금 전에 일어난 일이 나를 혼란스럽게 해. 내가 정장을 입은 애벌레에게 조언해준 것도 아니고, 뭘 하라고 말한 게 없어. 그런데도 애벌레는 어떻게 하면 될지 알게 됐다고, 잘 되었다며 가버렸거든."

"네 말이 맞아, 음. 어떻게 설명하면 될까? 코칭에 대해 들어본 적 있니?" 거북이는 웅얼거렸다.

"그래, 물론." 앨리스는 대답부터 해놓고 그게 뭔지 생각하기 시작했다. 그녀는 역사박물관으로 견학 갈 때 코치[2]라는 글자가 적힌 우등버스를 탄 적이 있었다. 그때 눈깔사탕을 너무 많이 먹어서 당분 과다섭취로 아팠던 기억도 났다. 그런 것들이 코칭과 관련된 것일까?

"솔직히 말하자면 확실하게 아는 건 아냐. 말해 줄래?"

"코칭은 풀어야 하는 문제에 대해 스스로 해결책을 찾을 수 있도록 도와주거나, 일하는 방식을 발전시키도록 돕는 과정이야."

"으응, 매우 재미있게 들리네." 앨리스가 말했다. 그녀는 자신이 수학여행이나 사탕을 언급하지 않은 게 다행이라고 생각했다.

거북이는 가까운 잔디밭을 가리키며 앉으라고 했다. "코칭은 잠재력을 발견하게 해주고, 유연하게 생각하게 해주지. 문제를 해결할 대안을 찾게 하거나, 개인이 자신을 개발하게 하는 것도 도와준다. 코치와 함께 작업하지만, 학습, 문제 해결, 자기계발의 자율권은 자기 스스로 갖게 하는 방식이야."

"잠재력을 발견한다는 건 무슨 뜻이야? 매우 거창하네." 앨리스가 물

---

2   Coach, 장거리를 이동하는 광역버스.(譯註)

었다.

"우리는 모두 미처 사용하지 않은 엄청난 잠재력들을 가지고 있어. 가지고 있지만 사용하지 않는 능력들이지. 잠재력을 발견한다는 건 직장에서든, 대인관계에서든, 스포츠나 예술, 인생의 어떤 면에서든 자기가 지닌 잠재력을 활성화하는 걸 돕는 거야. 그 과정에서 장애물을 마주치게 되니까 도움이 필요하거든."

앨리스는 혼란스러워 보였다. "어떤 종류의 장애물을 말하는 거지?"

거북이가 설명을 계속했다. "생각이나, 감정, 의사소통, 행동 따위의 패턴인데 이게 자신을 제한하게 돼. 자기가 뭔가 배워서 잘할 수 있다는 걸 안 믿는 경우가 많거든. 자기가 원하는 걸 의식적으로 해내려고 갈망할 때도 있고, 자기 아이디어를 명료하게 정리하려고 애쓸 때도 그런 게 나타나 도움이 안 되는 방식으로 행동하는 거지. 그런 경험이 있는 사람들은 아예 결코 해낼 수 없는 것처럼 믿고 있기도 해. 예전에 제대로 안 해서 실패한 경험 때문에 다시 시도하지 않고 포기해 버리는 거지. 그런 게 장애물이야. 자기가 생각하는 방식이나 감정이 속내에서 어떻게 흘러가는지 깨닫게 되면 그 잠재력들은 활용 가능한 역량이 될 수 있는 데도 말이야."

"응, 그렇군." 엘리스가 고개를 끄덕이며 말했다. "나는 시를 기억하고 암송하는데 재능이 있거든. 근데 말이지, 시를 암송할 때마다 긴장해서 단어를 잊어버리게 돼. 시를 외우고 말하는 건 뛰어나지만 외우는 것과 말하는 것 사이에 뭔가 장애물이 있는 것 같았어."

"활용되지 않는 잠재력은 우리 안에 많은 형태로 묻혀 있어." 거북이가 말했다. "우리는 어디까지 해낼 수 있을지 호기심을 가지고 있게 마련이고."

"유연성을 늘리고 대안을 찾는 거에 대해서도 말해 줄래?" 앨리스가 물었다.

"유연성을 증가시키고 대안을 탐색하는 건 생각과 감정, 그리고 행동에 반영돼. 만약 특정한 일에 대해 항상 똑같은 감정을 가진다면 그 사람이 어떻게 행동할지 뻔히 알 수 있어. 선택의 여지가 없는 거지. 코칭은 새롭게 행동하는 방식을 탐색하고 강조할 수 있고, 생각과 감정을 변화시킬 수 있는 새로운 관점을 보게 해주지. 우리가 자기 생각과 감정을 객관화시킬 수 있으면 그걸 통해 다른 방식으로 행동하고 의사소통하기가 더 자유로워져."

"그럼 개인을 발전시킨다는 것은 무슨 뜻이야?" 앨리스가 물었다.

거북이가 설명을 계속했다. "개인을 발전시킨다는 것은 어떤 사람이 자아의식을 키우고, 감정과 행동 범위를 확장할 수 있는 것을 도와서 더 큰 그림을 그릴 수 있도록 하는 걸 의미해. 정해진 코칭이슈에 관한 걸 넘어서서 그들의 생활을 돕는 효과를 발휘하게 된다는 거지."

"코칭이라는 게 아주 환상적인 효과가 있는 거네." 앨리스가 말했다. "내가 다 이해했다고 백 퍼센트 확신할 순 없지만, 무슨 의미인지는 알겠어. 이론적으로는 좋은데 내가 '어떻게' 실행하는지는 잘 모르겠어."

"글쎄. 내가 말한 코칭정의에서는 '다른 사람과 함께 하는 작업을 통해서 학습, 문제 해결, 자기계발의 자율권을 가지도록 하는 방식이다'라고 정리했잖아. 누군가와 작업하는 이런 방식은 교육이라고 말하긴 어려워. 교사는 어쨌든 매우 중요한 사람이지만." 여기서 말을 끊은 거북이는 앨리스를 날카로운 눈으로 바라보았다. "교사들은 전형적으로 정보를 학습자에게 전해줘. 교사는 학습자보다 더 지식이 많고, 그리고 대체로 무엇을 배워야 하는지를 설명하고 증명해주지. 그러나 코칭은 접근 방법이 달라. 코칭받는 사람들이 코칭이슈로 제시한 상황이나 주제에 대해서는 본인들이 가장 많이 알아. 코치는 사람들이 스스로 깨닫게 하고, 다르게 생각하게 하고, 본인들이 대답을 내놓을 수 있도록 돕는 역할을 해."

"응, 이제 알았어." 앨리스가 말했다. "그런데 아직도 궁금한 게 있어. 좀 더 말해 줄 수 있지? 나는 여전히 혼란스러워. 정장을 입은 애벌레에게 뭘 할지 말하지도 않았고, 뭘 가르치지 않았는데 내가 어떻게 도움이 됐지?"

"그냥 기뻐하고 편안하게 생각하면 돼." 거북이가 말했다.

3

리타와 개구리

경청과 효과적인 질문

　"글쎄다." 거북이가 천천히 얘기하기 시작했다. "어디서부터 시작할까? 코칭을 이해하는 시작점은 상호작용이라는 거지. 즉 말하거나 질문하는 거라고도 할 수 있고, 주장하거나 탐색하는 거라고도 할 수 있고, 때로는 밀고 당기기라고도 볼 수 있어. 물론 실제 대화에서도 그걸 일부분 포함하지.

　대화가 진행되려면 '말하기'나 '질문하기'를 하게 되잖니. 그런데 연설하기는 온전히 '말하기' 쪽에 가까워. 반면, 친구에게 생일에 어떻게 지냈는지 물어보고 15분간 듣는다면, 질문한 우리는 듣는 내내 '질문하는' 입장인 거야. 그렇게 말하는 쪽이냐 질문하는 쪽이냐로 놓고 보면 코칭은 질문하기 역할이라고 볼 수 있어. 코칭은 누군가에게 질문하는 과정이거든."

　앨리스는 고개를 끄덕이면서 호킨스Hawkins 수학 선생님을 생각했다.

선생님은 "6곱하기 8은 얼마인가?" 라는 어려운 질문을 많이 던졌는데 앨리스는 늘 정답을 맞히지 못했다.

"학교에서 선생님이 질문하는 것과 같은 거야?" 앨리스가 물었다.

"그건 선생님에 따라 달라." 거북이가 대답했다. "코칭에서 질문의 목적은 상대방이 뭔가에 대해 생각하도록 하는 거야. 질문에 대한 대답이 옳은지 아닌지의 문제가 아니거든. 심지어 정답조차 없을 수도 있어. 그렇게 코칭은 질문에 대답하기 위해서 생각하는 과정에 관한 거야. 예를 들면, 원하지 않는 게 뭔지 묻는 대신, 뭘 원하는지 묻게 되면 그 질문은 생각의 방향을 바꾸게 해줘."

"응, 그렇구나." 앨리스가 대답했다, "어디로 가기를 원하는지 모른다면 어느 방향으로 향하든 큰 문제가 되지 않는다고 언젠가 고양이한테 배웠어."

"사실은 말이야." 거북이가 이어 말했다. "뭘 성취하려고 하는지 혹은 어디에 도달하기를 원하는지를 알지 못하면 진전을 이루기가 매우 어렵지. 그저 떠나고 싶다면 갈 곳은 많지만, 정말 원하는 건 그게 아닐 수도 있어."

"어디로 가야 할지 모르면 어떤 길이든 목적지로 이어진다." 앨리스가 말했다.

"맞아." 거북이가 고개를 끄덕였다. 앨리스는 거북의 머리가 작게 움직이는 것을 보고 동의를 표시하는 것으로 생각했다.

거북이가 계속해서 말을 이어 나갔다. "코칭은 질문을 하는 것 이상의 역할을 해. 코치는 여러 가지 기술을 많이 가지고 있어야 하지. 예를 들면, 좋은 질문을 하려면 뭘 해야 한다고 생각해, 앨리스?"

"내 이름은 어떻게 알았어?" 앨리스가 말했다. "그리고 네 이름은 뭐야?"

"내 이름은 리타야." 거북이는 앨리스의 첫 번째 질문은 무시했다.

'리타!' 앨리스는 거북이 이름치고는 정말 이상하다고 생각했다. 그래도 말하는 거북이라든가, 안경 쓰고 립스틱 바른 거북이 보다는 리타라는 이름은 그나마 덜 이상한 거지.

"그래서 앨리스, 좋은 질문을 하려면 뭘 해야 한다고 생각하니?"

"좋은 질문 리스트를 만들까?" 앨리스가 대답했다.

"그래 좋아. 근데 네가 좋은 질문을 여러 개 가지고 있다면 그중에서 어떤 질문을 할지는 어떻게 정할 거야?"

"그야 내 앞에서 이야기하고 있는 사람이 뭘 말했는지에 달렸지."

"맞아. 그 사람이 말하는 동안 너는 무엇을 해야 하지?" 리타가 대답했다.

"듣기." 앨리스가 대답했다.

"그렇지. 듣기가 예상보다 실제로는 훨씬 더 어렵지만." 리타가 계속했다.

"그게 무슨 뜻이지?" 앨리스가 어리둥절하여 말했다.

"듣기는 네 단계로 이루어져 있어." 리타는 그녀의 발톱으로 땅에 삼각형을 그리면서 설명하였다.

"우주선인가?" 앨리스가 물었다, "나는 우주선이 좋아."

"아니야." 리타가 말했다. "하지만 우리 할아버지가 우주에 처음으로 간 거북이 중 하나인 건 알아?"

"너희 할아버지가? 우주에?" 앨리스는 하늘을 바라보았다. "정말로?"

"정말!" 리타가 말했다. "찾아봐. 소련이 1968년에 달을 선회하도록 존드Zond 5호라는 우주 비행선을 보냈어. 할아버지는 과학자셨거든. 우주선에 탑승한 거북이 중 한 명이었지."

앨리스는 일단 기억해두고 집에 가서 확인하기로 했다. 약간 믿어지지는 않았다.

리타는 땅바닥에 그리기를 끝냈다. 땅에는 네 층의 피라미드가 그려져 있었다. "대화하면서 딴생각을 한 적이 있어?" 리타가 물었다.

앨리스는 이모인 로즈Rose가 집에 오셨을 때를 떠올렸다. 이모는 앨리스가 이해할 수 없는 여러 가지를 얘기해 줬다. 앨리스는 미소를 띠며 고개를 끄덕이고 있었지만, 머릿속으로는 케이크, 보드게임, 무당벌레는 각자 이름을 가졌는지, 만약 그렇다면 가장 흔한 무당벌레의 이름은 무엇일지 등 더 재미있는 일에 대해 생각하고 있었다. 앨리스는 고개를 끄덕였다.

"그걸 **건성으로 듣기**Superficial Listening라고 불러. 그게 첫 번째 단계야." 리타가 말했다.

"건성으로 듣기는 겉으로는 듣고 있는 것처럼 보이지만 실은 다른 것에 관해 몰두해 있어서 말하는 사람에게 전혀 주목하지 않는 걸 의미해. 내 여동생의 생일 파티 때 아주 유용했어." 리타가 윙크를 하면서 덧붙였다. "문제는 사람들은 때로는 주의가 산만해져서 더는 듣지 않는 것을 깨닫지 못하고, 무엇을 놓쳤는지도 알지 못한다는 거지."

"듣기의 두 번째 단계는 **대화적 듣기**Conversational Listening라고 불러. 이건 다른 사람들과 경험이나 이야기를 공유하는 게 특징이야. 말하는 사람이 듣는 사람에게 유사한 경험이나 일을 떠올리게 해. 듣는 사람은 자신의 이야기나 유사한 상황으로 대답해."

"내가 동생한테 티파티 얘기를 해준 게 생각나." 엘리스가 말했다. "내가 매드 해터Mad Hatter나 마치 해어March Hare와 함께 놀았다³는 말을 마치자마자 동생도 바로 친구의 생일에서 봤던 공기 주입 미끄럼틀 이야기를 했어."

"그래, 그게 대화적 듣기지." 리타가 웃으며 말했다.

"듣기의 세 번째 단계는 **주의적 듣기**Attentive Listening라고 불러. 이것은 듣는 사람이 '무엇을' 말하는지 뿐만 아니라 '어떻게' 말하는가에도 깊은 주의를 기울이는 거야."

앨리스는 리타가 이 말을 하면서 '어떻게'라는 단어를 특별히 강조하는 것을 알아차렸지만, 리타는 앨리스가 좀 더 생각해 볼 새도 없이 얘기를 계속했다.

"주의적 듣기는 듣는 사람이 자기 생각, 기억, 감정을 떠올리고, 말하는 사람에게 다시 관심을 돌리는 과정에서 그걸 반영하는 거지. 상대방이 말하는 내용에 대해 귀를 기울이면서 말하는 사람의 감정, 묘사, 목소리, 얼굴 표현, 몸짓 언어에도 관심을 두는 거야."

"넌 지금 '어떻게 듣고 있는지'에 대해 말하면서 '어떻게'라는 단어를 특별히 강조하고 있네!" 앨리스가 말했다.

"그걸 알아차렸구나!" 리타가 말했다. "'어떻게' 표현하는지 잘 살펴보면 의외로 많은 정보를 얻을 수 있어. 어떤 용어를 주로 사용하는지 뿐만 아니라, 톤이나 목소리 크기, 표정, 일반적인 몸짓 언어나 어디서 멈추고 쉬는지에 이르기까지 다양한 걸 살펴볼 수 있어."

3 　매드 해터는 《이상한 나라의 앨리스》의 티파티 장면에서 리더 역할을 했다. 마치 해어는 그 티파티 참석자로 머리에 지푸라기를 얹은 토끼다.(譯註)

"왜 그런 게 그렇게 중요해?" 앨리스가 물었다. "뭘 말하는지가 더 중요한 게 아닐까?"

"때에 따라 달라. 코칭의 목표 중 하나는 코칭을 받는 사람이 자기 내부에서 깨달음을 얻도록 돕는 거야. 어떻게 하냐면, 본인이 미처 의식하지 못하고 지나치는 것들에 주목하고, 그걸 관찰하는 데서부터 탐색을 시작하도록 하는 거지. 사람들이 어떤 걸 표현하는 방식을 잘 살펴보면 자기 스스로 완전히 의식하지 못했거나 표현되지 않은 감정과 생각들이 내부에서 어떻게 처리되는지 알게 해줘. 사람들이 가진 자기 나름의 규칙이나 신념, 그리고 그들에게 중요한 것이 뭔지를 알 수 있게 도와주는 거지."

"그걸 정말 중요하게 생각하는 거 같네." 앨리스가 말했다.

"그게 코칭에서 필수적이거든." 리타가 말을 이어갔다. "듣기의 네 번째 단계인 **공감적 듣기**Empathic Listening로 넘어가자. 공감적 듣기는 실제로 그런 건 아니지만, 거의 텔레파시를 이용하는 것처럼 느껴질 거야. 공감적 듣기는 말하는 사람과 깊은 단계의 라포를 형성하는 거야. 라포형성이 되면서 공감적 듣기가 가능해지면 본능적 감각과 말하고자 하는 핵심을 꿰뚫어 보게 되지. 하지만 일상적인 대화에서 공감적 듣기를 기대하는 건 어려워."

앨리스는 앵두색 립스틱과 검정 패션 안경을 착용하고 경청과 코칭에 대해 열심히 설명하고 있는 커다란 거북이 리타를 빤히 바라보았다. 아침부터 일어난 모든 일 중에서 공감적 듣기가 이상하고 낯설다고는 말할 수 없었다. 리타는 몰입해서 말하고 있었고 그 주제에 아주 많이 알고 있다는 것을 알 수 있었다. 앨리스는 리타가 어떻게 그런 것들을 알게 되었고, 오늘 아침에 어떻게 그녀와 얘기하게 된 건지도 궁금해졌다.

"이 모든 걸 어떻게 알게 됐어?" 앨리스가 물었다.

"좋은 질문이네." 리타가 대답했다. "그 질문에 대답하기 전에, 경청과 더불어 질문도 코칭과정에서 아주 중요한 요소라는 걸 말해주고 싶어. 질문을 분류하는 두 가지 간단한 방법을 알고 있니?"

"아니."

"그럼, 닫힌 질문이 무엇인지 알고 있니?"

"응." 앨리스가 대답했다. 앨리스는 사탕을 사러 갔을 때 가끔 닫혀있던 과자점을 생각해냈다. 하지만 그 닫힌 것이 질문과 어떻게 관련되는지 알 수 없었다. "아니." 그녀는 생각에 잠겨 있다가 마침내 모른다는 걸 인정했다.

"닫힌 질문은 '이해했니?' 혹은 '즐거운 하루였니?' 처럼 하나의 단어나 단문으로 대답하도록 하는 질문이야. 닫힌 질문에 대한 전형적인 대답은 '예' 혹은 '아니오'지만, '나이가 몇 살이니?' 혹은 '어느 동네에 사니?' 처럼 한 단어나 단순한 대답을 끌어내는 질문도 닫힌 질문이야. 닫힌 질문은 어떤 걸 확인하려고 할 때 유용하지만, 대화를 단절시키는 경향이 있어. 나도 수다쟁이 여동생한테는 닫힌 질문을 자주 사용해." 리타가 웃으면서 말했다.

앨리스는 리타의 여동생이나 생일 파티 같은 생각을 하기 시작했다. 그러다 곧 거북이 파티에는 누가 참석하는지 궁금해하다가 '리타는 여동생한테 잠시 화가 나서 닫힌 질문을 하게 된 걸까'라는 생각도 하게 됐다.

"닫힌 질문이 뭔지 이제 알겠어?" 리타가 물었다.

"그럼." 앨리스가 미소 지으며 대답했다.

"다른 형태의 질문은 열린 질문이야. 앨리스, 열린 질문에 대해서는 어떻게 생각하니?"

앨리스는 잠시 생각했다. '만약 닫힌 질문이 뭔가를 단절시키는 경향이 있다면 열린 질문은 뭔가를 열 것이다. 열린 질문은 아이디어, 생각이나 감정을 탐색하기 위해 질문 대상이 되는 사람을 초대해서 질문하고, 거기서 여러 가지 잠재적인 대답이 나올 수 있을 것이다.'

"열린 질문은 누군가를 초대해서 대화에 참여시키고 생각이나, 아이디어, 감정을 불러일으키는 그런 게 아닐까?"

"맞아." 리타가 대답했다. "열린 질문은 코칭대화에서 왜 유용할까?"

"코칭이 자신의 답변, 해결책, 또는 통찰력을 찾는 데 도움이 된다면 열린 질문은 그런 걸 뒷받침할 수 있는 새로운 사고방식과 감정을 불러일으키는 거겠지."라고 대답하면서, 앨리스는 스스로 정말 어른스럽게 잘 말한 것 같다고 생각했다. 어른스러워진 앨리스는 자신이 오늘 아침에 실제로 키가 더 커졌는지 궁금해졌다. 신발까지의 거리는 평소만큼 떨어져 있는 것으로 보였다. 앨리스는 언젠가 매우 키가 크고 덩치가 크게 자라서 원래 살던 방에 들어갈 수가 없었던 걸 기억해 냈다. 앨리스는 그 이후로 생일이 없었거나 나이가 들지 않았다. '만약 나이를 먹지 않고도 키가 클 수 있는 방법이 있다면, 더 커지지 않더라도 나이가 들 방법도 있을 거야.' 그녀는 자신에게 말했다. '오늘 아침부터 난 어른이 된 게 아닐까?'

'걱정하지 마.' 앨리스는 자신에게 계속 말했다. '만약 어른이 된 거라면 다르게 행동하게 될 거야. 더는 바보처럼 굴어서도 안 되고 빈둥거려서도 안 되고, 바보스러운 노래나 시와도 작별이야. 어른이 된다는 건 심각한 거야.' 그녀는 곧바로 생각을 바로잡았다. '그렇지만, 나는 노래와 시를 좋아해. 누가 반주만 해준다면 지금 바로 암송할 수도 있어.'

그런 생각을 하자마자 멀리서 악기 소리가 들렸다.

"저 소리 들려?" 그녀가 리타에게 물었다.

"응, 이건 밴조 소리 같은데. 어디서 나는 소리지?"

그들은 강을 떠내려가는 커다란 잎사귀를 찾아냈다. 거기엔 만돌린을 들고 있는 밝은 녹색의 개구리가 있었다. 그는 만족스러운 표정으로 만돌린을 연주하며 부드럽게 노래하고 있었다.

앨리스는 목청을 가다듬으며 벌떡 일어섰다. 그 바람에 개구리도 강둑에 있는 리타와 앨리스를 발견하고 연주를 멈췄다. 그는 잠시 뜸을 들이더니 멜로디를 타면서 다시 노래를 시작했다.

"올빼미와 야옹이는 바다로 갔네. "

앨리스도 개구리의 연주에 맞춰 같이 노래를 부르기 시작했다.

올빼미와 야옹이는 보러 갔다네.

그들은 해결책을 찾을 수 있으려나

코치가 필요했지만 다가오는 사람은 없다네.

생각은 정리되지 못한 채 남아있네.

올빼미는 가까이 있는 돌에다 악보를 남겼다네.

그리고 작은 만돌린으로 노래를 했다네.

야옹아, 너에게 조언을 해주고 싶어.

어떻게 시작하면 될지 말해 줄게.

시작해.

시작해.

어떻게 시작하면 될지 말해 줄게!

야옹이는 올빼미에게 말했네.

조언은 반칙이야!

대신 지금 질문을 해야 돼!

빨리 배우려면 누군가 내게 물어봐 줘야 돼.

무엇을, 언제, 어떻게라고 질문해 줘.

올빼미는 일 년 하고도 하루 동안 질문을 했다네.

어떻게 잘 듣는지도 배웠다네.

그가 찾아낸 모든 생각에 대해

말하는 것이 아니라 질문이었다네.

말하지 마.

말하지 마.

말하는 게 아니라 물어볼 질문이 있었다네.

질문은 근사했고, 야옹이는 바로 대답했다네.

생각은 무럭무럭 성장하기 시작했네.

현명한 아이디어들이라고 올빼미가 말했다네.

"절대! 결코! 말하지 말고 알고 있는 건 묻지 마.

며칠 동안 질문을 했고 방법을 탐색했다네.

전혀 새로운 방식을 시도한 거라네.

이런 방식은 매일, 그들의 문제는 해결.

그래서 그들은 코치처럼 생각하기 시작했지.

코치.

코치.

그들은 코치처럼 생각하기 시작했다네.

"멋져! 최고야!" 물갈퀴가 있는 손으로 이상한 찰싹거리는 손뼉을 치면서 개구리가 말했다. "사랑스러운 연주군." 리타가 덧붙였다. "전에 들어본 적이 없는 연주였어. 앨리스, 너도 대단한 재능을 가졌구나!"

"고마워." 앨리스가 눈웃음을 치면서 말했다. "정확하게 기억했는지 확실하진 않아. 몇 가지 단어는 잘못 말한 것 같아. 하지만 뭐 그게 대수겠어?"

"네가 부른 가사가 더 좋아." 리타는 잎사귀를 타고 떠내려가는 개구리에게 작별의 손짓을 하면서 말했다. 잎사귀는 시야에서 사라졌지만 연주는 계속 들렸다. 앨리스는 다시 리타에게 관심을 돌렸다.

"뭘 얘기하고 있었는지 완전히 잊었어. 무슨 말을 하고 있었어?"

"열린 질문에 관해 이야기하고 있었어." 리타가 그녀에게 상기시켜 주었다.

"그래! 더 얘기해줄 수 있어?" 앨리스가 물었다.

"열린 질문은 대답하는 사람들이 자기 스스로 생각할 수 있도록 최대한 여지를 마련해 두지. 코칭 상황에서 매우 바람직한 방법이야. 좋은 열린 질문을 만드는 데는 몇 가지 기준이 있어. 어떤 예시가 좋을까? 그래, 코칭을 받는 사람이 발표력을 향상시켜야 한다거나 발표력이 자신에게 매우 중요하다고 말했다고 보고 몇 가지 질문을 같이 생각해 보자."

- "발표하고자 하는 의욕이 생겼을 때와 발표력을 향상하고 싶어졌을 때를 떠올려보면, 무엇이 생각나지요?"
- "그게 다 무슨 일이지요?"
- "발표에 관해 어떤 책을 읽었습니까?"

"첫 번째 질문에 대해 어떻게 생각해, 앨리스?"

앨리스는 얼른 첫 번째 질문이 뭐였는지 기억해 내려고 애썼다. '이런 내 정신 좀 봐, 동기부여에 대해서 뭔가 들었는데.' "전혀 기억이 안 나." 소심하지만 큰 소리로 대답했다.

"바로 그거야." 리타가 말했다. "첫 번째 질문은 너무 복잡하고 길었어. 듣는 사람은 질문에 대한 대답을 생각하는 대신에 질문을 이해하려고 노력하는 데 시간을 할애해야 하는 질문인 거지. 좋은 질문은 이해하기 쉬워야 해. 두 번째 질문은 뭐였지?"

앨리스는 그건 기억했지만 뭘 묻는 건지 확실하지 않았다. 애매한 질문이었다. 앨리스가 대답했다. "기억하긴 해. 근데 정확히 뭘 묻는지 잘 모르겠어."

"그렇지." 리타도 고개를 끄덕였다. "질문의 목적이 명료하지 않았어. 질문이 헐렁하고 이미 말한 내용 중 아무것도 반영되어 있지 않아. 좋은 질문은 이해하기 쉽고 목적이 분명해야 해."

"맞아." 앨리스가 말했다. "이해하기 쉽고 목적이 분명해야 해."

"가끔은 무언가를 탐구해 낼 목적으로 이렇게 포괄적인 질문을 던질 수도 있지만 그래도 두 번째 질문은 헐렁하고 구체적이지 않았어. 그럼 세 번째 질문은 어때?"

코칭 어드벤처

"응, 세 번째 질문은 이해하기가 쉬워." 앨리스가 말했다. "그리고 질문에 목적이 분명해. 근데 처음부터 책에 관해 묻는 건 몇 단계 뛰어넘은 느낌이 들었어."

"맞아. 나도 그렇게 생각해." 리타가 동의했다. "코칭 받는 사람이 말한 것과 상관없이 구체적인 질문들을 선택한 것 같아. 코치는 대화를 어느 한 방향으로 몰아가고 다른 가능성을 배제하는 것 같아. 좋은 열린 질문은 이해하기가 쉽고, 목적을 가졌고, 지배하지 않으면서도 생각의 방향에 영향을 미치는 걸 말해."

앨리스는 그 모든 걸 이해했다. '질문하기'가 이제까지 알고 있던 것보다 더 중요하다는 걸 알게 되었고, 이를 깊이 있게 분석하는 건 아주 흥미로웠다. 솔직히 말해서 모두 기억할 수 있을지는 확실하지 않았다. 그리고 그녀가 주목한 다른 한 가지 사실도 있었다.

"네가 질문할 때, 이미 앞에서 상대방이 사용한 단어를 반복해서 쓰고 있다고 느꼈어. '발표력을 향상하는 게 필요하고 매우 중요하다'라고 말했는데 후속 질문은 '너의 발표력을 향상하는 데 있어서 무엇이 중요하니?'라고 했거든. 말하는 사람이 사용한 단어와 동일한 단어를 의도적으로 사용한 거니?"

"눈치가 빠르네! 의도적으로 그렇게 같은 단어를 사용했지. 그리고 상대방이 사용한 단어와 거기에 담긴 의미를 파악하는 것에 대해서는 잠시 후에 다시 얘기하자. 이리 와, 강으로 가보자." 리타가 물 쪽으로 천천히 움직이면서 덧붙였다.

앨리스는 리타를 따라 걸었다. 넘실거리는 강물을 들여다보자 물에 반사된 자신들의 모습이 보였다. 반사된 리타의 모습이 말하기 시작했다.

"단어는 이름표야. 그들은 사물 그 자체는 아니고 이름일 뿐이야."

"무슨 뜻이야?" 앨리스가 물었다.

"귓속에 고양이를 넣어본 적이 있니?"

"바보처럼 굴지 마. 만약 내가 그랬다면 아무것도 들을 수 없었을 거야." 앨리스가 말했다. "맞아. 그런데 내가 진짜로 물은 건 귀에 고양이를 넣는 것이 가능한가였어." 리타가 말했다.

"글쎄, 만약 내가 엄청나게 큰 귀를 가졌거나 고양이가 아주아주 작다면 그럴 수는 있겠지. 그거 알아? 사람들은 자기 몸의 크기를 바꿀 수 있어."

리타가 자기 눈을 굴린 건지 아니면 단순히 거북의 눈꺼풀이 작동하는 방식이었는지 확실하지 않았지만, 앨리스는 리타로부터 화난 낌새를 읽었다.

"너의 귀가 정상적인 크기이고 고양이도 정상적인 크기라면, 네 귀에 고양이를 넣을 수 있겠니?" 리타가 소리쳤다.

"물론 안 되지." 앨리스가 단호하게 말했다. "말하려는 핵심이 뭐야?"

"내가 말하려는 건 단어란 단어가 설명하는 사물 그 자체가 아니라는 거야. '고양이'라는 단어는 네 귀에 쉽게 들어갈 수 있지만, 실물인 고양이를 네 귓속에 넣을 수는 없다는 얘기야. 단어는 이름표라고 할 수 있어. 단어를 사용하는 상황에서 그 단어의 의미가 말하는 사람이 생각하는 것과 듣는 사람이 생각하는 게 다를 수 있다는 얘길 하는 거야."

"내가 단어를 사용할 때는 내게 의미 있는 단어를 선택한 것이다." 앨리스가 요약하면서 반복했다.

"맞아!" 리타가 응수했다. "네가 사용하는 단어는 너에게 의미가 있는 거야. 단어는 표현하려는 아이디어, 생각, 감정을 외부와 드러내는 역할을 하지. 다른 단어를 선택하는 건 다른 의미를 표현하려는 거야. '고양이'라는 단어를 들으면 뭐가 생각나니?"

"체셔 고양이를 생각해. 나무에 앉아서 웃고 있는 체셔 고양이. 너는 뭘 생각해?" 앨리스가 되물었다.

"나는 복잡한 상황을 잘 이해하는 훌륭한 코치를 생각해. 그런 검정고양이가 있거든. 흥미롭지 않아? 우리가 '고양이'라는 단어를 들을 때 우리 둘 다 고양이를 생각하지만, 구체적인 실체는 서로 다르잖아."

"그러네. 매우 구체적인 단어인 '고양이' 같은 경우에 그렇다 치고 만약 우리가 매우 모호한 단어인 '밋밋한'slightly 이나, '시치미를 떼는'mimsy 이라는 단어를 말한다고 생각해 봐." 앨리스가 고개를 끄덕이면서 말했다.

"시치미를 뗀다mimsy는 게 무슨 뜻이야? 그런 단어는 들어본 적이 없어." 리타가 물었다. "시치미를 뗀다는 건 조잡함flimsy과 비참함miserable 이 합쳐져서 만들어진 단어야. 대형 여행가방portmanteau처럼 두 가지 의미가 한 단어에 들어와 있지." 앨리스가 설명했다. "대형 여행가방은 뭐지?" 리타도 학생이 된 것처럼 질문했다. "대형 여행가방은 두 개의 칸막이로 이루어져 있는 가방이야. 한 칸에는 옷을 걸어 넣고, 다른 칸에는 옷을 접어 넣을 수 있도록 칸막이로 나뉘어 있어." 앨리스가 신나서 말했다. 잘 알다시피 험프티 덤프티Humpty Dumpty가 그 단어를 가르쳐줬지.

"그렇게 단어는 복합적이고, 각 단어의 의미는 사람마다 다르게 받아들여진다는 걸 알고 있어야 해." 리타가 얘기를 원래대로 되돌렸다.

"다른 사례를 말해 줄게. 어떤 사람이 코칭을 받고 '향상되다'라는 단어를 사용한다고 생각해 보자. 이제 그 단어는 그에게 특정한 의미가 있게 됐지. 물론 우리에게도 각자 어떤 의미가 있는 단어야. 같은 단어지만 사용할 때 의미가 다를 수 있다는 걸 알 필요가 있어. 나한테는 '향상되다'라는 단어가 별 의미가 없어서 이 단어를 다른 단어로 예를 들면 고무하다, 개발하다, 고양하다, 돕다, 나아가다, 올리다, 증대시키다, 보충하다, 정교화하다, 날카롭게 하다, 고치다 등으로 바꾼다고 생각해봐. 내가 질문을 이렇게 하는 거지. '발표력을 개발하는 데 있어서 너에게 중요한 건 뭐야?' 혹은 '발표력을 날카롭게 하는 데 있어서 너에게 중요한 건 뭐야?' 로 질문에 사용하는 단어가 바뀌는 걸 생각해 보는 거지. 말한 사람에게는 개발하는 것과 날카롭게 하는 건 똑같은 의미는 아니었겠지."

"일리가 있네. 이제 이해되기 시작했어. 각각의 단어는 사람들 각자에게 다른 수준의 의미가 있다. 코칭대화에서 코칭고객이 사용하는 단어를 그대로 사용하면 질문의 의미전달에 훨씬 효과적일 것이다." 앨리스는 고개를 끄덕이며 말했다.

"맞아. 물론, 우리가 항상 그렇게 할 순 없고, 어떤 측면에서는 그렇게 할 필요가 없을 수도 있어. 진정으로 귀 기울여야 하는 건 코칭고객에게 '중요한' 단어들이야. 언어학에서는 압축단어 혹은 적재된 단어라고 부르는데, 감정적 연결을 가진 단어들일 때도 있고, 특별히 긍정적이거나 부정적인 반응을 불러오는 단어들일 수도 있어." 리타가 말했다.

앨리스는 생각에 잠겼다. 리타가 말한 단어와 그 의미에 대해 자기 방식으로 이해하려 했다. 이윽고 앨리스가 다시 말하기 시작했다. "코칭에서 어떤 단어를 들었을 때, 말하는 사람이 그의 생각을 전하기 위해 그 단어를 특별히 선택했다는 것을 명심해야 한다!"

"멋진 요약이네." 리타가 말했다. "멋져. 이제 질문에는 열린 질문과 닫힌 질문이 있고 열린 질문이 코칭 상황을 더 낫게 만들 수 있는 요소가 있다는 걸 확실히 안 거네. 이런 내용이 다 기억나니?"

"그럼!" 앨리스가 말했다. "좋은 열린 질문은 이해하기 쉬운 질문이고, 상대방이 생각하는 방향에 영향을 미치는 참돌고래porpoise를 가진 질문이다."

"참돌고래라니?" 리타가 물었다. "바다에 사는 포유동물인 고래?"

"아니!" 앨리스가 웃으면서 말했다. "아! 내가 말하려던 건 목적purpose이라는 단어였어. 이 두 단어가 항상 나를 헷갈리게 하네." 그들은 같이 웃었다.

리타가 계속해서 설명했다. "그러면 어떻게 열린 질문을 활용할까? 쉽게 열린 질문을 하는 방법은 뭘까?"

앨리스는 유용한 열린 질문 목록이 필요하다고 생각했다. 열린 질문을 표현하는 방식을 알 수 있으려면 몇 가지 사례를 살펴보면 도움이 될 것 같았다. 그 순간 앨리스는 피곤해지는 걸 느꼈다. 아침부터 이미 많은 걸 배워서 뇌가 가득 찼다는 생각도 들었다. 아마도 집에 가서 휴식을 취해야 할 때인 것 같았다.

앨리스가 뭔가 말하기 전에 리타가 먼저 말했다. "조금 지쳐 보이네. 내가 얘기를 너무 많이 했나?" 앨리스가 중얼거렸다. "응. 아니, 좀 지친 건 맞지만, 너와 얘기하는 건 무척 즐거웠어. 다시 또 대화할 수 있기를 바래." 리타가 웃으면서 말했다. "나도 그래. 너와 대화한 게 너무 좋았어."

앨리스는 집으로 걸어갈 생각이었지만, 햇볕은 따듯하고 부드러운 잔디도 너무 멋져서 그냥 집으로 가기엔 아쉬웠다. '5분만 자야겠어. 잠깐만 자다가 집에 가면 거의 점심시간일 거야.' 앨리스가 자신에게 말했다.

"앨리스, 지금은 우리가 이 스토리의 시작 부분에 온 거야. 이쯤에서 우리는 주요 학습 요점을 짧게 요약해야 한다고 생각해."

어라, 앨리스가 어디로 갔지?

"앨리스!"

"벤 아저씨, 저는 부엌에 있어요. 케이크 드실래요?"

"네가 가져온 케이크니?"

"아뇨."

"그럼 그 케이크는 뭐야?"

"제가 벤 아저씨 냉장고에서 발견한 케이크예요. 이거 진짜 맛있어요."

"거기에 '생일 축하합니다, 벤.'이라고 쓰여 있니?"

"네, 그러네요."

"오오오! 그건 내일 내 생일파티에서 쓸 케이크야. 기다렸다가 먹는 게 나을 것 같아."

"정말 먹음직스러운 케이크네요. 근데 어떻게 요약할 건데요?"

"우리가 지금까지 챙겨 온 핵심요소들이 들어가야지."

"저도 챙겨온 포장 음식 같은 걸 좋아해요. 피자가 제일 좋아요."

"케이크를 먹으면서 피자를 생각하고 있군. 내 생일에 쓸 케이크를! 오케이! 네가 케이크를 먹을 동안 나는 요약을 해놓을게."

이 책을 읽고 계신 독자분께서는 다음에 이어질 내용이 궁금하시면 요약을 건너뛰고 바로 다음 장으로 넘어가도 돼요. 우리가 지금까지 배운 내용은 이렇답니다.

코칭 어드벤처

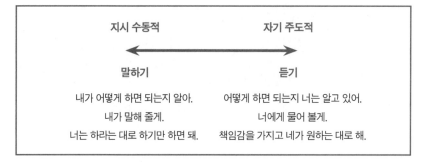

지시 수동적	자기 주도적
말하기	듣기
내가 어떻게 하면 되는지 알아.	어떻게 하면 되는지 너는 알고 있어.
내가 말해 줄게.	너에게 물어 볼게.
너는 하라는 대로 하기만 하면 돼.	책임감을 가지고 네가 원하는 대로 해.

코칭이란 무엇인가?

코칭은 무엇인가?

내가 내린 코칭 정의는 '잠재력을 끌어내고, 유연성을 증가시키며, 대안을 제시하고, 개인을 개발하는 것'이다. 코칭은 누군가가 스스로 학습하고 문제 해결과 자기계발의 주도권을 가질 수 있게 도와주는 일이다.

말하기와 질문하기

대화는 말하거나 질문하거나, 혹은 두 가지의 조합으로 이뤄진다. 그림의 말하기-듣기 연결선에서 코칭의 위치는 질문하는 쪽에 가깝다. 코칭은 누군가에게 질문하는 과정이고 대화의 방향을 정하는 역할을 한다. 그러나 코칭 결과물의 소유권은 코칭고객이 갖는다.

경청의 네 단계

경청은 몇 가지 단계로 나눌 수 있다. 스티븐 코비Stephen Covey의 저서 《성공하는 사람들의 7가지 습관》에 따르면 경청의 수준을 아래와 같이 요약할 수 있다.

'건성으로 듣기'는 말하는 내용에 집중하지 않고 겉으로만 듣는 상태이다. 따라서 들은 내용 중 아주 적은 정보만 알아들을 수 있다.

'대화적 듣기'는 서로 경험이나 이야기를 나누는 것이 특징이다. 한쪽에서 어떤 상황에 대해 말하면, 듣는 사람은 그와 비슷한 자신의 경험 등을 떠올리게 된다. 둘 사이에 주거니 받거니 하는 대화가 오고 가게 되므로 상대방에 대한 경청과 관심은 늘어나지만 듣는 정보는 여전히 적은 편이다.

'주의적 듣기'는 말하는 내용뿐만 아니라 어떻게 말하는가도 관심을 가지고 듣는 것이다. 듣는 사람은 말하는 사람에게 초점을 맞춰서 그의 생각, 기억, 감정을 관찰할 수 있고, 말하는 사람이 어떻게 표현하고 있는지 관찰하며 듣는다. 효과적인 코칭을 하려면 이 정도 수준 이상의 경청이 필요하다.

'공감적 듣기'는 말하는 사람과 깊은 수준의 공감대를 형성하고 직관적 감각을 동원해서 명확한 통찰력을 얻는 것이다. 이러한 경청을 통해 가장 많은 양의 정보가 받아들여진다.

열린 질문

'열린 질문'은 상대방을 대화에 초대하며 생각과 아이디어, 감정을 자극한다. 스타Julie Starr의 저서 《더코칭매뉴얼》The Coaching Manual에서 제안된 것처럼 좋은 열린 질문은 상대방을 심하게 통제하지 않으면서도 단순하고, 목적이 분명하며, 상대방에게 영향을 미친다.

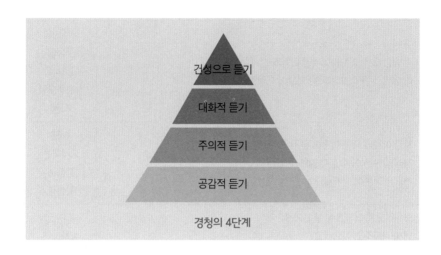

내 경험에 의하면, 처음 코칭을 배우는 사람들은 어떤 열린 질문을 해야 할지 모르는 상태이므로 도움이 될 예시 몇 가지를 정리했다.

질문	질문의 목적
뭘 원하세요? 뭘 원하지 않으세요? 성취했다는 것을 구체적으로 어떻게 알 수 있지요? 뭘 얻게/갖게 되지요? 성취하면 무엇을 잃게 되지요? 언제 그걸 원하죠?	목표 확인 및 탐색
구체적으로 어떤/언제/어디/누가? 예를 하나 들어볼래요? 그걸 어떻게 아셨어요?	구체적 정보를 끌어냄
그것에 대해 당신에게 중요한 건 뭔가요? 그게 무슨 의미가 있죠? 무슨 목적인가요?	동기와 가치관 발견
그것에 대해 더 말해줄 수 있나요? 그밖에 어떤 관련이 있습니까? 더 말씀하실 게 있나요?	일반적 정보를 끌어냄

이 상황에서 그 사람이라면 어떻게 생각하겠어요? 이 일에서 만약 그녀라면, 기분이 어떻겠어요?	상대방의 관점을 이해하고 감사하도록 지원
지금 이것에 대해 어떻게 생각하세요? 지금 당신은 어떤 걸 깨달으셨나요? 지금은 기분이 어떠세요?	현재 생각하는 감정을 확인함
구체적으로 어떻게 하실 건가요? 언제 시작하고 싶으세요? 당신이 할 수 있는 첫 번째 단계는 무엇입니까?	조치를 취하도록 요청

물론, 이 리스트 외에도 이미 알고 계신 많은 열린 질문들이 있을 것이다. 이러한 질문들이 독자 여러분의 생각을 끌어내는 데 유용한 출발점이 되기를 바란다.

"앨리스, 더 추가하고 싶은 건 없니?"

"없어요. 저 얼른 다음 장으로 넘어갈 때만 기다리고 있는걸요."

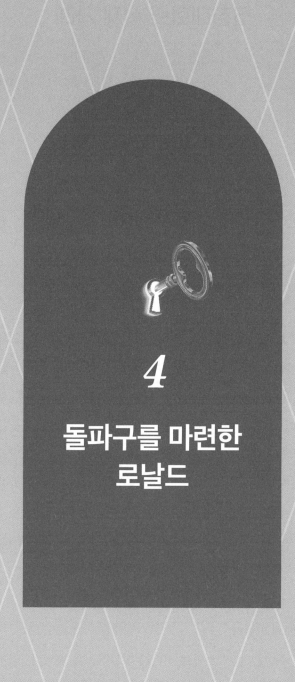

4

돌파구를 마련한
로날드

코칭대화의 실제 사례

앨리스는 눈은 떴지만, 얼마나 잠들어 있었는지 알 수 없었다. 하지만 여전히 잔디밭에 누워 있다는 걸 알고는 얼른 일어나 앉았다. 앨리스의 주의를 끈 건 점점 더 시끄럽게 다가오는 철커덕 소리였다. 소음이 제법 심해지더니 산책로 근처에 자전거가 나타났다. 반짝이는 붉은색 자전거였다. 헬멧과 선글라스로 멋지게 치장한 자전거 주인은 착 달라붙는 검은색 라이크라 소재의 옷을 입고 있었다. 자전거가 아주 가까이 와서야 뭔가 이상하다는 걸 알아차렸다. 탑승자의 얼굴도 특이했지만, 그의 몸을 보면 뭔가 잘못되었다는 걸 확실히 알 수 있었다. 그에게는 다리 대신 지느러미가 있었다.

'앨리스, 터무니없는 생각은 그만해. 물고기는 자전거를 타지 않아.' 그녀는 자신에게 말했다.

자전거 주인은 앨리스 옆에 서더니 선글라스를 벗었다. 믿기 어려웠

코칭 어드벤처

지만, 꼭 커다란 보안경 같은 것이 영락없는 물고기 눈이었다.

"좋은 오후네." 물고기가 말을 건넸다.

"응 좋은 오후야." 앨리스도 조심스럽게 대답했다.

"나를 좀 도와줄 수 있니? 문제가 좀 생겼어." 물고기가 말했다.

"어떤 문제야?" 앨리스가 물었다.

"나는 탈진해 있어. 내가 해야 할 일이 너무 많아. 한 가지 일을 마치자마자 해야 할 일이 열 개나 대기하고 있어." 물고기가 지친 표정으로 말했다.

"네 이름은 뭐야?" 그녀가 손을 내밀며 말했다. "나는 앨리스야."

"난 로날드야." 물고기가 끈적거리는 물갈퀴를 흔들면서 대답했다.

"그래, 로날드, 네가 해야 하는 일들은 어떤 거야?" 앨리스가 질문했다.

"나는 자전거를 만드는 큰 회사의 관리자로 일하고 있어. 난 팀장인데 내 업무량은 감당하기 어려울 정도로 너무나 많아. 오전 7시에 출근해서 저녁 7시까지 일해. 퇴근한 뒤에도 2시간 정도를 이메일 답신에 시간을 써야 해. 그러니 가족과 보낼 시간이 거의 없어. 시간 내서 운동하고, 자전거 타본 적이 언제였는지 기억이 없을 정도야. 지금도 회의시간에 늦었어." 물고기가 그의 휴대전화를 보면서 말했다.

"어떤 도움을 원하니?" 앨리스가 리타와 토론한 것을 생각해내면서 물었다.

"나는 안 된다고 말할 수 있기를 원해. 나는 어떤 경우에도 안 된다고 말할 수가 없어. 본부장님이 추가로 어떤 일을 해 달라고 요청하면, 곧바로 '네'라고 대답하지. 우리 팀원들이 요청해도 항상 그 일을 떠맡아." 로날드가 대답했다.

"너는 너의 상사와 팀원들에게 '안 돼요'라고 말하기를 원하는구나. 정확하게 어떤 일에 대해서 안 된다고 말하기를 원하니?" 앨리스가 물었다.

로날드는 잠시 생각했다. "본부장님이 내 책임 밖에 있는 추가 업무를 요청할 때 그건 안 된다고 말할 수 있기를 원하고, 또 내 팀에 있는 사람들이 자기들이 해결해야 할 문제를 나에게 줄 때도 안 된다고 말하고 싶어."

앨리스는 목표 탐구와 관련된 질문들에 대해서 생각했다. "안 된다고 말할 수 있는 건 너한테는 어떤 의미야?"

로날드는 깊은 한숨을 쉬었다. "나 자신과 내 업무량을 관리하는 능력이 있다는 걸 의미하고, 또 내 가족과 함께 할 수 있고, 나 자신에게도 시간을 할애할 수 있다는 의미지."

"그러면 안 된다고 말해서 네가 잃게 되는 것은 뭐야? 네가 설명한 것처럼 안 된다고 말하면 어떤 결과가 초래될까?"

로날드는 잠시 생각에 잠겼다. "글쎄, 본부장님은 좋아하지 않을 거야. 그분은 웬만한 일은 나한테 시키는 걸 당연하다고 여겨. 근데 나는 내가 맡은 업무에만 충실해지고 싶어. 본부장님이 나에게 떠미는 추가 업무는 하고 싶지 않아."

"그러면 너의 팀원들은 어때?" 앨리스가 물었다.

"처음부터 일을 나한테 들이미는 건 아니야. 팀원들이 제대로 할 줄 모르니까 설명해주느니 내가 하는 게 편하고 빨라서 그렇게 하게 됐지. 하지만 언제까지나 그렇게 할 순 없잖아. 팀원 중 몇 명이라도 좀 더 자신들의 역량을 키워서 자기들 업무의 책임을 져야 해." 로날드가 말했다.

로날드의 목적은 명확해 보였다. 앨리스는 다음 질문으로 로날드에게 뭘 물어봐야 하는지 궁금했다. 그는 자신이 무엇을 성취하기를 원하는지 알고 있다는 생각이 들었다. 그런데 왜 할 수 없었는지 궁금해졌다.

"그렇게 하지 못하는 이유가 뭐지?"

"실망하게 하는 게 싫어. 그들이 나에 대해 나쁘게 생각할까 봐 걱정돼."

"나쁘게 생각한다는 건 무슨 의미야?" 앨리스가 캐물었다.

"실망하거나 좋은 사람이 아니라고 생각하는 거야."

"그랬을 때 너는 어떻게 느낄 것 같아?"

"끔찍하지. 죄책감이 들고 마음이 불안할 거야."라고 로날드가 말했다.

앨리스는 갑자기 의혹에 휩싸였다. '나는 뭘 하고 있는 거지?' 경험해 본 적은 없지만, 로날드가 어떤 강렬한 감정에 대해 말하고 있는 것처럼 보였다. 그녀는 리타가 한 말이 생각났다. 코칭은 자기인식을 일깨우는 것이라는 것, 그리고 코칭을 받는 사람이 자신의 행동에 책임을 져야 한다는 것을 기억해 냈다. 그의 문제를 해결하는 것은 그녀의 일이 아니었다.

"그래서 너의 죄책감과 불편함을 피하려고 사람들의 요청을 받아들이고 있는 거야. 맞니?" 그녀는 물으면서 '아차, 이건 닫힌 질문이잖아?'라고 생각했다.

"그게 정확하다고 생각해. 그런 식으로는 한 번도 생각해 본 적이 없지만."

"해주겠다고 말할 때 어떤 느낌이 드니?" 앨리스가 물었다.

"스트레스를 받고, 불안하고, 미안한 마음이 들어. 해야 하는 많은 일에 스트레스를 받고, 그 일을 마치지 못할까 불안하고, 가족들과 충분하게 시간을 보내지 못하기 때문에 미안함을 느껴."

"만약 그런 식으로 계속된다면 어떤 일이 생길까?"

"탈진할 거야. 이렇게 지속할 순 없잖니. 이제 변해야 해. 지금까지와 는 다르게 해야 하는데 실제로 어떻게 해야 할지는 모르겠어. 네 생각은 어때? 내가 어떻게 해야 할까?"

"글쎄, 네가 가진 아이디어는 뭐야?"

"나는 정말로 확신이 없어. 한 가지 이유는 내가 '안돼요'라고 거절하면 서도 상대방을 만족시킬 방법은 모른다는 거야."

"네가 알고 있는 사람들 가운데 그런 걸 잘하는 사람이 있니? 정말로 잘하는 사람, 기분 좋게 '안 돼요'라고 말할 수 있는 사람은 누가 있니?"

로날드는 앨리스의 질문에 대해 곰곰이 생각했다. 앨리스는 기다렸 다. 로날드의 눈이 멀리 있는 어떤 것에 고정되어 있었다.

"뭘 보고 있니?" 앨리스가 물었다.

"내가 인턴이었을 때 우리 부장님을 생각하고 있어. 그는 멋진 상사였 는데, 안 된다는 말을 자주 했어."

"조금 더 얘기해 줘. 부장님은 어떻게 안 된다고 말했니?"

"직원들이 요청하는 것이 중요한 내용이라는 걸 인정하는 데서 시작 하셨지. 그러면서 부장님은 미안하다고 말하고 그걸 해줄 수가 없는데 왜 할 수 없는지를 설명하셨어. 명확한 이유를 말해줬고, 그 이유는 사실이 었지. 항상 동의했던 건 아니지만, 해줄 수 없는 이유에 대해 솔직하셨어. 때로는 생각해 볼 수 있는 대안을 제시해 주셨어."

"흥미로워라. 상대방은 뭐라 그랬어?"

"그 상대방이 주로 나였어. 나에게 자주 그렇게 하셨어!" 로날드가 말 했다. "내가 신입사원이었을 때, 자주 부장님께 내가 할 수 없는 일들을 말쓸드리곤 했어. 그런 문제를 들고 가면 부장님은, 그 문제를 어떻게 하면 풀 수 있는지 물어보셨어. 그리고 같이 헤쳐나갈 방법을 의논하게 해주셨어."

"그 방법이 너에게는 어땠어?" 앨리스가 물었다.

"부장님이 안 된다고 말할 때마다 실망했지. 처음에는 화가 나기도 했어. 그렇지만 부장님을 존경하게 됐고 이해하게 되었지. 문제를 들고 가면 내가 어떤 생각을 하고 있는지 맨 먼저 물어보셨어. 나는 그가 어떻게 생각하고, 어떻게 행동해야 하는 말씀해 주시기를 바랐던 건데, 그 앞에만 가면 오히려 내가 질문에 대답하고 있었어. 시간이 지나면서 많은 걸 배웠고, 더 이상은 도와달라고 요청하지 않아도 됐어. 나중에는 문제점 대신 해결책을 가지고 갔고, 그가 기뻐하시는 걸 확인하곤 했어."

"그때 어떤 느낌이었어?" 앨리스가 물었다.

"그 부장님을 좋아하게 됐어. 그리고 내가 하는 일에 권한이 더 많아지는 걸 즐기게 됐어. 상당히 재미있었어." 로날드가 말했다.

"부장님이 도와줄 수 없다고 하셨지만, 이유를 설명하셨어. 너는 여전히 부장님을 존경했고 좋은 관계도 잘 유지됐어. 문제에 대한 해결책을 스스로 찾도록 도와주셨고, 너는 더 많은 책임감을 느꼈고 일도 더 재미있어진 거야."

"맞아."

"그러면, 네가 지금 할 수 있는 건 뭐라고 생각하니?"

로날드가 웃었다. "그래, 뭔지 알겠어. 나도 부장님이 하시던 대로 할 수 있다는 거지. 그렇지?"

"나는 잘 모르겠어." 앨리스가 말했다. "너는 알겠니?"

"응. 사람들의 부탁을 거절하고 싶을 때 부장님 방식을 사용할 수 있어."

"훌륭해." 앨리스가 말했다. "사람들이 문제를 들고 오면 어떻게 할 거야?"

로날드는 잠시 생각했다. "확신은 아직 없어. 부장님은 생각해 보도록 질문을 던지는 재주가 있었지. 나는 그걸 어떻게 해야 할지 모르겠어."

"어떻게 배울 건데?" 앨리스가 물었다.

"아마 누군가 가르쳐 줄 수 있을 거야. 내 생각에는 네가 그런 기술을 가지고 있어. 질문하는 데 매우 능숙하더라. 좀 가르쳐 줄래?"

"솔직하게 말해서 나도 지금 배우는 중이야. 뛰어난 선생님이 계시거든, 너도 한번 만나 볼래?"

"그럼 좋지. 그게 가장 실용적이겠네. 소개해 줄 수 있니?"

"물론이지. 기꺼이 그렇게 해줄 수 있어. 여기서 내일 아침에 만나자. 그리고 내가 리타도 나올 수 있는지 알아봐야겠군." 앨리스가 말했다.

"고마워. 정말 고마워. 네 조언이 매우 큰 도움이 됐어." 로날드가 말했다.

로날드가 자전거에 올라타서 페달을 밟기 시작했고, 앨리스는 그와 나눈 대화에 대해서 생각했다. 어떤 조언도 하지 않고 단지 몇 가지 질문만 했을 뿐인데, 해법을 찾은 건 그 자신이라는 걸 깨닫지 못하는 게 참 재미있었다. 자전거 페달 소리가 점점 멀어져 갈 때 즈음, 앨리스는 리타가 다음에 뭘 가르쳐 줄지 궁금해졌다.

5

리타 & 로날드와
함께 성장하기

GROW 코칭모델

"앨리스. 앨리스." 앨리스를 부르는 목소리가 점점 크게 들려왔다.

"앨리스, 일어났니? 뭐 필요한 거 있니?" 아빠 목소리가 천천히 앨리스의 잠결로 파고들어 왔다. 그제야 앨리스는 아침이라는 걸 깨달았다.

"기분이 좋아요." 리타와 로날드를 만날 생각에 설레는 마음으로 대답했다.

"밖에 나가서 신선한 공기나 쐬어야겠어요."

"그래라." 아빠가 대답했다.

아침 식사를 포기하고 앨리스는 바로 강가로 갔다. 날씨가 매우 화창했다. 태양이 빛나고 벌레들이 우는 소리가 들렸다. 아름다운 꽃 위에 벌 한 마리가 날아다니는 것을 보다가 새들이 노래하는 것도 올려다 봤다. 산책로 모서리를 돌자 로날드는 벌써 도착해 있었다. 그의 붉은색 자전거는 의자에 기대어 세워져 있었다.

코칭 어드벤처

"안녕?" 그녀가 말했다.

"너도 안녕?" 로날드가 대답했다. "리타 만나기를 고대하고 있는 중이야!"

거북이가 천천히 움직이며 다가왔고, 앨리스가 로날드를 리타에게 소개했다.

리타는 로날드에게 질문하기 시작했다. "네가 배우고 싶은 건 뭐야?"

"팀원들과 대화 하는 방식을 바꾸고 싶어. 문제점이나 어려움을 들고 오면 어떻게 하라고 말하는 대신 그들 스스로 생각해 보도록 하고 싶어. 여전히 그들을 도울 거지만 도움을 주는 방식은 바꾸고 싶은 거야. 그래야 그들이 더 많은 책임감을 느끼고 해결책에 대해서도 좀 더 창의적일 수 있어. 지금과는 다른 방식으로 격려하고 싶어."

"알았어. 그 주제와 관련해서 배우기를 원하는 건 뭐야?" 리타가 물었다.

"글쎄, 어떻게 대화를 끌어가야 할지 모르겠어. 그들에게 질문할 필요가 있다는 건 알아. 그런데 그들이 해결해 나가도록 어떻게 이끌어야 할지 모르겠어."

"누가 어려운 점이나 문제를 들고 오면, 그들 스스로 생각하도록 코칭하고, 그들이 책임감을 가질 수 있는 해결책을 내놓도록 돕고 싶다는 거네."

"맞아. 바로 그거야." 로날드가 말했다.

"내 생각으로는 그걸 할 수 있는 유일하고 옳은 방법은 없어. 하지만 그런 대화에 필요한 단순한 모델을 설명해 줄 수는 있어. GROW모델이라고 하는 건데, 이 모델을 좋아하는 이유 중 하나는 딱 4단계로 구성되어 있어서 기억하기 쉽다는 거야."

"GROW모델." 로날드는 자기의 라이크라 외투에서 펜과 메모장을 꺼내면서 말했다. 앨리스는 로날드가 자신의 물갈퀴로 펜을 얼마나 잘 잡고 있을지 궁금했는데, 실제로 지켜보니 잘하고 있었다.

"비유적으로 설명할게. 혹시 여행을 가려고 내비게이션에서 길을 찾아본 적이 있니?" 리타가 말했다.

"물론이지. 나는 '강과 운하Rivers and Canals'라는 웹 사이트를 사용해." 로날드가 말했다.

"아, '강과 운하'사이트는 나도 사용하고 있어. '동물 지도책Animal Atlas'도 사용하고 있는데 그것도 좋아." 리타가 말했다.

앨리스는 둘 중 어느 것도 사용해본 적이 없었다. 하지만 대화에서 빠지고 싶지는 않았다. 아빠가 그 두 가지에 대해 말하는 것을 들어본 적이 있어서 끼어들었다. "그 두 가지는 나도 알고 있어."

"좋아. 지금, 내비게이션을 이용해서 길을 찾는다고 생각해 봐. 그러려면 우선 정보를 제공할 필요가 있어. 어떤 정보일까?" 리타가 말했다.

"어디로 가기를 원하는지 목적지를 말해야 해." 로날드가 대답했다.

"그렇지. 목적지와 출발지를 정확하게 알아야 길을 안내해 줄 수가 있어. 코칭대화도 똑같아. 우리가 먼저 물어야 하는 첫 번째는 어디로 가려고 하는지, 혹은 목표가 무엇인가 하는 것이야. 두 번째는 제시한 이슈나 문제에서 그들이 현재 어디에 있는지 찾아내는 거야. 지금 무엇을 하고 있는가 하는 현실 파악이지. 네가 내비게이션에 목적지와 출발지를 알려주고 나면, 다음 단계는 길을 결정하기 위한 가능성을 탐색하는 거야. 대안은 여러 가지야. 최소 시간 경로, 최단 거리 경로, 유료 톨게이트나 폐쇄된 길을 피하는 것처럼 말이지. 어렵지 않지?"

코칭 어드벤처

"응, 가능성을 탐색한 뒤에 어떤 길로 갈지 결정해." 로날드가 대답했다.

"GROW모델도 똑같이 네 가지 단계를 따르게 돼. 목표Goal, 현실Reality, 가능성Option, 나아갈 길Way. 원래 모델에서는 네 번째 요소를 '의지Will'라고 불렀지만, 개인적으로 나는 '나아갈 길'이라고 말하는 걸 더 좋아해. 왜 그런지는 이따가 더 얘기할게. 목표는 코칭대화의 시작점이고, 코치는 코칭고객들이 가기를 원하는 곳을 탐색하지. 목표는 결국, 원하는 결과가 무엇인가 하는 거야.

코치가 물어볼 수 있는 걸 정리하면 이런 거야."

- 무엇을 성취하기를 원하세요?
- 무엇이 당신의 목표입니까?
- 해결하고자 하는 것은 무엇입니까?
- 이번 코칭세션에서 당신이 원하는 결과는 무엇입니까?
- 언제까지 그 목표를 성취하겠습니까?

"초기에 명확하게 목표를 제시하면 두 번째 단계로 넘어갈 수 있어. 원하지 않는 것뿐만 아니라, 목표로써 원하는 게 무엇인지 명확하게 해야해." 앨리스가 어제의 대화를 떠올리며 말했다.

"잘 기억하고 있네." 로날드가 자신의 메모장에 미친 듯이 휘갈겨 쓰고 있을 때, 리타가 말했다. "두 번째 단계는 현실 이해하기야. 현재 어디 있는가를 확실히 하는 거지. 뭘 시도했는지, 뭐가 문제인지, 뭐가 어려운지, 그런 거야. 코치가 물어볼 수 있는 질문들을 정리하면 이런 것들이야."

- 목표를 생각할 때 당신은 지금 어디에 있는가?
- 무슨 일이 일어나고 있는가?
  (무슨, 어디, 언제, 누구, 얼마, 얼마나 자주, 가능하면 정확하게.)
- 지금까지 이것에 대해 당신은 무엇을 했는가?
- 이것에 대해 어떻게 느끼는가?
- 무슨 일이 일어나고 있는가?
- 무엇이 방해하고 있는가?

2단계에서는 문제나 도전을 완전하게 탐색하지."

"모든 질문이 열린 질문이라는 걸 알아차렸어." 앨리스가 말했다.

"목표단계에서는 명확하게 정의된 목표나 결과물을 찾아야 해. 그러려면 코치는 열린 질문을 하면서 목표를 찾아가지. 현실단계는 좀 더 탐색적이야. 탐색단계가 정확하게 이루어져야 다음 단계인 대안을 푸는 단초를 파악할 수 있어. 가능성의 단계에서는 코칭고객이 문제를 어떻게 풀고 진전을 이루어 낼지를 다루게 돼. 코치들은 대안이나 아이디어를 끌어낼 수 있도록 돕는 역할을 하거든. 이 단계에서 문제해결에 대해 코치의 아이디어를 제안하고 싶은 유혹이 생겨. 그래서 가장 조심해야 할 단계라고 할 수 있어."

"그건 좋은 거 아니야? 만약 내가 확실한 해법을 안다면 뭘 해야 할지 말해주는 게 낫지 않지 않을까?" 로날드가 물었다.

"거기에 대해 잠깐 생각해 보자." 리타가 말했다. "우선 팀원들을 위한 너의 목표가 무엇인지, 접근 방식을 왜 바꾸려고 하는지 다시 얘기해줘."

"그들이 스스로 도전에 대해 생각하게 만들고 해결책에 대해 더 많은 책임감을 느끼도록 격려하려고 해." 로날드가 말했다.

"좋아, 그게 아까 나한테 말해준 내용이야. 로날드, 누가 너더러 뭘 하라고 말할 때 어떤 생각이 드니? 주도권이 너한테 있다고 느끼니? 아니면 주도권이 별로 없다고 느끼니?"

"아마 내게 주도권이 별로 없다고 느끼지 않을까? 만약 다른 누군가가 아이디어를 내놓는다면 그들이 나보다 좀 더 잘한다는 생각이 들 거야."

"딴 사람이 아이디어를 내놓을 때, 그걸 듣는 너는 책임감을 더 많이 느끼니, 적게 느끼니?"

"솔직히 더 적게 느끼지. 그게 잘못된 건가?" 로날드가 되물었다.

"그게 자연스럽다고 생각해. 내가 아이디어를 내놓으면 더 연계되어 있다고 느끼는 경향이 있고, 만약 만드는 데 관여했다면 더 큰 소유권이나 책임감을 느낄 거야." 리타가 말했다.

"다행이야. 내가 느끼는 게 자연스러운 거라." 로날드가 말했다.

앨리스는 라이크라 외투와 자전거 헬멧을 착용하고, 물갈퀴로 메모장과 펜을 쥐고 있는 물고기인 로날드를 건너다보았다. 문득 자신이 정상적이라고 알고 있던 것들에 대해 의문이 생겼다. 그녀의 생각은 리타가 로날드에게 다른 질문을 하면서 중단되었다.

"해결책을 누군가가 대신 제시해주는 것에 대한 질문으로 되돌아가자. 지금은 어떻게 생각하니?"

"오! 무슨 말을 하려는지 알 것 같아. 만약 내가 그들에게 해결책을 제시한다면 그건 내 해결책이야. 그들은 스스로 해결책을 내놓을 때만큼 재량권이나 소속감, 책임감 같은 것을 느끼지는 못할 거야." 로날드가 말했다.

"맞아. 너희 팀이 더 많은 권한을 위임받고, 더 많은 책임감을 가지는 건 너한테 얼마나 중요하니?" 리타가 말했다.

"그게 바로 내가 원하는 거야. 나한테 필요로 하는 일이야. 팀원들의 역량이 강화되고 자기 업무에 보다 책임의식을 느끼게 되기 바래. 그러면 나도 내 일에 집중하고 다른 일에 더 많은 시간을 할애할 수 있을 거야."로날드가 말했다.

"나도 같은 생각이야." 리타가 고개를 끄덕였다. "너는 시간에 대해 말하고 있지만, 우리는 그런 관점에서 코칭적 접근을 고려할 필요가 있어. 뻔한 질문이지만, 무엇을 해야 할지 말해주는 것과 코칭대화로 풀어나가는 것 중에서 어느 것이 더 빠르지?"

"그들에게 말해주는 것이 명백히 더 빠르지. 그래서 늘 그렇게 했던 거야. 나는 너무 바빠서 팀원이 다가오면 그들에게 무엇을 해야 할지 가능한 한 빨리 말해주었어." 로날드가 말했다.

"맞아. 문제가 다음에 또 생기면 그들은 어떻게 하니?"

"또 나에게 오지." 로날드가 절망적으로 말했다. "끝이 없지."

"정확해. 장기적으로 너의 팀은 자신들의 문제를 해결하기 위해서 너에게 가도록 학습되었고, 너는 결국 그들을 돕는데 너의 시간을 쏟아붓게 되었어. 이제 네가 코칭적 접근법을 사용했을 때 무슨 일이 일어나는지 보자. 팀원이 처음으로 도움을 요청할 때, 해결책을 스스로 찾을 수 있도록 도우면 그냥 말해주는 것보다 더 많은 시간을 써야 할 거야. 두 번째, 세 번째도 마찬가지일 거야. 근데 매번 스스로 해결책을 만들어 내도록 돕는다면, 그들이 네 번째와 다섯 번째 문제에 맞닥뜨렸을 때 어떤 일이 일어날까?"

"글쎄, 아마 그들 스스로 해결책을 생각하고 있을 거야. 시간이 흐른 후에는 해결책을 점검받기 위해서만 나를 찾아올 거야. 그들 스스로 일을 해나가고, 나한테 그들이 한 일의 성과를 알려주게 될 거야. 그런 좋은 상황이 되는 거지." 로날드가 곰곰이 생각하면서 말했다.

"그래서 코칭적 접근법은 장기적인 투자라고 해. 단기적으로는 네 시간을 더 많이 할애해야 할 수도 있어. 그러나 네 팀이 영원히 너에게 의존하는 상황에 갇히는 대신에 장기적으로는 네가 필요로 하는 일은 줄어들고 스스로 더 많은 일을 하게 되겠지." 리타가 말했다.

"한 번도 이렇게 생각해 본 적이 없었네." 로날드가 말했다.

"몇 가지 예외가 있기는 해서 그것에 관해서도 얘기해 봐야 할 것 같아. 만약 긴급한 일이 생겼다고 치자. 코칭이 거기에 맞는 접근 방법일까?"

"아마 아닐 것 같아. 이 경우에는 사람들에게 정확하게 무엇을 해야 하는지 알려주는 것이 최선이지." 로날드가 말했다.

"나도 그렇게 생각해. 만약 시간이 중요하다면, 사람들에게 지시하는 쪽을 선택할 수 있어. 만약 네가 모든 일에 시간이 촉박하다고 느낀다면, 코칭적 접근법은 사용하지 말아야 해."

"그래, 알았어. 물어보고 싶은 게 더 있어. 우리 팀에 유형이 좀 다른 사람들이 있어. 그 중, 몇 명은 오랫동안 사업에 참여해 왔기 때문에 많은 경험이 있어. 나머지는 인턴과 신입직원들이야. 내가 그들을 똑같은 방식으로 코칭해야 할까?" 로날드가 말했다.

"아니, 그렇게 생각하지 않아. 하나만 물어볼게. 해결책에 대해서 질문하면 인턴은 어떻게 반응할까?" 리타가 물었다.

"인턴으로서는 매우 어렵다고 생각해. 우리가 하는 일에 대해 잘 모르고 있거든." 로날드가 대답했다.

"맞아, 인턴이 경험하고 배울 수 있도록 초기에는 지시나 교육적 접근을 하는 게 적절해. 물론 생각할 기회를 얻도록 질문을 하는 건 좋아. 사람들이 무엇을 해야 할지 말해주더라도 질문으로 하는 거지. 질문을 받게 되면 대답한 사람들이 나중에 그걸 기억하는 데 어떤 영향을 미치는지 아니?"

"솔직히 잘 모르겠어." 로날드가 말했다.

"더 잘 기억할 것 같다는 생각이 들어." 앨리스가 말했다.

"네 말이 맞아, 앨리스. 연구자료에 의하면 뭔가를 추측해 보도록 질문한 뒤에 정답은 나중에 알려줄 경우, 바로 정답을 알려주는 것보다 더 잘 기억하게 된대." 리타가 말했다.

"아주 흥미로워. 그건 기억해 둬야겠어." 로날드가 말했다.

"훌륭해. 다시 너의 팀으로 돌아가서, 너희 팀에서 많은 경험을 가진 팀원을 코칭하면 어떨 것 같아?" 리타가 미소 지으며 물었다.

"처음에는 이상하다고 생각하겠지. 내가 왜 그들에게 이 모든 질문을 하는지 의아할걸." 로날드가 말했다.

"그렇지. 내 생각에도 그럴 거야. 네가 왜 다른 접근 방법을 사용하는지 그들에게 설명해 줄 필요가 있어." 리타가 동의하며 말했다.

"그들 스스로 역량을 강화하고 더 많은 걸 해내기 바란다고 말해야 할까?"

"팀원들에게 솔직하게 이야기하는 것이 더 중요하지 않을까?" 리타가 물었다.

"그렇지, 그게 더 중요해." 로날드가 말했다. "가능하면 언제나 팀원들

코칭 어드벤처

에게 솔직하고 투명하게 대하는 게 내 목표야."

"그럼 팀원 역량 강화는 잠시 내려놓고, 팀원들에게 솔직한 팀장인 게 네 목표라고 정했어. 이제 코칭적 접근이 팀원들에게 어떻게 도움이 될지 생각해 보자. 팀원 중에서 자신의 기술을 발전시키고 개발시키기를 원하는 사람들이 있니?"

"물론 있지. 모두는 아니지만, 대부분 장기적인 경력 개발을 원하고 있어."

"코칭이 어떻게 도와줄 수 있다고 생각하니?"

"내가 봤을 땐 스스로 생각해 보는 방법을 학습하고 기술을 개발시킨다면, 그들의 학습과 미래 전망에서 훨씬 나은 방향으로 성장할 수 있을 거야."

"맞아, 나도 그렇게 생각해. 오로지 팀원들의 이익만을 위해 코칭한다고 말하는 건 솔직하지 못한 걸 수 있어. 그건 사실이 아니니까. 하지만 스스로 자신의 역량을 개발하기를 원하는 사람들에게는 코칭적 접근이 적합한 방법이라고 생각해." 리타가 말했다.

"그래 맞아. 이제 완전히 이해했어. GROW모델에 대해서 더 말해줘. 첫 단계는 '목표', 목표단계에서는 무엇을 성취하기를 원하는지를 정의한다고 했지. 두 번째 단계는 지금 처한 '현실'을 탐색, 지금 상황이 구체적으로 어떤지, 그리고 지금까지 해 온 조치는 무엇인지, 혹은 문제가 무엇인지를 알아보는 것이지. 세 번째 단계는 '가능성'이지?" 로날드가 흥분해서 말했다.

"그래. '가능성'이란 코칭고객들이 어떻게 문제를 해결하거나 진전을 이룰지에 대해 아이디어를 내도록 돕는 거야." 리타가 말했다.

"매우 어렵게 들리네. 전혀 몰라서 도움을 청한 거라면 어떻게 하지?"

"그렇게 생각할 수도 있지. 그런데 사람들은 대체로 절반 정도 형성된 아이디어를 가지고 있어. 심지어 그에 대해 멈추지 않고 생각하고 있는 경우가 많아. 이 단계에서 질문할 수 있는 건 다음과 같아.

- 대안은 무엇인가?
- 다르게 할 수 있는 것은 무엇인가?
- 아직 해보지 않은 것은 무엇인가?
- 이전에 이것과 유사한 상황은 어떻게 해결했나?
- 누가 도움이 될 것 같은가?

그리고 우리 코치들은 그들이 제시한 아이디어를 구체화하는 걸 돕는 거야."

"나는 '이것과 유사한 상황을 이전에는 어떻게 해결했니?'라는 질문을 좋아해. 이 질문은 아주 유용하거든." 로날드가 말했다.

"예전에 대중연설을 주제로 코칭한 적이 있어. 그 고객의 목표는 25명 앞에서 20분간 자신 있게 말하는 것이었어. 나는 그에게 전에 많은 사람 앞에서 뭔가를 해본 적이 있는지 물었지. 그는 밴드에서 드럼을 쳤었다고 대답하더라고. 그래서 그가 얼마나 큰 규모의 관객들 앞에서 연주해 보았는지 물었거든. 만 명의 관객들을 대상으로 하는 엄청난 공연에 반주자로 참여했었다고 대답하더라고. 일만 명! 드럼을 연주하는 것과 연설을 하는 게 똑같다고 말하는 건 아니야. 그래도 이건 매우 쓸모 있는 경험이고 대중에게 연설하는데 사용할 수 있는 요소도 많다고 생각했어."

"그래, 그런데 만약 그 사람이 정말로 뭘 해야 할지 모른다면 어떡하지?"

"글쎄, 그게 문제인 것 같긴 해. 그런데 말이지, 코치들은 그들이 생각하는 것보다 훨씬 큰 역량을 가지고 있다고 믿는 게 중요해. 코칭고객들이 항상 실행 가능한 방법을 생각해 낼 거라고 말하는 건 아니야. 효과가 없더라도 그들 스스로 뭔가 해보는 과정을 겪어 보는 거지. 그런 상황에서 내가 좋아하는 질문 중 하나는 롤모델이 될 만한 사람을 아는지 물어보는 거야. 그 '아는' 사람이라는 말에는 유명인들도 해당이 돼. 책이나 영화 속 주인공들이거나 역사적인 인물일 수도 있지."

"좋은 질문 방식이네, 그렇게 하는 게 마음에 들어." 앨리스가 말했다.

리타가 계속해서 설명했다. "GROW모델의 마지막 단계는 '나아갈 길'이야. 이 단계에서는 앞 단계에서 찾아낸 여러 대안 중에서 가장 잘 작동하는 게 뭔지 찾아내고, 어떻게 시작할지 모색해. GROW모델에서 '의지'라고 부르지. 대부분 그렇게 부르지만 나는 '나아갈 길'이라고 부르는 걸 더 좋아해. 이 단계에서는 '당신은 무엇을 하겠는가?' 라는 질문을 해. 의지라고 표현하든, 나아갈 길이라고 하든, 다음과 같은 질문을 해볼 수 있어."

- 어떤 대안이 당신에게 최선인가?
- 당신은 지금 무엇을 할 수 있는가?
- 언제 시작할 건가?
- 합의된 실행방안에는 1 - 10점 사이에서 몇 점을 줄 수 있나?
- 10점을 받으려면 어떤 점이 문제가 되는가?

- 지금 더 하고 싶은 말이 있는가, 혹은 끝내도 될까?
- 제일 먼저 시도할 실행계획은 무엇인가?

"여기까지 하면 보통 코칭대화가 종료된단다." 리타가 말했다.

"오케이, GROW모델은 목표, 현실, 가능성, 나아갈 길로 구성되네. 한 세션의 코칭대화는 어느 정도의 시간이 걸리니?" 로날드가 말했다.

"상황에 따라 달라. 아주 짧게 할 수도 있어. 작은 과제를 가지고 오면 목표를 명확하게 해주고, 지금까지 해온 현실을 파악하고, 그가 가진 아이디어는 무엇인지 물어보고, 그러고 나서 나아갈 길을 물어보는 게 전체 코칭세션이야. 아주 짧지. 그런데 충분한 시간이 필요한 코칭주제도 있어. 그럴 때는 코치가 그 일에 대해 상세하게 탐구할 수 있도록 제법 길게 세션을 진행해. 걸리는 시간의 양은 그 상황이 가진 복잡성, 변수들, 그 사람이 이미 해 놓은 생각의 양과 이용 가능한 시간에 따라 달라지지.

코칭현장에서는 코칭 받는 사람을 '코칭고객Client'이라고 불러. 좀 딱딱하게 들릴지 모르겠지만, 내가 코치로서 다른 사람들을 위해 '일하고 있다'는 걸 상기시켜 주기 때문에 고객이라는 단어를 넣는 걸 더 선호하는 편이지. 코치로서 나는 고객들의 잠재력을 충족시키고 스스로 배우는 것을 돕기 위해 존재하는 거야."

"흥미로워. 내가 그 사람의 직속상사일 때는 어떨까? 나는 팀원들이 자기들의 잠재력을 이끌어 내길 원하지만 동시에 우리 부서와 사업을 위해 임무를 완수하는 걸 원하기도 해. 솔직히 내가 팀원들의 잠재력을 충족시키는 걸 돕기 위해서만 존재하는 건 아니라서 그들을 '코칭고객'이라고 지칭하는 건 이상하게 들릴 것 같아." 로날드가 말했다.

코칭 어드벤처

"좋은 질문이야. 매우 중요한 질문이기도 해. 너의 부서와 사업 목표를 전적으로 염두에 두고 있다면 상대방이 제시하는 코칭주제만을 위해 대화를 하는 게 아니니까, 네가 코칭하고 있는 사람은 코칭고객이 아니라는 말에도 공감해. 그런 경우에는 코칭고객 대신에 다른 용어를 찾을 수 있겠지. 나라면 코칭고객이라는 단어를 계속 사용할 것 같은데 그 용어를 사용하는 게 직관적이기 때문이야. 여기서는 코치가 코칭고객과 일하면서 대가를 지불받는 상황과 직장상사가 팀 구성원이나 다른 직원들을 코칭하는 상황 모두에 코칭고객이라는 용어를 적용한다고 정하도록 하자. 두 가지 상황이 서로 다른 점은 있지만, 코치와 코칭고객 모두 코칭과 그들이 맡을 역할에 대해서 책임을 명확하게 이해하고 공유하는 것이 중요하거든. 서로의 역할이 이해되었는지 확인하기 위해서 코칭의 시작단계에서 그런 얘기를 나누는 것이 대체로 도움이 돼."

"좀 알 것 같긴 해. 시작단계에서 어떤 내용을 코치가 언급해야 할까?"

"코칭에서 이 부분을 다룰 때 '계약'이라는 용어를 사용하지. 계약이라는 용어가 너무 공식적으로 들리지? '동의'라는 용어를 써도 돼. 어떤 용어를 사용하든 시작단계에서 코칭세션에 대해 서로 명확하게 하는 걸 의미해. 몇 가지는 실무적인데, 얼마나 오랫동안 코칭이 지속되며, 다시 만나게 될지 또는 어디서 만날 수 있는지에 등을 정하는 거야. 이 시점에서 코치와 코칭고객의 역할과 책임을 명확히 하고 각자의 기대를 이해하는 것이 중요하다고 생각해."

"각자의 책임과 역할? 그걸 100% 확실하게 안다고 말하지는 못하겠네."

"코치의 역할은 절차를 알려주고, 코칭고객에게 집중하고, 질문을 던지고, 적절히 관찰해서 피드백하는 거야. 코칭고객의 역할은 대화의 방향을 정하고 다룰 주제에 대해 가장 많이 아는 사람답게 행동하는 거지."

"책임은 뭐야?"

"코칭고객은 코칭의 성과물을 소유해. 그들은 어떤 행동이나 방향으로 움직일지 정하고 그렇게 정한 것을 실제 행동으로 옮기는 후속 조치에 대한 책임이 있어. 코치는 절차에 대한 책임과 계약이 이루어지면 비밀유지에 대한 책임이 있고."

앨리스가 가벼운 신음 소리를 냈다. "갑자기 지루해지네. 우리 학교 선생님처럼 말하고 있어. 무슨 얘긴지 모르겠어. 우주선에 관해 이야기하면 안될까?"

"우주선은 다음번에! 계약이 정말 중요하거든! 성공적인 코칭은 초기 계약의 내용을 얼마나 제대로 정하는지에 달려 있다고 생각해." 리타가 말했다.

"내가 수수께끼를 낼 테야. 너희한테도 흥미로울 거야. 풀 수 있을지 한번 보자. 구멍을 많이 만들수록 구멍이 적어지는 것은 무엇일까요?" 앨리스가 다소 흥분해서 말했다.

"구멍을 많이 만들수록 구멍이 작아진다고? 으음, 글쎄. 잘 모르겠네." 리타가 되풀이했다. 로날드와 리타 둘 다 수수께끼 문제를 풀기 위한 경쟁을 시작했다. 그들은 둘 다 혼잣말을 중얼거리기 시작했다.

6
크리스티나

코칭적 접근 방식

리타와 로날드가 수수께끼를 풀기 위해 고심하는 동안, 앨리스는 그들이 앉아 있는 잔디밭을 둘러보았다. 그녀의 시선은 가까이 있는 잎사귀 위를 기어가고 있는 아름다운 무당벌레에 꽂혔다. 그녀는 조심조심 몸을 기울여 무당벌레를 들어 올렸다.

"제발 내려놔 줘. 제발, 내려놓아 줘." 몹시 날카로운 소리가 들렸다.

앨리스는 주변을 둘러보았다. 리타와 로날드는 둘 다 생각에 잠겨있었고, 그들 외에는 아무도 없었다.

"이봐요! 함부로 나를 들어 올리는 너는 누구야?" 앨리스의 손가락에서 나오는 것처럼 들리는 목소리가 말했다.

"나에게 말하는 거야?" 무당벌레를 더 가까이 당기면서 앨리스가 물었다.

"물론이지" 그 목소리가 말했다. "그리고 좀 비켜주겠니? 사람들이 나

코칭 어드벤처

에게 얼굴을 가까이 갖다 댈 때마다 폐소공포증에 시달려."

"정말 미안해." 앨리스가 사과하듯이 말했다. "다시 내려놓을게." 앨리스는 눈높이에 있는 나무 그루터기에 무당벌레를 천천히 내려놓았다.

"고마워." 꽥꽥거리는 목소리가 말했다. "훨씬 낫네."

"정말 미안해. 화나게 하려던 건 아니야." 앨리스가 말했다.

"다친 데는 없어." 무당벌레가 말했다.

"나는 앨리스라고 해."

"나는 크리스티나야." 무당벌레가 대답했다.

"만나서 반가워. 화나게 해서 미안해. 뭐라도 보상해 줄 수 있을까?"

"사실은 도움이 필요해." 크리스티나가 말했다.

"그게 뭐지?" 앨리스가 물었다.

"사실은 승진하고 싶어. 그런데 승진을 하려면 뭘 해야 하는지 모르겠어." 크리스티나가 대답했다. "네가 도와줄 수 있니?"

GROW모델이 생생하게 마음속에 자리 잡고 있어서 도울 수 있다고 느꼈다. 목표단계부터 시작할 필요가 있었다. "원하는 게 뭔지 구체적으로 말해 봐."

"나는 인재개발실 실장으로 승진하고 싶어." 크리스티나가 말했다.

"인재개발실 실장이 되기를 원한다." 앨리스가 되풀이했다. 그녀는 인재개발이 뭔지 궁금했다. 앨리스에게 인재개발이라는 주제는 너무 어려웠다. 이 조그만 무당벌레가 그렇게 큰일을 책임지는 실장이 되고 싶어 한다니 대단하다는 생각도 들었다. 앨리스는 그런 자기의 생각은 무시하면서 물었다. "내가 어떻게 도울 수 있을까?"

"내가 그 자리로 가려면 뭐가 필요한지 모르겠어. 승진하기 위해서 뭘 해야 하는지 알고 싶어. 네가 말해주면 좋겠어."

앨리스는 그녀의 말에 대해 생각했다. 크리스티나가 원하는 명확한 목표가 있는 것처럼 보였다. 앨리스가 질문하려 할 때 옆에 있던 리타가 끼어들었다. "크리스티나, 내가 하나 물어봐도 될까? 네가 승진하는 것은 완전히 너에게 달려 있니?"

"무슨 뜻이야? 나는 확실하게 승진을 원해." 크리스티나가 말했다.

"내가 묻는 것은 승진이 전적으로 너의 노력만으로 결정되는 거니, 아니면 다른 요소들이 승진에 영향을 미칠 수 있는 거니?" 리타가 다시 물었다.

"현재 인재개발실 실장은 퇴직한 상태고, 우리 회사는 그 자리에 누굴 앉힐지 결정해야 해. 구조조정 이야기도 돌고 있긴 하지만. 암튼 실장 자리에 누굴 승진시킬지 결정하는 사람은 내가 아니야."

"그걸 정확하게 알고 싶었어. 네가 이 승진을 정말로 원하더라도, 잘 알다시피 네가 결정하는 게 아니니까, 통제권이 너한텐 없는 상황이라는 거지. 만약 너의 통제 범위 안에 있지 않은 목표에 대해 코칭한다면, 그걸 성취하는 게 어렵다는 얘길 해주고 싶었어."

"그래서 앨리스는 승진하는 것을 도울 수가 없다는 거네." 크리스티나가 화난 투로 말했다. "꼭 그런 건 아니야." 리타가 말했다. "그렇지만 앨리스가 네게 뭔가 도움을 주려면, 그 목표가 네가 책임질 수 있는 것이어야 한다는 걸 분명히 해야 해. 승진 여부는 너에게만 달린 게 아니야. 네가 책임질 수 있는 요소들에 대해서 필요한 것들이 뭔지 살펴보고 거기에 초점을 맞춰야 해."

"아, 그렇구나. 알았어." 크리스티나가 조금 침착해지면서 말했다.

코칭 어드벤처

"승진에서 네가 책임져야 할 것이 무엇이고, 어떤 영향을 미칠 수 있을까?"

"글쎄, 책임이라면, 승진을 위한 인터뷰에서 무슨 말을 해야 할지, 그리고 내가 작성하는 지원서도 내 책임이네."

"좋아. 그렇게 두 가지를 다 목표에 넣든지, 아니면 그중 한 가지를 고르든지 모두 코칭에 유용한 목표가 될 거야." 리타가 말했다.

"우선 한 가지를 선택하는 건 어때? 어떻게 할까? 둘 중 어느 것이 너에게 더 중요할까?" 앨리스가 제안했다.

"인터뷰를 도움받고 싶어. 나는 예전부터 인터뷰를 잘 하지 못했어."

"그럼 인터뷰에 대한 너의 목표는 뭐야?" 목표를 명확히 할 필요가 있다는 것을 깨달은 앨리스가 물었다.

크리스티나가 잠시 생각했다. "인터뷰를 잘해서 내가 그 자리로 갈 수 있으면 좋겠어. 그런데 그건 내 권한 밖이니까, 지금 코칭목표는 내가 할 수 있는 최상의 인터뷰를 하는 것과 거기서 나 자신을 최대한 표현하는 것이라고 해야겠지."

"최상의 인터뷰를 위해서 너 자신을 가능한 한 잘 표현해야 한다." 확인을 위해서 리타를 건너다보면서 앨리스가 말했다. 리타는 앨리스에게 잘하고 있다는 의미로 윙크를 했다.

"그래서, 내가 해야 할 건 뭐라고 생각하니?" 크리스티나가 물었다.

"지금까지 네가 준비한 게 뭔지 말해 줄래?" 앨리스가 GROW모델의 현실 단계로 이동하고 있다고 생각하면서 질문했다.

"지금까지? 글쎄, 한 게 별로 없어. 지원서를 작성하고 인터뷰하는 걸 기다리고 있어." 크리스티나가 말했다.

"그러면 인터뷰 전까지 뭘 할 예정이야?" 앨리스가 계속해서 질문했다.

"지원서를 다시 읽어보려고, 그래서 내가 쓴 내용을 기억해 놓으려고." 크리스티나가 대답했다.

"전에 해봤던 인터뷰에 대해서 말해 줄래? 항상 인터뷰에서 잘하지 못했다고 말했잖아." 앨리스가 물었다.

"응, 나는 인터뷰가 어렵다고 생각해. 어떤 질문은 나를 당황하게 하기도 하고, 닥치면 적절한 답이 즉흥적으로 생각나지 않아. 멍해지고, 전에 했던 일조차 기억할 수 없어. 다 지난 다음에야 내가 말하고 싶었던 것들이 생각나."

"인터뷰에 들어갈 때는 기분이 어때?" 앨리스가 물었다.

"그땐 자신이 있지. 처음에는 긴장하거나 떨지 않아, 그런데 심사위원들이 나를 쳐다보면 압박감이 느껴지고 불편해. 그럴 땐 어떻게 할까?" 크리스티나가 물었다.

앨리스는 크리스티나가 어떻게 해야 할지 자신에게 묻는 게 부담스러워지기 시작했다. 그녀는 크리스티나가 무엇을 해야 하는지 알지 못했다. 그 순간, 코칭은 제안하는 게 아니라 코칭고객이 스스로 나아갈 길이나 해결책을 찾도록 돕는 것이라는 생각이 떠올랐다.

"너를 돕겠다고 말한 건 너에게 자문하거나 너에게 뭘 해야 할지 말해 줄 수 있다는 뜻은 아냐." 앨리스가 말했다.

"그러면, 어떤 방법으로 도울 수 있니?" 크리스티나가 실망하며 말했다.

"너 자신의 해법을 찾도록 돕지." 앨리스가 말했다.

"나 혼자서 해법을 찾아보라고?" 크리스티나가 말했다.

코칭 어드벤처

"해본 적이 있니?"

"아니, 해본 적은 없어."

"해야 할 필요가 있는 일을 할 수 있을지 같이 연구해 보자." 앨리스가 물었다.

"그게 날 돕는 거라면 그렇게 할게." 크리스티나가 대답했다.

"인터뷰에 대한 준비는 네가 쓴 지원서를 다시 읽어보는 거라고 말했잖니. 그 외에 뭔가 더 할 게 있을까?"

"별로 없어. 인터뷰 전에 긴장을 풀고 심호흡을 해." 크리스티나가 말했다.

앨리스는 크리스티나의 현실단계를 충분히 탐색했다고 결정하고 대안 단계로 넘어갈 때라고 생각했다.

"그 밖에 준비로는 어떤 걸 할 수 있어?" 앨리스가 묻기 시작했다.

크리스티나는 잠시 생각해 보고 말했다. "글쎄, 지금까지 내가 성공적으로 해낸 업무에 대해 리스트를 만들고, 구체적 사례를 적어볼 수 있겠지."

"좋아, 또 뭐가 있지?" 앨리스가 물었다.

"그 이상은 정말 모르겠어. 다른 사람들은 인터뷰 준비로 어떤 걸 하지?" 크리스티나가 물었다.

"인터뷰를 정말 잘하는 사람을 알고 있니?" 앨리스가 물었다.

"내 친구 앤젤라Angela가 정말 잘하지." 크리스티나가 말했다.

"어떻게 하는데?"

"앤젤라는 질문을 받을 거라고 예상하는 리스트를 모두 만들고, 질문에 대한 답을 연습해. 나에게 모의 인터뷰하는 걸 도와 달라고 했어. 모의 인터뷰를 통해서 자기 스스로 답변을 연습했어. 그렇게 해보는 건 진짜 재미있어."

"너도 그렇게 해보면 어때?" 앨리스가 물었다.

"하지만 어떤 질문이 나올지 몰라." 크리스티나가 조심스럽게 대답했다,

"예상 질문을 좀 만들어 볼까?"

"앤젤라에게 예상질문 리스트를 달라고 했어."

"나는 앤젤라가 어떤 일을 하는지 몰라. 앤젤라한테 한 모의질문이 네가 지원하는 분야에도 맞을까?" 앨리스가 물었다.

"걘 마케팅 쪽에서 일하고 있어서 약간 달라." 크리스티나가 대답했다.

"그렇다면 너의 업무에 맞는 예상 질문은 어떻게 알 수 있을까?"

"총무부장이 내 친구야. 총무부장은 인터뷰 과정에는 개입하지는 않기 때문에 그에게 물어보는 건 괜찮을 거야." 크리스티나가 말했다.

"좋아. 대충 계획이 만들어진 것처럼 들려. 뭘 할 예정인지 정리해 볼래?"

"첫 번째로는, 현재의 직책에서 만났던 도전적인 상황들과 내가 해낸 성공적인 프로젝트들을 정리해보려고 해. 몇 가지 구체적인 사례를 목록으로 만들 거야. 그리고 앤젤라에게 받았던 질문 목록 중에서 내가 지원하는 분야에 적합한 게 있는지 총무부장에게 물어볼게. 그러고 나서 앤젤라에게 인터뷰 연습을 도와달라고 할 거야. 총무부장과 앤젤라, 두 명에게 요청하는 거네."

"그런 일들은 어떻게 할 건데?"

"열심히 할게! 꼭 해낼 거야." 크리스티나는 의기양양해서 말했다.

"이제 어떻게 해야 하는지 아는 것 같네."

"그래, 알게 됐어. 고마워. 정말로 큰 도움이 됐어."

"지금은 인터뷰에 대해 생각하면 어떤 느낌이 들어?" 앨리스가 물었다.

"훨씬 좋아. 뭘 해야 할지를 알았고, 편안하게 모든 준비를 할 거야."

"나중에 결과를 좀 얘기해 줄래? 내가 관심이 많아." 앨리스가 물었다.

"그래, 그렇게 할게. 고마워." 시계를 힐끗 보면서 크리스티나가 말했다. "아이쿠. 벌써 시간이 이렇게 됐네. 빨리 가봐야겠어. 고마워."

앨리스는 전체 과정을 세심하게 듣고 있는 리타를 힐끗 보았다. 리타는 웃으며 말했다. "잘했어!" 앨리스도 미소를 지어주었다.

"답은 그물이야." 다른 목소리가 말했다.

"뭐라고?" 앨리스가 말했다.

"구멍이 적을수록 더 많은 구멍을 만들 수 있는 것은? 그물. 나는 그물을 엄청나게 싫어하지만, 아무튼 답은 그물이야." 로날드가 말했다.

물고기에게 물어보기에 적절한 수수께끼는 아니었다고 앨리스는 혼자 생각했다. "맞아. 참 잘했어요." 앨리스가 말했다.

"시간은 좀 걸렸지만, 내가 맞췄어." 로날드가 말했다.

"크리스티나와의 코칭대화에서 네가 주목한 것을 말해줘." 리타가 말했다.

"뭐?" 앨리스가 물었다.

"크리스티나가 계속 반복해서 너에게 물었던 질문을 기억하니?"

"자기가 뭘 해야 하는지 계속 물었어." 앨리스가 말했다.

"그래, 정확해. 크리스티나는 코치로서의 너의 역할과 코칭고객으로서의 그녀의 역할을 완전히 이해하진 못했어. 너는 중간에 멈춰서 코치의 역할이 스스로 해결책을 찾도록 돕는 것이라고 설명해야 했지." 리타가 말했다.

"그래. 크리스티나가 원하는 답을 줄 수 없어서 불편했어." 앨리스가 말했다.

"넌 정말 잘 해냈어. 처음부터 계약 방식을 적용한 사례야. 크리스티나에게 코칭을 받은 적이 있는지 묻고, 처음이라면 코치의 역할은 질문하고 대화를 이끌어가는 것이고, 고객인 크리스티나는 아이디어나 그에 따른 후속 조치에 책임이 있다는 걸 미리 설명하는 거지." 리타가 말했다.

"시작부터 명확하게 정하고 진행하면 코칭과정이 편안했을 거야. 근데 물어보고 싶은 게 있어. 크리스티나가 가진 목표를 명확하게 하려고 네가 개입한 것 말이야. 그 부분을 설명해 줄래?" 앨리스가 말했다.

"물론. 코칭 도입부에 목표가 잘 형성됐다는 걸 확실히 하려면 충족시켜야 할 몇 가지 조건이 있어. 이런 것들이 고려되지 않으면 나중에 어려움에 맞닥뜨릴 수 있지. 충족 조건은 아래와 같아." 리타가 말했다.

- 코칭고객이 원하는 관점에서 목표가 진술되었는가?
- 목표가 코칭고객에 의해서 정해졌고, 앞으로도 그 목표가 유지될 수 있는가? 코칭고객의 통제 안에 있는가?
- 목표를 어떻게 성취되는지 코칭고객이 명확히 알고 있는가?
- 선순환적인가? 선순환적이라는 것은 목표를 달성하면 코칭고객의 일상에서 얻게 되는 것은 무엇이고, 아울러 잃게 되는 게 있을지 점검하게 하는 것을 의미한다.

코칭 어드벤처

"초기에 크리스티나의 사례에서 충족하기 어려운 것은 두 번째 조건이었어. 만약 코칭고객이 자신의 통제 밖에 있는 목표를 선택한다면, 그 결과에 책임을 질 수가 없어."

"오케이, 확실히 알았어. 난 네 번째 조건이 어려워. 목표가 있다면, 그 목표는 자기가 원하는 거잖아." 앨리스가 말했다.

"이론상으로는 그렇지. 그런데 때로는 의도하지 않는 결과가 나타날 수 있는 걸 목표로 정하려는 경우가 있어. 언젠가 상사와의 문제를 다루고 싶은 코칭고객이 있었어. 그에게 목표를 물었더니, 그는 자신이 상사에 대해 강력해지기를 원한다고 했어. 상사에게 자기 생각을 말하는 게 두렵다는 거야. 그의 업무 환경을 확인한 뒤에, 상사에게 자기 생각을 마침내 말하게 됐다고 가정했을 때 어떤 느낌이 들지 물었어. 그는 기분이 좋다고 말했지. 그런 다음에, 그렇게 되면 어떤 걸 잃을 수 있는지 물었어. 그는 자신의 '일자리'라고 말하더라고. 그 질문과 대답에서 그는 자기 목표가 성취되면 나타나는 결과가 원래 원하는 강력함이 아니라는 것을 깨달았어. 목표를 달성하면 잃게 되는 것도 매우 적으냐고 질문한 것이고, 그는 다시 한번 생각해 보더니 자신감을 느끼고, 감정과 아이디어를 적절하게 표현하기를 원한다고 목표를 수정했어. 이런 목표는 선순환적인 면에서 훨씬 낫지."

"코치로서 나는 코칭고객의 목표가 선순환적인지 물어볼 책임이 있다." 앨리스가 말했다.

"코치가 코칭고객에게 목표가 선순환적인가 물어봄으로써 성취한 목표가 불러올 결과에 대해서도 생각하도록 도울 책임이 있다는 얘기야. 코칭고객이 무엇이 옳은지 결정할 수 있게 하는 거지. 코칭고객이 그 결정권을 가지거든." 리타가 말했다.

"목표가 코칭고객에게 도움되는 것이 아니면?" 앨리스가 물었다.

"글쎄, 그건 어떻게 알까?"

"확신할 수는 없어. 그러나 내가 보기에 그렇다면 얘기해 줘야 하지 않을까?"

"헐! 코칭고객이 어떻게 할 건지에 대해서 너의 아이디어를 강권하고 싶다고 말하는 거야?" 리타가 물었다.

"나는 '강권하다'라는 단어를 좋아하지 않아. 그건 마치 통제하려는 걸로 들려." 앨리스가 말했다. "그치, 나도 그렇게 생각해. 그런데 그게 바로 네가 제안한 거야. 너라면 그렇게 하지 않을 거라면서, 코칭고객이 선택한 게 좋지 않다고 말하고 있어." 리타가 대답했다.

"그래. 그렇지만 코치로서 내 코칭고객이 올바른 선택을 하게 할 책임이 있잖아?" 앨리스가 말했다. 리타의 눈썹이 치켜 올라갔다. "어떤 게 코칭고객에게 올바른 선택인지 어떻게 알 수 있지?" 앨리스는 잠시 가만히 생각에 잠겼다. "그러게. 생각해 보니 내가 알 수 있는 게 아니네."

"맞아. 코칭고객에게 무엇을 해야 할지 말해야 하는 사람이 코치일까? 그건 상황에 따라 달라. 만약 네가 경험이 많은 최고경영자이고 새로운 관리자를 코칭한다면 네가 가진 경험을 나누는 것이 적절하겠지. 그런데 그렇게 하는 건 멘토링이지 코칭이 아니야. 명확하게 말하면, 멘토링은 커다란 혜택을 가져다주는 정말로 도움이 되는 접근법이지만 코칭과는 달라. 코칭과 멘토링의 차이에 대해 명확하게 이해할 필요가 있어." 리타가 말했다.

"멘토는 자문할 수 있어?" 로날드가 물었다.

코칭 어드벤처

"멘토에게는 자기 경험을 공유해 줄 것을 기대하지. 멘토와 코치의 주된 차이는 멘토는 주제에 대해 경험이 있고, 코치는 그렇지 않아. 멘토링은 내용에 대해 초점을 더 두는 반면, 코칭은 개인에 대해 더 초점을 두게 돼. 멘토링과 코칭에는 각각 서로 다른 장점이 있어."

"그렇다면. 상담과 치료는 어때? 코칭과 어떻게 다르지?"

"전에도 같이 얘기한 것처럼, 코칭의 특징 중 하나는 '질문을 통한' 접근이야. 코칭고객이 가진 이슈나 문제를 탐구하고 질문하고, 세심하게 살피면서 코칭고객의 반응에 귀를 기울이지. 이 점은 상담과 치료영역도 같은 방식이야. 상담사와 치료사는 듣고 효과적으로 질문하는 전문기술을 가지고 있어.

멘토링은 앞에서 말한 것처럼, 멘토가 자신들의 경험을 나누고 상황에 어떻게 접근해갈지 말해 주는 일이야. '질문하기'보다는 '말하기'에 치중하게 돼. 좋은 멘토는 질문하고 들으면서 멘티의 상황을 파악하니까, 멘토링은 '말하기와 듣기'의 중간쯤에 위치한다고 볼 수 있지.

교육과 훈련은 주로 가르치고 시범을 보여주는 방식이잖아. 주로 선생님이 설명하니까 '말하기'의 범위 내에서 거의 다 이루어져. 물론 현실에서는 선생님이 '말하기'에 치중한다고 단정짓기는 어렵지. 말하기와 질문하기의 연속선에서 선생님이 어디에 있는지는 선생님마다 다를 수 있거든.

지금 말하는 건 일반적으로 그렇다는 거야. 컨설턴트는 문제를 진단하고, 그 해결책을 제시하는 역할이라서 말하기 쪽에 더 가깝다고 할 수 있지." 리타가 계속해서 설명했다.

"그렇게 설명해주니까 쉽네. 일반적으로 그렇다는 말도 이해할 수 있어. 같은 일도 사람마다 일하는 방법이 다르니까." 로날드가 말했다.

"물론, 그렇지. 각 전문영역 간에 차이를 이해하기 위해서는 일반화해서 비교해보는 게 좋지." 리타가 말했다.

"컨설팅, 교육, 멘토링이 코칭보다는 '말하기'가 좀 더 많다고 생각해. 그런데 코칭은 상담이나 치료와는 어떻게 다르지?" 로날드가 말했다.

"코칭을 상담이나 치료와 비교할 때 나타나는 차이점 중 하나는 문제와 해법을 다루는 방식이야. 전형적으로 치료와 상담은 문제를 매우 상세하게 조사할 것이고, 과거에서 문제의 원인을 찾게 되지. 문제나 도전의 초기 상태를 이해하기 위해서 고객의 어린 시절을 탐색할 거야.

반면 코칭은 문제해결에 초점을 맞추고, 미래 지향적이라고 할 수 있어. 코칭에서는, 지금 무슨 일이 일어나고 있으며 코칭고객이 미래에 어떤 일을 할지를 강조해. 코칭이 절대 과거 경험에 관심이 없다는 건 아니야. 코칭고객이 앞으로 나가기 위해서 예전의 경험 같은 '장애물'도 다루거든. 그런데 말이지, 코칭은 코칭고객이 앞으로 나아가는 데 필요하다고 판단될 때만 과거에 대한 탐색을 시작하지. 그런 차이가 있어."

"코칭이 더 낫다고 생각하니?" 앨리스가 물었다.

"항상 그런 건 아니야, 때로는 생각과 느낌이 어디서 비롯됐는지 찾아내는 것도 필요하지. 그런 면에서 상담과 치료도 많은 이들에게 큰 도움이 돼. 나에게도 마찬가지고." 리타가 말했다.

앨리스는 놀라서 리타를 쳐다봤다. "그럼 너도 소파에 길게 누워서 상담사와 얘기하니?"

"소파에 눕는 건 좀 실례야. 요즘은 두 사람이 마주 앉아서 대화하는 게 일반적이야. 나도 몇 년간 치료를 받았지."

"잘못된 건 없어 보이는데." 앨리스가 말했다.

"상담이나 치료를 받는 게 어떤 '잘못'이 있어서는 아니야. 치료사나 상담사, 혹은 코치는 사람들이 자신을 더 잘 이해하고, 행복한 삶을 살고, 자기 삶에 더욱 충실하도록 돕는 일을 해."

"어떤 사람이 치료나 상담 대신에 코칭을 선택하지?" 앨리스가 말했다.

"우연히 코칭과 연결되는 경우가 많아. 코칭은 주로 직장에서 연결돼. 자기 발전, 성장, 당면한 문제 해결에 관한 걸 주제로 다루곤 하지. 그런 코칭관계에서 코칭고객의 과거를 탐색하는 건 적절하지 않아. 코칭고객이 그렇게 하도록 허락하지도 않을 거야. 자기의 어린 시절을 알리는 것을 원치 않는 사람도 많거든. 그것이 코칭에서 꼭 필요한 것도 아니야. 코칭은 사람들의 잠재력을 역량으로 끌어내는 것을 돕고, 자신을 잘 알도록 돕는 접근법이야."

"그렇게 설명하니까 이해하기 쉽네. 덕분에 이제 코칭이 뭔지 분명해졌어." 로날드가 말했다.

"좋아, 그럼 코칭고객이 '올바른 일'을 했으면 좋겠다는 앨리스의 질문으로 돌아가 보자. 그걸 위해 사람들의 생각지도에 좀 더 깊이 들어가 볼 필요가 있어." 리타가 말했다.

"사람들의 뭐?" 집에 있는 세계지도에 대해 생각하면서 앨리스가 말했다. "지구본을 말하는 거야? 안에 조명이 들어 있어서 어두운 데서 보면 정말 아름답고 예쁜 지구본이 있어. 그런 거야?"

"아니. 하지만, 그건 다음 장에서 설명해야겠네." 리타가 말했다.

다음 장으로 넘어가기 전에, 잠시 정리해 보도록 하겠습니다.

"벤 아저씨. GROW모델 그림을 보여줄래요? 저는 그게 정말 마음에 들어요."

"물론, 여기 있어. GROW모델에서 네 가지 단계는 목표, 현실, 가능성, 나아갈 길이야. 1980년대 존 휘트모어John Whitmore 경에 의해 만들어졌고 코칭대화에서 사용하기 적합한 구조로 널리 알려졌지."

GROW코칭 모델

"앨리스, GROW모델의 각 단계를 설명해주겠니?"

"목표단계에서는 코칭고객이 구하고 있는 결과가 본인의 통제 범위 내에 있는지 살펴볼 필요가 있고요. 현실 단계는 현재 코칭고객의 상황이 어디에 있는지, 이미 시도해 본 게 뭔지, 그리고 무엇이 문제인지 또는 어려운지를 파악하는 것이지요. 이 단계는 문제나 도전에 대한 탐색이 중요해요. 가능성의 단계는 코칭고객이 문제를 해결하거나 앞으로 나아갈 방법이나 아이디어를 찾을 수 있도록 돕는 과정이예요. 코칭고객이 스스로 찾도록 하고 코치의 제안이나 아이디어를

코칭 어드벤처

고객에게 강요하지 않도록 하는 것이 중요해요. 나아갈 길의 단계는 어떤 방안이 가장 잘 작동할지, 그리고 실제 시작하는 방법을 파악하는 과정이지요. 어때요?"

"잘했어, 앨리스. 요약이 아주 좋았어. 근데 마지막 단계는 원래 '의지' 단계라고 부르는데, 내가 '나아갈 길'이라고 부르고 싶어서 그렇게 바꿨다는 걸 덧붙이고 싶어. 이 마지막 단계는 코칭고객이 무엇을 할 것인가에 관한 것이고, 도전하거나 문제 해결을 위한 접근 방식에 대한 것이라서 '나아갈 길'이라는 말이 더 명확하다고 생각해. 이 책 마지막 장에서 코치와 코칭고객이 각자의 책임과 역할에 대해 명확하게 이해하도록 코칭계약에 대한 내용을 소개했어. 비밀준수 의무와 실제 상황에 대해서도 다루게 돼.

오랜 코칭경험을 통해서 계약 관련 논의를 처음에 제대로 하는 것이 성공적인 결과를 끌어내는 핵심이라는 걸 깨달았지. 초기에 책임과 권한을 정확하게 정해놓지 않고 너무 나아가는 실수를 하면서 배운 거야. 계약에 대해서 뒤에 좀 더 다루려고 해. 내 실수를 되풀이하지 않게 돕고 싶거든."

"네, 알겠어요. 그리고는 코칭과 다른 접근방법의 차이에 대해 다뤘지요. 근데, 벤 아저씨, 말하기와 듣기의 연결선 그림은 어디 있지요?"

"이거?"

"네. 맞아요, 이거예요. 각각의 접근 방식이 어디에 해당하는지 한눈에 볼 수 있어서 좋고, 각각의 차이를 이해하는 데 큰 도움이 돼요. 근데 질문이 하나 있어요."

"뭔데?"

"가르치는 것과 멘토링, 컨설팅이 선상에서 말하기 쪽에 더 가까운 건 이해할 수 있어요. 코칭이나 치료, 상담 등은 고객이 더 많이 말을 하게 되고요. 그리고 코칭이나 상담, 치료의 차이도 알게 됐어요. 특히 코칭이 문제 해결에 초점을 맞추고, 미래 지향적이라는 것도 이해했어요. 근데 아직 잘 모르겠는 건, 그림에서 컨설팅은 왜 선 아래쪽에 놓여 있지요?"

"그래, 컨설팅을 거기에 두면 너처럼 따질 분들이 있는 거 같네. 내 경험으로 보면, 사람들은 문제를 진단하고, 원인을 파악하고 싶을 때 컨설턴트를 찾아. 컨설턴트들은 상황을 조사하고, 해결 방안을 찾기 위해 현재 벌어지고 있는 상황에 대한 보고서를 작성하지. 해결책 제시보다 문제와 문제의 원인을 이해하는 데 초점을 맞추는 경우가 많아. 컨설턴트나 그들의 자문내용이 사람마다 천차만별이기는 하지만 문제와 해결책 사이에 놓는 게 적당하다고 생각해."

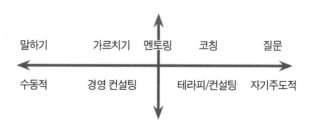

해법 중심 및 미래 지향

말하기　　　가르치기　멘토링　　코칭　　　질문

수동적　　　경영 컨설팅　　　테라피/컨설팅　자기주도적

문제 중심 및 과거 지향

코칭과 다른 접근 방법과의 개념 비교

"이해가 됐어요. 그런데 위의 도표에서 또 뭐가 생각나는지 알아요?"

"모르지. 앨리스 너라면 아마도 음식에 관한 거겠지. 넌 항상 음식 생각으로 연결하더라고."

"맞아요. 지금 보는 도표에서 아이스크림이 생각나요."

"뭐라고? 거기서 아이스크림이 왜 나와? 세상에, 도표를 보고 아이스크림을 생각하는 사람은 너밖에 없을 거야."

"그런가요? 뭐, 아무튼 전 그런 걸 어쩌겠어요. 참, 다음 장에 아이스크림이 나오는 장면이 있어요. 빨리 넘어가야 해요!"

"그렇다면 우리 스토리로 돌아가 볼까?"

"아이스크림, 아이스크림, 아이스크림!"

"그 말을 예스라고 생각할게."

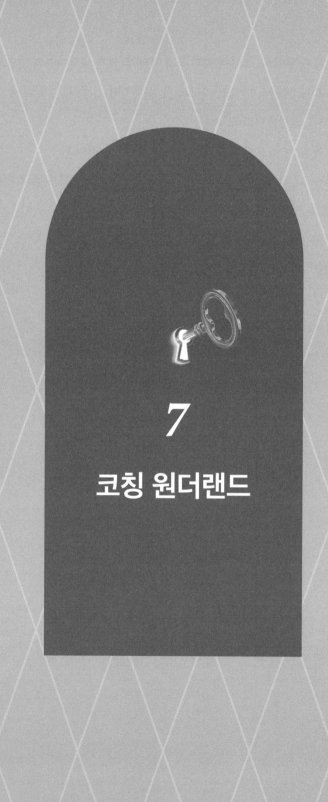

7

코칭 원더랜드

생각지도,
코칭내용과 코칭과정

앨리스는 집에 있는 지구본이 얼마나 멋진가를 생각하고 있었다. 리타가 그 생각을 방해하며 말했다. "처음으로 낯선 도시를 방문할 때를 상상해 봐."

"그 도시에서 아이스크림을 먹는 건 어때? 나는 바닐라, 딸기, 초콜릿 맛이 좋아." 앨리스가 흥분해서 말했다.

"그리고 피자도 좋아." 로날드가 덧붙였다.

"이탈리아를 방문하는 것 같네. 설마 나폴리인가?" 리타가 말했다.

"나폴리식 피자를 먹는 거야? 내가 제일 좋아하는 거야." 앨리스가 물었다.

"그래, 먹을 수 있을 거야. 우리가 나폴리에 도착해서 최고의 피자집과 아이스크림 가게를 찾는다고 생각해 봐. 도움이 될 만한 두 장의 다른 지도가 있어. 그런데 지도는 왜 유용할까?" 리타가 미소를 지으면서 말했다.

"현실 세계를 표현해 놨기 때문이지. 지도는 도시의 특징과 충분한 정보를 담고 있어서 그걸 보면서 목적지를 찾을 수 있어." 로날드가 말했다.

"맞아. 그런데 지도에 정보가 모두 담기면 너무 방대해지고 불편하니까 좀 생략해서 만들지. 생략된 정보도 있지만, 실제와 다른 정보도 있지. 예를 들면, 지도에서는 빌딩을 위에서 본 모습만 2차원적으로 보여주지만, 실제로는 여러 층으로 되어 있어. 도로와 거리를 표현할 때 차량은 표시하지 않고, 그 대신 도로 바닥에 거리 이름을 써놓지. 실제로는 거리 이름이 아스팔트 위에 쓰여 있지 않다는 것을 알지만, 지도에서는 정보를 전달하기 위해 그렇게 하는 거잖아."

"응응, 근데 아이스크림은 언제 먹는 건데?" 앨리스가 물었다.

"아직은 아니야. 우리는 아직 목적지에 도착하지 못했어. 서로 다른 지도가 두 개 있는데, 앨리스가 하나, 로날드가 다른 하나를 가지고 있다고 치자. 어느 지도가 더 나은지 어떻게 알 수 있지?" 리타가 말했다.

"가장 많은 정보가 있는 지도가 아닐까?" 로날드가 곰곰이 생각하는 표정으로 말했다.

"우리가 아이스크림을 가장 빨리 먹도록 해주는 지도!" 앨리스가 소리쳤다.

"맞아, 난 앨리스 의견에 동의해. 가장 실용적인 지도는 우리를 목적지까지 가장 쉽게 길 안내해주는 지도지."

무슨 일이 일어났는지 확실하지 않았지만, 갑자기 그들 셋은 분주한 거리 가운데에 있는 나무 벤치에 앉아 있게 됐다. 사람들은 카메라로 거리를 찍고 있고 말소리도 이상했다. 물고기와 거북이가 소녀와 함께 벤치에 앉아 있는 건 아무도 눈치채지 못하는 것 같았다. 앨리스는 정말 이상하다고 속으로 생각했지만, 동시에 자기가 딸기 아이스크림 그릇을 들고 있는 것을 알아차렸다.

리타도 아이스크림을 한 숟가락 떴다. "정말 맛있어."

"진짜네." 앨리스가 입에 아이스크림을 가득 물고 말했다.

"생각지도의 개념에 관해 잠시 설명할게. 생각지도는 우리가 보통 얘기하는 종이지도를 의미하는 것이 아니라 우리 각자의 내면에 존재하는 개념을 표현한 지도야. 무슨 말이냐면, 우리는 각자 세상을 보는 눈을 가지고 있으면서 그 안에서 생각한다는 거야. 세상을 보는 방식은 현실에 기초하고 있지만, 현실 그 자체는 아니라는 것이기도 하지. 우리의 인식은 아주 많은 것에서 영향을 받는데, 예를 들면 믿음, 가치, 감정, 태도, 개인적 역사 같은 것들이 있어. 우리 각자가 지닌 이런 인식들은 서로 다르기 마련이지. 그래서 심지어 같은 사건도 서로 다르게 받아들이곤 해. 두 사람이 같은 것을 보더라도 서로 다른 의미로 해석하는 걸 보면 알 수 있어.

각자가 지닌 생각지도를 더욱 흥미롭게 만드는 건, 우리가 그런 게 존재한다는 걸 깨닫지 못한다는 점이야. 자기 자신의 인식 필터를 통해서 세상을 보는 데 너무 익숙해서 그런 걸 깨닫지 못하면서 살고 있지."

"세 가지 거대한 미스터리! 새에게 공기, 물고기에게 물, 사람에게는 그들 자신이다." 로날드가 덧붙여 말했다. "물고기 로날드는 물을 잘 알고 있지."

리타가 다시 말했다. "그리고 사람들은 자기 자신들을 잘 알고 있어. 그러나 대부분의 시간 동안 우리가 알아차리지 못하는 지각, 사고, 감정에 익숙해져 있거든. 이런 지각, 생각, 감정, 가치, 태도 등의 조합을 우리의 생각지도라고 부르는 거야."

"왜 그런 걸 가지고 있는데?" 앨리스가 물었다.

"종이지도처럼 우리의 생각지도는 세상을 보는 지름길을 알려주거든. 인생에서 길을 찾아갈 때 사용하는 인식표가 있는 거지. 종이지도처럼 많은 정보가 생략되어 있다는 게 큰 특징이야. 만약 우리가 보거나, 듣거나, 느끼거나, 냄새 맡거나, 맛볼 수 있는 모든 것에 항상 주의를 기울인다면, 우리는 완전히 기진맥진할 거야. 우리의 의식이 주목할 수 있는 데에는 한계가 있어서 사물을 선택적으로 주목하게 돼. 그래서 연관이 없는 데이터들은 완전하게 지워놓는 거지. 앨리스, 너희 아빠는 어떤 차를 운전하니?"

"은색 자동차." 앨리스가 말했다.

"처음 그 차를 사셨을 때를 기억하니?" 리타가 물었다.

"응. 아빠하고 그 차를 인수하러 갔고 집으로 올 때는 앞자리에 앉았지."

"도로에 있던 다른 차에 대해서는 생각나는 게 있니?" 리타가 물었다.

"무슨 뜻이야?" 앨리스가 되물었다.

"주변에 있던 자동차들 색깔에 대해서 말이야."

"은색 차가 길에 꽤 많이 있었어. 전엔 은색 차가 그렇게 많은지 몰랐어."

"맞아. 은색 자동차들이 갑자기 많아진 게 아니라 어느 순간 우리가 갑자기 은색 자동차를 인지하게 된 거지. 너의 생각지도가 변했다고 말할 수 있어. 왜냐면 은색 자동차는 이제 네게 의미가 있고 중요해졌기 때문에 더 신경 써서 인지하게 되는 거야. 그전에는 너의 기억에서 은색 자동

　　　　　　　　　　　　　　　　　　코칭 어드벤처

차를 본 경험을 지우고 신경을 쓰지 않았던 거지." 리타가 말했다.

"상황에 대한 우리의 인식은 알고 있거나 깨닫고 있는 것에 많이 의존한다. 우리는 각자의 상황에서 사물을 서로 다르게 인식할 수 있지만, 상황에 대해 내가 경험한 것만 '진실'이라고 생각하는 경향이 있다." 로날드가 천천히 말했다.

"맞아. 우리의 경험이나 관점은 그저 개인의 경험이나 관점일 뿐이고 실제로 그런지는 사실 모르지. 자기의 관점이나 경험이 자신에게만 진실이듯, 상대방의 경험이나 관점은 그들에게는 진실이라는 점을 깨닫지 못하곤 해.

우리는 경험 때문에 진실을 지울 뿐 아니라, 데이터를 왜곡하고 규정을 적용하고 일반화하지. 앨리스, 네 지도를 뒤집어서 뒤에 뭐라고 씌어 있는지 말해줘." 리타가 말했다. 앨리스는 나폴리 지도의 뒷면에 무엇인가 있다는 것을 모르고 있었다. 그녀는 뒤집어서 네모 안에 있는 글귀를 보았다.

한 문장을 읽기 시작했데는 비록 모든 단어가 부정확했만지,
그것을 읽고 이해고하 말이 된는다 것을 았알다. 인간 심성의 힘
은 단어를 루이는 글자가 떤어 순서로 오든지 문제가 되지 않고,
중요한 점은 첫 글자와 마지막 글자가 제리자에 있는 것이다.[4]

---

4   I bgean rdeanig a setnnece adn fnoud taht alguoth nrealy all the wrods wree incerroct
I cuold slitl uesdnatnrd tehm and it mdae ssnee. The pweor of the hmuan mnid is taht it
deson't mttaer waht odrer the ltteers in a wrod are, the olny imnaorptt tnihg is taht the fsirt
and lsat ltteers are in the rgiht pclae.

언뜻 보니 글자가 서로 뒤바뀌어 어지러웠지만, 자세히 들여다보니 제대로 읽을 수는 있었다.

"네가 그것을 다 읽을 수 있다고 생각하는데, 맞니?" 리타가 물었다.

"맞아." 앨리스와 로날드가 합창하듯이 외쳤다.

"철자가 잘못된 단어들이 많아. 글자는 맞지만 잘못된 순서로 배열되어 있거든. 어쨌든 너는 글자를 바꿔서 단어로 만들 수 있었어. 그건 우리가 이미 단어를 알고 있기 때문이야." 앨리스가 자랑스럽게 말했다.

"정확해. 우리는 탐색을 하면서 이미 알고 있는 것과 일치하는 것을 찾아. 어떤 게 모호하거나 불확실하면 경험을 토대로 비슷한 걸 찾은 뒤 그걸 사용해서 말이 되도록 읽게 돼." 리타가 말했다.

"예를 들어, 어떤 사람이 말한 것을 이해하지 못하는 상황에 직면하면, 그 의미를 찾아내기 위해서 과거에 경험한 기억을 떠올린다는 거지?" 로날드가 물었다.

"응, 정확히 그거야." 리타가 말했다. "사람들의 말에는 엄청난 모호함이 있어. 예를 들어, 직장에서 너희 팀원 중 한 명이 '여기엔 신뢰가 없다'라고 말했다고 생각해봐. 이 한 마디는 많은 걸 의미해. 누군가에게 신뢰받는다고 느끼지 못하는 것일 수도 있고, 신뢰하지 않는 누군가가 있을 수도 있지. 아니면 특정한 행동을 보고 그 팀원이 신뢰를 상실한 것으로 해석한 것일 수도 있어. 듣는 사람들이 상대방이 말했다고 생각되는 내용을 짐작하고 그의 말의 의미가 그것이라고 믿는 건 아주 쉽거든."

"난, 그들이 관리자를 믿지 못한다는 의미라고 생각했어." 로날드가 말했다.

"신뢰라고 말하는데 지뢰라는 말인 줄 알았어. 나는 우주선이 땅에 도착하는 순간에 대해 다시 생각하고 있었거든." 앨리스가 말했다.

"둘 다 왜곡의 사례들이야." 리타가 말했다. "로날드는 의미 수준에서, 앨리스는 청각적 인지 수준에서 둘 다 자신의 경험과 관련지어 왜곡했지."

"이걸 어떻게 코칭에 적용할 수 있을지 알 것 같아." 로날드가 말했다.

"잠깐만, 우리가 누락과 왜곡이라는 두 가지 필터에 관해 이야기했잖아. 그 외에도 일반화라는 세 번째 필터가 있어. 이건 경험 적용에 사용하는 규칙들이야. 이제 길 건너편에 있는 가게들을 봐." 리타가 말했다.

"나는 저 옷가게의 인테리어가 마음에 들어." 앨리스가 말했다.

"나는 서점을 보고 있어." 로날드가 말했다.

"저 가게들을 가본 적은 없지만, 건너가서 가게 문은 여는 건 쉽겠지?"

"물론이지." 앨리스가 말했다.

"한 번도 저 가게 문을 열어본 적이 없었잖아." 리타가 말했다.

"그치, 그래도 난 저 가게 문을 어떻게 여는지 알아." 앨리스가 대답했다.

"맞아. 살아오는 동안 많은 문을 열어본 경험이 있고, 그 경험으로부터 문을 여는 방법을 일반화해 놓은 거야. 문을 당기거나, 밀거나, 자동으로 문이 열리기를 기다리면 된다는 걸 알고 있는 거지. 너희가 문을 여는 행동을 하게 하는 특정한 신호가 있을 거야." 리타가 말했다.

"손잡이처럼." 앨리스가 말했다.

"맞아. 너희들이 처음 보는 새로운 문에 도착했을 때도, 자동으로 일반화를 적용하거나 문에 대한 규칙을 적용하게 돼. 그렇게 해서 전에 사용해 본 적이 없는 문을 열 수 있어. 이런 게 각자의 생각지도에 있는 지름길

표시야. 일반화 필터는 우리가 세상에 빨리 적응하는 데 필수적이지. 과거의 경험으로부터 배운 것을 새로운 상황에 적용하는 방식이야. 하지만 일반화가 매우 큰 문제를 일으킬 수도 있어. 어린아이가 선생님 질문에 답하기 위해 손을 들었는데, 답이 틀려서 다른 학생들이 웃을 수 있거든. 그 아이는 자신을 안전하게 지키기 위해서 '다시는 발표하지 않겠다.'고 마음 먹지. 그 경험은 몇 년 후 직장에서 관리자 회의를 하면서 자신의 의견을 표현하는 게 힘들고 웃음거리가 될까 두려워하는 상황으로 이어져."

"그걸 코칭에서 과거를 찾아보는 사례로 볼 수 있을까?" 로날드가 물었다.

리타가 말했다. "꼭 필요하지 않지만 그렇게 할 수도 있어. 현재 인생에 영향을 주는 걸 살펴보면서 현재의 생각지도를 업데이트할 수 있도록 하는 게 가능한 일이거든. 우리 마음은 효율성을 추구하는 경향이 있어서 어떤 걸 배우면 반복해서 이용하지. 누군가의 생각지도가 시대에 뒤떨어져 있거나, 부적절하거나, 혹은 그들이 처한 상황과 너무 동떨어져 있을 때는 문제가 발생하게 돼. 우리가 뉴욕에 갔는데, 나폴리 지도가 익숙하다는 이유로 나폴리 지도를 사용해서 길을 찾으려고 한다고 상상해봐."

"뉴욕에서 나폴리 지도를 가지고 아이스크림 가게를 찾으면 쉽게 찾을 수 있을 것 같지는 않아. 매우 혼란스러울 거야." 앨리스가 말했다.

"맞아, 그런데 사람들은 현실에서 그런 걸 자주 경험해. 개인의 생각지도가 자신에게 유용한 정보가 누락되었거나, 왜곡했거나, 쓸모없는 일반화가 적용되었기 때문에 혼란스럽고, 어렵고, 갇힌 느낌을 받곤 해." 리타가 말했다

"예를 들어 줄 수 있니?" 앨리스가 물었다.

"휴고라는 코칭고객과 일했던 적이 있었어. 그는 확신이 없다고 자주 말했어. 불편을 느껴서 거의 말할 수 없었던 사례들을 나열했어. 하지만 그는 프로 체조선수였거든. 그에게 자신의 종목이나 참가했던 대회에 관해서 물어보니까, 그는 코치나 심판, 심지어 언론과 이야기할 때도 자신감 있게 말할 수 있었더라고. 이제까지 그는 자기가 가졌던 자신감을 인식하지 못하거나 기억에서 지운 거지. 사람들에 둘러싸여서 대화를 나눌 때 휴고는 그들이 뭘 말하는지 듣는 것 대신에, 그들이 자기를 어떻게 생각하는지 궁금해하는 데 집중했어. 그러느라 그의 경험은 왜곡되고 있었어. 누군가 말하는데 귀를 기울이지 않는다면, 그 대화가 좋게 이어지기가 어렵거든."

"그런 휴고와의 코칭은 어땠어?" 로날드가 물었다.

"그 전에, 코칭에서 뭘 다루는지 부터 얘기해보자. 지금까지는 코칭대화를 진행하기 위한 방식으로 GROW모델을 얘기했지."

"목적, 현실, 가능성, 나아갈 길, 혹은 의지." 로날드가 말했다.

"잘 기억하고 있네. 우리는 이 방법을 활용해서 코칭의 내용을 다루고, 코칭고객이 성장할 수 있는 아이디어로 만드는 걸 돕고 있어." 리타가 말했다.

"코칭의 '내용'이 무슨 뜻이야?" 앨리스가 물었다.

"코칭고객이 '묘사하는 상황'과 고객이 실제로 뭘 '할 수 있는지' 그 두 가지에 집중한다는 뜻이야. 코칭고객이 사회생활에서 어려움을 가지고 있다면, 우리는 그들이 대화할 때 어떤 아이디어가 있는지 물어보거나, 그들이 어떻게 스스로 긴장을 푸는지 물어보지. 이런 방식들이 모두 나름 효과적이야."

"좋아. 나도 잘 따라가고 있어. 네가 말하는 걸 들어보니 우리가 집중할 수 있는 또 다른 게 있다고 말하는 것처럼 들려." 앨리스가 말했다.

리타는 건너편 거대한 광고 포스터를 가리켰다. 앨리스는 깜짝 놀랐다. 그건 분명히 조금 전까진 거기 없었다. 나폴리 중심의 벤치에 앉아서 아이스크림 접시를 들고 있는 앨리스는 리타가 초능력을 가지고 있는 건 아닌지 의아해졌다. 그 광고판을 못 봤을 리가 없다는 생각을 했다.

내용	과정

고객의 문제와 도전	문제와 도전에 대한 고객의 생각과 느낌

코칭내용과 코칭과정

"저 광고판은 어디서 왔지?" 그녀는 이상하다는 듯이 물었다. "전에는 저걸 미처 알아차리지 못했어."

"내내 거기에 있었어. 그저 전에는 네게 아무 의미가 없어서 너의 지각이 지워버린 거야." 리타가 말했다.

"나는 광고판은 아까부터 보고 있었지." 로날드가 말했다. "관심이 있는 건 아니라서 별로 주의 깊게 보진 않았어."

코칭 어드벤처

"똑같은 일이 코칭을 할 때도 일어난단다. 만약 코치가 코칭고객이 말하는 내용만 듣고 있다면, 코치는 주어진 상황의 내용에만 집중해서 질문하게 될 거야. 하지만 코칭고객의 생각지도에 대한 정보에 관심을 기울이게 되어서, 코칭고객이 어떻게 생각하고, 느끼며, 무엇을 믿는지 살펴보게 되고, 코치는 그런 내용에 대해서도 질문하게 될 거야. 그런 것까지 모두 합해진 걸 코칭과정이라고 부르는 거야." 리타가 말했다.

"코칭하고 있을 때 내가 내용에 집중해야 할지, 아니면 과정에 집중해야 할지 어떻게 알 수 있지?" 로날드가 물었다.

"휴우, 벌써 어렵게 들리네. 게다가 한 번에 생각하기에는 너무 내용이 많아." 앨리스가 말했다.

"앨리스, 어릴 때 읽기 배우던 걸 기억하니?" 리타가 물었다.

"응." 앨리스는 단어 하나하나 정확하게 말하는 데 집중하면서 엄마와 아빠에게 큰 목소리로 책을 읽어주던 것을 떠올리면서 말했다.

"읽는 걸 배울 때 어땠니?"

"힘들었지. 큰 소리로 읽었고, 각 낱말을 어떻게 발음할지 생각했지."

"읽는 걸 배울 때, 그 동화의 줄거리에는 얼마나 주의를 기울였니?"

"전혀, 아무 생각 없었지 뭐. 단어를 하나하나 읽고 소리 내는 데에만 집중했어. 방금 읽은 내용을 전혀 모를 때가 많았어." 앨리스가 말했다.

"지금은 책을 읽을 때 줄거리를 기억하니?"

"물론이지. 난 책 읽는 걸 좋아해. 특히 우주선에 관한 책이 좋아."

"그럼 지금은 각각의 단어를 어떻게 발음할지 생각할 필요가 없는 거지?"

"응, 생각할 필요가 없어." 앨리스는 잠시 생각해 보고 말을 이었다.

"하나하나 생각하지 않아도 그냥 자연스럽게 되는 것 같아."

"코칭에서 내용이나 과정을 다루는 것도 똑같아." 리타가 말했다. "코칭을 시작할 때, 모든 관심이 과정에 집중되면 내용을 놓칠 수 있어. 혹은, 내용을 듣느라 과정 정보를 알아차리지 못할 수도 있지. 코칭기술이 늘면서 의식하지 않아도 과정 정보에 주목하는 동시에 내용도 같이 들을 수 있어."

"이거 학습사다리와 관련이 있지 않니?" 로날드가 물었다.

"학습사다리가 뭐야?" 앨리스도 물었다.

리타는 로날드에게 격려하는 뜻으로 고개를 끄덕였다. "글쎄, 내가 전부 아는 건지 확실하지 않아." 리타의 격려에 힘입어 로날드가 말했다.

"그래도 한번 말해 봐." 리타가 다시금 로날드를 독려했다.

"그래, 그럼 나와 함께 가." 벤치에서 일어나면서 로날드가 말했다.

코칭 어드벤처

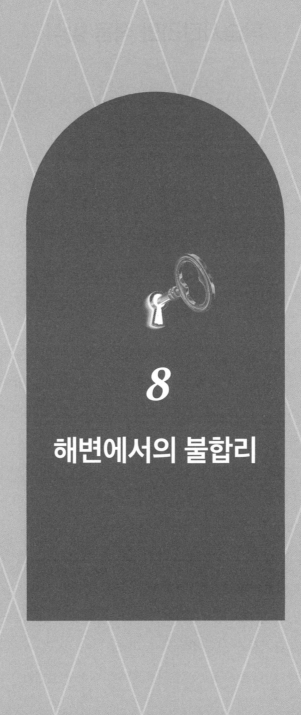

8

해변에서의 불합리

학습사다리와 적용 방식

앨리스와 리타는 석조건물 한편에 있는 갈색 나무문을 향해 거리를 가로질렀다. 그 갈색 문이나 건물에는 아무것도 쓰여 있지 않았다. 문에는 금속 손잡이가 있었다. 로날드가 문을 여는 순간, 앨리스는 갑자기 바다 냄새에 휩싸였다. 앨리스의 입술에서도 바다의 소금기가 느껴지는 것 같았다. 그녀는 잠시 전까지만 해도 번잡한 나폴리 거리에 있었다는 걸 기억하고 있었다. 그런데 로날드가 갈색 문을 열자마자 곧 부드러운 모래를 밟게 됐고, 해변을 걷는 사람들은 아이스크림과 카메라를 들고 산책을 즐기고 있다.

'나는 설탕이 적게 든 것으로 먹어야지.' 앨리스가 자신에게 말했다.

'아니야, 이건 그저 상상일 거야. 우리가 어떻게 나폴리 도로에서 바로 해변으로 옮겨갈 수 있겠어?'

"아, 바다다. 나는 수영하는 순간을 학수고대하고 있었어." 로날드가 친근하게 말했다. 분명히 바다였다. 앨리스는 발가락을 간지럽히는 거친 모래를 느끼고 싶었다. 그녀는 신발과 양말을 벗었다. '이게 어떻게 가능하지?' 앨리스가 스스로에게 묻고 있는 동안 로날드는 막대기를 집어 들고 모래에 사다리 그림을 그렸다. "학습사다리에 관해 설명할게. 학습사다리는 학습에 네 단계가 존재한다는 거야. 코칭기술이 높아질수록 한 단계에서 다음 단계로 올라가는 거지."

"1단계는 비숙련이거나, 무의식적으로도 경쟁력이 없는 단계야. 숙련된 기술이 없고, 거기에 대한 의식도 없어. 뭘 모르는지도 모르는 상태지."

"그럼, 우리는 우리가 알지 못한다는 것을 알까?" 앨리스가 물었다.

"네가 어렸을 때, 스스로 책을 읽을 수 있기 전에, 너희 엄마나 아빠가 읽어줬니?" 로날드가 물었다.

"응, 그랬어. 동화책을 읽어주면 너무 좋았어." 앨리스가 대답했다.

"읽어주는 책의 내용을 들으면서 무슨 생각을 했니?" 로날드가 물었다.

"이야기였어. 우주선과 흰 토끼와 노래 부르기와 피자와 모험 이야기."

"엄마나 아빠가 읽어주던 페이지에 그려진 상징들이 궁금한 적이 있니?"

"아니, 그런 적은 없었던 것 같아. 그게 뭔지도 몰랐어." 앨리스가 말했다.

"그 시절엔 단어나 문장에 대해 몰랐니?" 로날드가 말했다.

"응. 나는 그때 읽을 줄도 몰랐어." 앨리스가 말했다.

"맞아. 읽을 수 없었고, 글자가 존재했는지, 문장이 존재했는지 깨닫지도 못했을 거야. 누군가 책을 보면서 네게 읽어줬을 때, 그가 어떻게 책의

한 페이지를 보고 이야기를 해줄 수 있는지 몰랐지. 이것이 1단계야. 즉 무의식적인 미숙련 단계인 거지. 본인이 뭘 모르는지 아예 몰라." 로날드가 말했다.

"맞아! 우리 엄마가 '무지는 행복이다.'라고 입버릇처럼 얘기하시거든, 그게 말이 되는 거라는 걸 이제야 알겠어." 앨리스가 말했다.

학습사다리

"글쎄, 그럴 수도 있고 아닐 수도 있지만, 1단계에서 2단계로 옮겨가는 게 항상 근사한 건 아니더라고. 2단계에서 우리는 기술이 없다는 걸 알게 돼. 무언가를 모른다거나, 할 수 없다는 사실을 알게 되고, 지식이나 경험이 너무 부족하다는 걸 자각하게 되는 것도 2단계야. 네가 처음 읽기 시작했을 때 어땠니?" 로날드가 물었다.

"매우 힘들었어. 제대로 발음하지 못하는 긴 단어가 많았어. '지치고'라는 단어를 발음하지 못했던 기억이 나. 나는 계속 '디티고'라고 말했어. 제대로 배울 때까지 몇 년이나 걸린 것 같아." 앨리스가 말했다.

"그래. 2단계는 모른다는 걸 알기만 할 뿐 그걸 해결할 방법을 모르는 단계야. 하지만 마음만 먹는다면 배울 수는 있는 단계인 거야. 연습하고 열심히 시도하면 시간이 흐르면서 더 잘할 수 있게 돼.

3단계는 의식적이고 기술도 있는 상태야. 이 단계에서 실제로 어떻게 행동해야 하는지 배워. 스스로 노력하고 집중하면, 더 잘 해낼 수 있게 돼. 그런 과정을 반복하면서 기술을 습득하지. 네가 스스로 읽게 되었을 때 어땠는지 기억나니, 앨리스?"

"그럼! 내가 혼자 힘으로 처음 읽은 책은《오즈의 마법사》였어."

"멋진 이야기지. 오즈의 마법사에도 물고기가 나왔다면 더 좋았을 거야." 로날드가 말했다.

"그렇지, 거북이도 몇 마리 나오고." 리타도 거들었다.

"사자도 나와." 앨리스가 말했다.

"어쨌든,《오즈의 마법사》를 네 힘으로 읽으니 어땠어?" 로날드가 물었다.

"그걸 읽느라 상당한 시간이 걸렸어. 어떨 때는 같은 문장을 두세 번

읽어야 해서 매우 지치곤 했어." 앨리스가 말했다.

"그게 3단계야. 기술을 습득하고, 그걸 적용하면, 일을 잘 해낼 수 있어. 그게 금세 되는 건 아니야. 그 기술을 사용하는 데도 에너지가 요구되지."

"그럼, 4단계는 뭐야?" 앨리스가 물었다.

"4단계는 무의식적으로도 기술이 적용되는 단계지. 생각하지 않고도 기술을 사용할 수 있도록 숙련된 단계야. 의식하지 않고도 해낼 수 있어, 자동으로 척척 해낸다고 하지." 로날드가 말했다.

"지금은 뭘 읽을 때 단어에 대해 생각할 필요 없이 그냥 줄줄이 이해해." 앨리스가 자랑했다.

"맞아, 그게 4단계야. 기술을 습득했고, 할 수 있다는 사실조차 거의 잊고 살지. 의식하지 않고도 척척 해낼 때 역량이 탁월하다고 하지. 어떻게 그걸 해냈는지 물어보면 말로 설명하기 어려워. 보통은 '몰라, 그냥 했어.'라고 말하게 돼. 4단계까지 오르면 뭘 하는지 별로 의식하지 않고 해내거든. 이 무의식적 과정은 의식적으로 어떻게 할지를 생각해서 진행하는 것보다 훨씬 더욱 빠르게 해내지."

"좋아, 1단계에서 2단계로 가기 위해서 뭘 모르는지 발견해야 하고, 그리고 어떻게 하는지 배워야 하는 2단계, 반복해서 연습하면 2단계에서 3단계로 넘어갈 수 있는데, 3단계는 의식적으로 신경 써서 해낼 수가 있게 되는 거지. 경쟁력이 생기고 그러면 3단계에서 4단계로는 어떻게 갈 수 있지?"

"더 연습하면 갈 수 있는데 시간이 걸리지." 로날드가 대답했다.

"연습은 완벽을 만든다!" 앨리스가 말했다.

"영구적으로 몸에 배게 만드는 건 연습이야." 리타가 말했다. "되풀이해서 연습하면 우리 신경 체계에 영구적으로 정착하게 돼. 완벽한 연습으로 완전한 영속성을 만들게 하는 거지."

"설명 잘 했어, 로날드." 리타가 덧붙여 말했다.

"고마워. 근데 우리가 어쩌다가 학습사다리에 관해 이야기하게 되었는지 기억이 안 나네." 그러면서 앨리스는 스스로에게도 물었다. '어떻게 해변에는 오게 됐지?'

"코칭고객이 말하는 내용에 집중하는 얘기를 했고, 그들의 사고, 감정, 믿음 등으로 구성된 생각지도에 대해서 얘기했거든."

"아, 맞아. 전에는 그런 생각을 해본 적이 없었어. 지금 생각해 보면 그때가 내가 막 2단계로 이동하는 순간이었을 거야." 로날드가 말했다.

"그럴 수 있어. 아까 얘기로 돌아가서 옥외 광고판 포스터를 다시 생각해 보자." 리타가 말했다. 그들 셋은 문이 있던 곳에 서서 모래가 끝없이 펼쳐진 황금빛 해변을 바라보았다.

"와아!" 앨리스가 감탄했다.

"와아!" 리타도 탄성을 내뱉었다.

"와아! 근데 난 아직도 피자를 못 먹었어. 나폴리를 떠날 준비가 아직 안 된 건데 왜 구멍이 닫혔는지 궁금해." 로날드도 신나는 듯 말했다.

"구멍?" 앨리스가 궁금해하며 물었다.

"시공간 영속체에 구멍이 있어. 여기 오려고 그 구멍을 지났는데 지금은 닫힌 것 같아. 시공간 이동할 때 이렇게 되는 건 싫은데." 리타가 말했다.

"어디에 있는 구멍 말이야?" 앨리스가 물었다.

"공간과 시간이 하나로 합쳐지는 수학적 모델이 있는데, 사차원 연속

체라고도 하고, 민코우스키Minkowski 공간이라고도 불러."

우주는 앨리스가 좋아하는 주제 중 하나였으므로 아는 것들을 총동원해서 생각하기 시작했다. 평소처럼 앨리스는 자신에게 말하기 시작했다. '앨리스, 행성에는 지구와 수성, 금성, 화성, 목성, 토성, 천왕성과 명왕성이 있지. 민코우스키는 없잖아.'

"난 4차원 연속체에 대해 아직 안 배웠어." 앨리스가 씩씩하게 말했다.

"사차원 구멍은 닫혔다. 자아, 이성적으로 생각해 보자." 로날드가 말했다.

"아니, 그러지 말자." 앨리스가 말했다. "이건 비이성적인 문제이고 그래서 비이성적인 해결책이 필요해. 내게 아이디어가 있어. 날 따라와."

앨리스는 바위 무더기와 떠내려온 커다란 나무들이 가득한 해변 아래쪽에서, 바위 지역을 가리키며 말했다. "저기에 서면 바위 더미에 네가 반사된 모습을 볼 수 있어."

"뭐라고?" 로날드가 물었다.

"먼저, 내가 너희들 둘 다 지켜볼 거야. 그리고 내가 본 것을 바위 더미에서 반사된 모습으로 볼 수 있는지 확인할 거야. 그리고 나서 우리가 톱으로 커다란 나무를 반으로 쪼갤 거야."

"이런, 이런, 그게 무슨 도움이 되는데?" 로날드가 물었다.

"글쎄, 두 개의 조각이 완전체Whole를 만든다." 앨리스가 말했다. "일단 구멍hole을 만들면 문이 있던 곳에 놓고 밖으로 나갈 수 있어."

"멋진 아이디어네!" 리타가 말했다. "앨리스, 너도 잘 알겠지만 너의 비이성적인 해결방법은 매우 중요한 걸 기억나게 했어."

"대부분 코칭고객들이 제시하는 주제들에 대해서는 코치보다 코칭고

코칭 어드벤처

객들이 더 많이 알고 있어. 그게 코칭과 멘토링의 주요 차이점이지. 물론 항상 그런 건 아니라는 전제를 붙여야겠지만.

직장에서 경험 많은 팀장은 자신의 팀원의 역량을 개발하기 위해서 코칭적 접근을 사용해서 스스로 배울 기회를 제공해. 우리는 자신의 도전과 목표를 성취하기 위해서 아이디어와 해결책을 찾는 능력을 기본적으로 갖추고 있다고 보잖아. 코치의 역할은 코칭고객에 대한 질문과 탐색을 통해서 이런 능력과 아이디어를 개발하는 걸 돕는 거야.

새로 코치가 된 경우에 맞닥뜨리는 도전은 '코칭고객의 문제를 코치가 해결하기'를 원하는 거야. '이러저러하게 해보는 걸 생각해 봤어?'라고, 질문으로 위장하면서 공공연히 어떤 걸 제안하는 거지. '이런 것도 고려해 봤어?'라는 게 코치가 코칭고객에게 아이디어를 제안하고 싶을 때 자주 쓰는 방식이야."

"코칭에서는 아이디어는 코칭고객으로부터 나와야 해." 로날드가 말했다.

"그래." 리타가 말했다. "코칭고객이 스스로 아이디어를 내야 성과가 있지. 때로는 코칭고객이 아이디어를 전혀 낼 수 없을 때가 있는데, 그럴 때는 코치가 아이디어를 제공하거나 제안하고 싶은 유혹이 생기기 마련이야. 일반적으로 이게 문제를 해결을 위한 합리적인 접근 방식이지만, 어려움도 있어. 코칭고객도 이미 '합리적' 해결책을 스스로 찾아보기 위해 궁리를 해 봤다는 거야. 사람들은 대개 가능하다면 스스로 해결하려고 하거든."

"자신들이 할 수 없는 경우를 제외하고는." 로날드가 말했다.

"자신들이 해결할 수 없는 경우를 제외하고." 리타도 말했다. "어떤 경우에는 이런 것 자체가 문제에 포함되어 있고, 도움이 필요할 수도 있어. 말하자면 합리적 해결이 꼭 필요한 건 아니라는 얘기야."

"합리적인 해결방안을 찾을 수 없는 문제를 들고 온 상황을 생각해 보자. 코치가 코칭고객보다 똑똑하거나 창의적이라서 미처 생각지 못한 해결방안을 제시할 수 있다고 주장할 수 있겠지. 때로는 문제를 해결을 위한 '마법' 같은 질문에 관해 이야기하는 코치들도 있어. 그러나 그렇게 쉬웠다면 그 코칭고객은 벌써 해결책을 발견했어야지."

"무슨 말을 하려는 거야?" 로날드가 물었다.

"만약 문제가 합리적이지 않다면, 해결책도 합리적이지 않아야 해. 앨리스가 나한테 그걸 상기시켜 준 거야. 코칭고객의 이슈에 집중하고, 논리적 해법을 찾는데 집중하는 대신에, 코치는 제한적이거나 불완전한 코칭고객의 생각지도를 탐색하는 게 중요하다고 볼 수 있어."

"우리가 비이성적이라고 말하는 거야?" 로날드가 물었다.

"응, 그게 정확하게 내가 말하려는 거야." 리타가 대답했다. "우리 자신이 비합리적이라는 걸 인정할 수 있으면 더 쉽게 해결할 수 있게 돼."

"동의할 수 없어. 나는 내가 매우 합리적인 사람이라고 생각해." 약간 모욕당한 표정으로 로날드가 말했다. 리타가 계속해서 말했다. "우리의 비합리성에 관한 잘 연구된 사례가 수백 가지나 되는 걸, 몇 가지 예를 들어 볼게"

- 다른 것을 공짜로 끼워준다면, 우리는 뭔가 더 사고 싶어 하지.(비록 우리가 공짜를 원하지 않더라도).
- 사람들의 집중력과 각성을 높이는 핑크색 플라시보 알약(사실은 설탕)이 파란색 진짜 약보다 더 효과를 발휘하고, 두 알의 핑크색 약은 어차피 가짜임에도 불구하고 한 알을 복용할 때보다 더 효과를 발휘하지.
- 우리는 스스로 자신의 운전실력이나 유머 감각이 실제보다 더 높다고 생각해! 우리 중 90%가 자기 자신을 상위 50%의 운전자라고 생각하고, 우리 중 95%가 상위 50% 이상의 유머 감각이 있다고 생각해.
- 대중연설은 사람들이 가장 두려워하는 것이야, 그러나 그걸로 죽은 사람은 없어!

"우리가 매일 비이성적인 반응을 바탕으로 많은 결정을 내리지만 그 과정은 잘 깨닫지 못하고 있어. 논리와 이성을 사용해서 합리화하면서 정신을 온전하게 유지하지. 매일 매일 행동을 변화시킬 수 있다고 자신을 과대평가하지. 그렇지만 얼마나 많은 사람이 새해 첫날의 결심을 지키며 살아가지? 우린 생각보다 이성적이지 않아. 마케팅이나, 광고 산업에서 그걸 알고 이용하지."

로날드가 속으로 갈등하고 있는 것처럼 보였다. "네가 말한 내용을 일부 알고 있어. 플라시보 효과Placebo effect가 엄청나게 강력하다는 것도 알고 있어. 가짜 수술을 받은 사람이, 실제로는 아무것도 한 게 없는데도 그 증세가 호전되었다고 반응했다는 연구에 대해 읽었어. 마케팅과 광고에 대해서도 알고 있지. 이런 건 우리의 구매 행동이 합리적이지 않다는 아이디어에 기초하고 있어."

"그러나?" 리타가 말했다. "네가 '그러나'라고 말하는 게 들리거든."

"그래, 그러나 나는, 나 자신을 합리적이라고 생각해." 로날드가 말했다.

"그게 우리가 감당해야 할 도전의 일부야. 우리 자신의 비합리성을 깨닫지 못하고 있어서 자신을 합리화하기 위한 행동에 익숙해 있어. 명확하게 정리하자면, 우리가 모두 정신이 나갔다고 말하는 게 아니야. 내가 말하고 싶은 건 우리 행동과 의사결정의 많은 부분은 실제로 의식하지 못하는 사고와 감정에 의해 주도된다는 거야." 리타가 말했다.

"공포증이 있는 사람을 만나본 적 있어?"

"왜? 있긴 한데. 사촌 동생인 레기Reggie는 광대 물고기Clown fish에 대한 공포증이 있어. 걘 그 물고기를 보면 완전히 흥분해." 로날드가 말했다.

"놀랍게도 그 공포증은 매우 흔해. 공포증은 10위 안에 드는 공포 중 하나야. 어떤 연구에선 사람들의 12%가 그런 공포증이 있다고 추정하고 있어. 사람들이 비이성적이라는 것은 확실해. 그러나 물고기, 네가 말한 광대 물고기의 공포증에 대해서도 합리적인 것은 아무것도 없어. 광대 물고기는 작고, 해가 없는 물고기야. 그렇지?"

"맞아. 색깔도 근사하고 사교적이야. 농담도 잘하고." 로날드가 말했다.

"사촌에게 광대 물고기를 두려워하지 말라고 얘기해봤니?" 리타가 물었다.

"응, 해봤어. 광대 물고기가 해롭지 않고 두려워할 게 전혀 없다고 말했어. 그 공포는 상상 속에 있는 거라서 레기 스스로 그걸 알아야 한다고 말했지."

"좀 도움이 됐었어?" 리타가 물었다.

"아니, 레기는 알고 있다고 말했어. 논리적으로는 두려워할 게 전혀 없

코칭 어드벤처

다는 걸 알고 있지만, 아무것도 바뀌지 않는대." 로날드가 한숨을 쉬었다.

"바로 그거야. 그렇다면 이 문제를 다루는 합리적인 접근법이 얼마나 효과가 있었을까?" 리타가 물었다.

"아, 그렇구나! 이제 뭘 얘기하려는 건지 알았어. 이성적으로는 두려울 게 없다는 걸 알면서도 달라지는 게 없네." 로날드가 말했다.

"맞아. 감정은 비합리적이야. 너도 알고, 레기도 알고 있어. 그러나 여전히 그래. 합리적 사고로는 아무것도 바꿀 수가 없어. 내 말의 뜻을 정확하게 전달하기 위해서 공포증을 예로 들었어. 하지만 다른 반응과 대응들도 마찬가지야."

"그래서 만약 합리적인 접근이 작동하지 않는다면, 코치는 일어나고 있는 일에 대해 어떻게 영향을 미칠 수 있을까?" 로날드가 물었다.

"합리적 접근이 작동하지 않는다고 말하는 게 아니야. 코칭을 받으러 오면 그들과 구조적인 방식으로 무언가를 생각하고 문제 해결을 시도하게 돼. 내가 말하려는 건 이런 접근이 효과적이지 않을 때가 있다는 거야. 합리적이지 않은 사안을 다루고 있는 경우이기 때문이지. 이건 코칭내용과 코칭과정에 대해 말했던 내용과 연결돼." 리타가 말했다.

"해냈어! 어서 와!" 앨리스가 문에 있는 구멍을 가리키면서 소리쳤다.

리타와 로날드는 구멍이 다시 막힐까 봐 서둘러 앨리스를 따라 구멍으로 들어갔다. 그들은 곧장 활기찬 나폴리의 거리로 다시 돌아갈 수 있었다. 도로에 다시 발을 내디뎠을 때 앨리스는 피자 냄새를 맡고 배고픔을 느꼈다.

"저 광고판을 다시 볼 수 있게 됐어. 완벽해. 이제 내가 얘기하던 걸 마저 할게. 대개 사람들은 스스로 진도를 나가기 힘들거나 무언가에 막혀있을 때, 코칭을 의뢰하게 돼. 코칭고객들 스스로 문제에 대한 해결책을 찾을 수 없는 상황인 거지.

만약 우리가 코칭내용에 초점을 두고 합리적인 접근을 한다면, 코칭고객의 틀 속에서 그들이 설명하는 대로 문제에 대한 해결책을 찾는 데 동참할 거야.

만약 우리가 코칭과정에 초점을 둔다면 코칭고객의 생각지도에 관심을 가질 거고, 그러면 코칭고객이 문제를 묘사하는 방식을 살필 거야. 코칭고객의 생각지도가 어떤 방식으로 제한되고 있는지를 발견하는 데 관심이 두게 되지. 코칭고객의 문제에 집중하는 대신에, 코칭고객이 문제를 '어떻게' 정의하는지에 초점을 두는 거야. 혹은 코칭고객이 묘사하는 목표에 초점을 두는 대신 목표를 묘사하는 코칭고객의 방식에 초점을 두게 돼."

내용   과정

고객의 문제와 도전   문제와 도전에 대한
고객의 생각과 느낌

내용과 과정

"코칭고객이 스스로 그걸 알 수 있을까?" 로날드가 질문했다.

"학습사다리를 기억해." 리타가 말했다. "4단계, 무의식적이고 숙련된 경쟁력. 별다른 생각 없이도 자연스럽게 해내고, 실제로 어떻게 그걸 할 수 있는지 모를 수도 있어. 자신의 문제도 그런 식으로 다루지. 특정한 방식을 너무 많이 반복해서 자동적이고 무의식적으로 진행되지. 심지어 그렇게 하고 있는지조차 모를 수도 있어. 그들에게 직접 물어봐도 그들은 설명하지도 못할 거야."

"그렇구나. 내가 아는 어떤 분이 같은 문제에 계속 맞닥뜨리는 걸 봤는데 본인도 왜 그런지 그 이유를 모르겠다고 하더라고." 로날드가 말했다.

"정확한 말이야. 그러니까 코치들이 코칭고객의 무의식에서 생각이나 감정이 어떻게 작동하는지 알려고 노력하는 거지. 코칭고객들 스스로가 자기 속내에서 무슨 일이 일어나는지 모른다면 코치도 아이디어를 끌어내고 영향을 미치기가 어렵거든." 리타가 말했다.

"그래서 코칭고객이 문제를 정의하고 그에 관해 얘기하는 중에도 우리는 코칭고객이 표현하는 생각이나 감정의 방식, 가정하고 있는 것들에도 관심을 기울여야 한다는 거네." 로날드가 말했다. "어려워, 어려워." 그가 덧붙였다.

"테크니컬한 역량이 필요하지. 하지만 역량이잖아. 타고난 능력을 얘기하는 게 아니라 역량이니까 배울 수 있는 기술이야. 이 코칭기술은 코칭고객이 지닌 생각지도를 탐색하는 질문을 하고, 코칭고객의 반응에 조심스럽게 집중하는 것과 관련이 있어. 코치의 주요 역할 중 하나는 코칭고객이 처한 실제 상황과 코칭고객이 생각하는 현재 상황의 차이를 이해해서 그 두 가지를 분리하게 하는 질문을 하는 거야." 리타가 말했다.

"다시 말해줘." 로날드가 요청했다. "코치의 주요 역할 중 하나는⋯"

"코치의 주요 역할 중 하나는 실제 상황과 코칭고객이 생각하는 상황을 분리해서 이해할 수 있도록 질문을 하는 것."

"실제 상황과 생각하는 상황의 차이를 분리해 본 적이 없어. 두 가지의 차이를 심사숙고해 본 적이 없어." 로날드가 반복해서 말했다.

"그 얘기만으로도 한나절을 보낼 수 있지만, 그렇게 하는 건 좋은 생각이 아니겠지? 동양에서는 수백 년 동안 전통적으로 그런 걸 가르쳐 왔단다. 부처님은 '고통은 확실하고, 마음의 고통은 선택할 수 있다.'라고 말씀하시지. 부처의 말씀에서는 우리가 경험하는 고통을 추가하거나 없앨 수 있는 건 우리 자신의 '생각'이라는 걸 담고 있어. 내 식으로 정리하면 감정이 생겨야 그 감정을 본다는 거야. 원래 있는 것과 생각한 것을 분리하는 거지."

"좋아, 이해했어. 나도 명상을 해본 적이 있었는데, 그 느낌은 참 흥미롭다는 정도였어. 그때는 확실하게 이해하지 못했지만, 이젠 그 개념은 이해할 수 있을 거 같아. 명상과 코칭은 유사한 방식으로 사람들을 돕는 걸까?"

"이 특별한 경우에서는 그렇다고 할 수 있지. 내가 말하고 싶은 건 생각과 감정을 깨닫는 거야. 다시 말하면, 생각과 감정은 서로 다른 목적이 있어. 그걸 깨닫지 못하면 영향을 미치기가 어려워. 우리가 가진 생각과 감정 반응을 볼 수 있다는 건, 이들을 다룰 기회가 늘어났다는 걸 의미하지.

코칭 상황에서 왜 이게 중요한지에 대해 조금 더 말해 줄게. 만약 코치가 코칭고객이 가져온 문제의 내용에 초점을 맞추면, 코치는 코칭고객과 똑같은 생각에 갇힐 가능성이 있어. 그러면 별로 진전이 될 수 없지. 만약 코치가 코칭고객의 과정에 초점을 둔다면, 그래서 코칭고객의 상황에 관한 생각과 감정, 그의 생각지도를 본다면 앞으로 나갈 길을 발견할 가능성이 있지.”

“예를 들어줄 수 있어?” 로날드가 물었다.

“물론이지. 아까 말한 휴고라는 코칭고객의 경우를 생각해 봐. 휴고가 자기는 ‘확신이 없다.’ 고 말했어. 그건 그가 마주한 사회적인 상황이고 그의 전문직 관점에서 매우 확신하고 있었어. 그럴 때 우리가 물어볼 질문들을 검토해보면 어떨까?

내용에 대한 질문을 몇 가지만 예로 들자면:

> • 어디서 그리고 언제 문제가 생겼는가?
> • 누가 당신과 함께하는가?
> • 무엇을 지금까지 시도해 봤는가?
> • 어떤 아이디어를 갖고 있는가?

과정에 대한 질문을 몇 가지만 예로 들자면:

> • 이 문제는 당신에게 어떤 것인가?
> • 당신이 느끼는 감정이나 생각은 무엇인가?
> • 이 문제를 어떻게 마주치게 됐는지 설명할 수 있나?

위의 질문들은 각기 다른데 초점을 맞추고 있어. 그러나 중요한 기술은 대답에 귀를 기울이는 거야.” 리타가 잠시 멈췄다. “이건 실제 사례를 살펴보면 이해하기가 쉬울 거야. 휴고와 코칭대화를 나누던 시기로 함께 돌아가 보자."

리타는 앨리스와 로날드를 데리고 복잡한 나폴리 거리로 들어섰다. 잠시 후 리타는 길거리 포장도로 맨홀 뚜껑에 멈춰서며 말했다. "좀 도와줘."

로날드와 앨리스는 맨홀 뚜껑을 들어 올리는 것을 도왔다. 구멍이 드러났다.

"어머, 이게 민코우스키 구멍인가? 확실한 거야?" 앨리스가 물었다.

"가자." 리타가 구멍 속으로 뛰어들었다. 이어서 나머지들도 뛰어들었고, 떨어지기 시작했다. 앨리스는 이상한 기시감 같은 것이 느껴졌다.

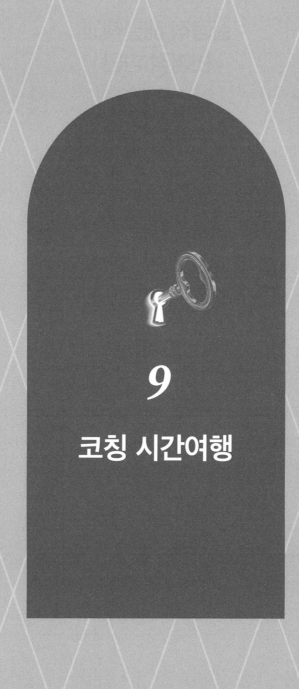

9

코칭 시간여행

실용적 해결책과
변형적 방안

그들 세 명은 상당히 오랫동안 떨어져 내리고 있었다. 앨리스는 구멍 안쪽에 붙어있는 사진들을 발견했다. 곧 그것들이 자신의 어렸을 때의 사진이라는 걸 깨달았다. 사진마다 그녀가 살아오면서 경험한 다양한 일들이 담겨 있었다. 오래전, 지금 다니는 학교로 전학했던 날의 사진도 있었고, 열한 살 생일 파티 사진도 있었다. 신나게 노느라 여기저기 부딪치고, 드러눕고, 깔깔거리고 있었다. 재미있던 어린 시절을 그리워하는 동안에도 사진 속의 앨리스는 점점 더 어려지고 있었다. 마침내 그녀는 리타와 로날드 옆에 놓인 커다란 콩자루 의자 위에 도착했다.

"무슨 일이 일어난 거야?" 앨리스가 물었다.

"시간을 거슬러 왔어." 리타가 말했다. "둘 다 어렸을 때의 사진을 봤니?"

"응. 사진 속의 나는 다양한 상황에 놓여 있더라." 앨리스가 말했다.

"몇 년 전, 휴고와 처음으로 함께 했던 코칭 시간으로 돌아가 보고 싶었어. 우리가 대화가 도움이 될 거야."

"구멍을 내려오면서 팀장이 되던 날을 봤어. 그때는 지금과 너무 다르더라. 비위를 맞추려고 모두에게 예스라고 말했었지. 그동안 얼마나 많이 배웠고, 예전과는 어떤 식으로 다르게 일을 해나가는지 알겠어. 정말 흥미로워. 내가 지금 알고 있는 걸 그때 알았더라면 좋았을 텐데." 로날드가 말했다.

"당시의 로날드에게 조언을 줄 수 있다면 뭐라고 할 거야?" 리타가 물었다.

"이렇게 말할 거야. '로날드, 너는 정말 잘하고 있어. 너 자신을 좀 더 많이 알아야 해, 너의 장점을 알아야 하고, 무엇에 능숙하지 못한지도 알아야 해. 그 모든 것을 불편해하지 말고, 더 적극적이고 능동적으로 받아들여. 네가 모든 일을 다 잘할 필요는 없어.' 어때?"

"흥미로운 조언이야. 그 조언이 어떻게 도움이 되었을까?" 리타가 물었다.

"그때의 로날드는 모든 것을 다 잘하고, 모든 사람을 다 기쁘게 하려고 열심히 일했어. 하지만 결과적으로 스트레스를 받았고 감동을 잃어버렸어. 만약 능숙하지 못한 분야를 인식하고 인정했더라면, 좀 더 편안함을 느끼고 더 쉽게 배웠을 거로 생각해."

"그 말을 듣고 있으니까 미래의 로날드가 지금의 로날드에게 뭐라고 말할지 궁금해." 리타가 말했다.

앨리스는 이런 대화가 로날드에게 생각하게 하는 과정이라고 확신해서 아무 말도 하지 않기로 했다. 때로는 침묵이 통찰을 위한 가장 강력한

도구 중 하나라는 것을 배웠던 게 떠올라서 기분이 좋아졌다.

주위를 둘러보던 앨리스는 자기들이 희미한 터널과 연결된 동굴 속에 있다는 걸 깨달았다. 리타가 터널을 따라 걷기 시작했다. 앨리스는 깊은 생각에 잠긴 로날드를 내버려 둔 채 리타 뒤를 말없이 따랐다. 동굴은 둥근 곡선처럼 보였지만 확신할 수는 없었다.

저 멀리 빛이 보였다. 그쪽으로 다가가자 햇빛이 위로부터 동굴 안으로 물결치며 쏟아져 들어오고 있는 걸 볼 수 있었다. 터널을 빠져나오자 숲속 큰 평원이 펼쳐졌다. 잔디와 나뭇잎 냄새를 맡을 수 있었다. 부드러운 산들바람이 불고 나뭇잎은 바스락거렸다.

앨리스는 혼잣말했다. '참 이상해. 그렇게 오래도록 지하로 떨어졌는데.' 그러나 그녀는 시간을 거슬러 가기 위해서는 어떤 방향으로도 갈 수 있다고 생각을 바꿨다. 시간여행이 중력의 법칙을 따를 필요는 없다고 결론지었다.

평원에 발을 내디디면서 앨리스는 중심에 의자 두 개가 있고 그 바깥쪽으로 둥글게 많은 의자가 놓여 있는 것을 발견했다.

"앉자. 그들이 곧 도착할 거야." 리타가 말했다.

앨리스와 리타가 나란히 앉았고, 곧이어 로날드도 합류했다. 그가 자리에 앉을 무렵 앨리스는 또 다른 거북이가 평원 저쪽에 나타나는 걸 보았다. 이 거북은 리타보다 더 가느다란 안경테를 쓰고 있었는데 어쨌든 둘이 서로 비슷해 보였다. "너야?" 앨리스가 말을 더듬으며 물었다. "어렸을 때야." 리타가 말했다.

어린 리타는 그들이 지켜보는 걸 알아차리지 못하고 평원의 중간에 있는 의자에 조용히 앉았다. 잠시 후 발을 끄는 소리를 내며 운동화, 반바지,

티셔츠와 빨간 야구 모자를 쓴 침팬지 한 마리가 평원에 들어왔다. 어린 리타는 앉은 채로 말했다. "안녕, 휴고, 자리에 앉아. 잘 지냈어?"

"나는 잘 지내." 눈 앞에 펼쳐진 평원을 바라보며 휴고가 대답했다.

"약간 불안하긴 해."

"뭐 때문에 불안해?" 리타가 물었다.

"이런 건 처음 해보거든." 휴고가 대답했다.

"무슨 뜻이야?" 리타가 물었다.

"어떤 일에 대해서 전문적으로 대화하는 게 힘들어. 자신도 없고."

"그런 얘길 다른 사람과 이야기해 본 적이 있니?" 리타가 질문했다.

"아니. 친구들은 이미 알겠지만 나는 사소한 일에 관해서만 얘기해. 정말 괴로운 일에 대해서는 말하기가 어려워." 휴고가 말했다.

"좋아. 네가 그렇다는 걸 알아두면 꽤 도움이 되겠는걸. 그래서 우리의 코칭세션에서 어떤 걸 얻기를 원해?"

휴고가 말하기 시작했다. "모르는 사람들과 대화하는 게 힘들어. 모임에 가서는 아는 사람들과 대화하는 것도 힘들게 느껴질 때도 있어."

"네가 원하는 건 어떤 거야?" 리타가 다시 질문했다.

"리타는 휴고와 코칭목표를 정하고 있어." 앨리스가 로날드에게 속삭였다.

"자신감 있게 다른 사람들과 대화했으면 좋겠어." 휴고가 대답했다.

"그게 무슨 뜻이니? 만약 자신감이 생긴다면 어떻게 그걸 알 수 있지?"

"분명히 지금과 다른 느낌이 들 거야. 편안함을 느끼고 다른 사람이 어떻게 생각할지 걱정하지 않고 말할 수 있을 거야. 좀 더 즐길 수 있을 거야."

"편안함을 느끼고, 다른 사람이 어떻게 생각할지 걱정하지 않고 말할 수 있다는 거네. 그렇다면 어떤 일이 일어날까?" 리타가 물었다.

"리타는 휴고가 원하지 않는 상황에 대해 말한 걸 들었어. 그 대신 그가 원하는 것에 대해서 생각하도록 만들려고 해." 로날드가 앨리스에게 말했다.

"모르겠어." 휴고가 말했다. "무슨 말을 하는지 듣고 있을 것 같은데."

"그렇게 하면 넌 어떻게 되지?" 리타가 질문했다.

"그게 무슨 의미야?" 휴고가 반문했다.

"만약 네가 더 편안해져서 다른 사람과 대화할 때 자신 있게 말하고 들을 수 있다면, 그런 게 너에게 어떤 걸 가져다줄까?"

"훨씬 행복할 거야. 좀 더 사교적이겠지. 술을 적게 마시고도 즐길 수 있을 거야. 술을 많이 마신다는 건 아니지만 편안해지려면 술을 마셔야겠다는 생각이 든 적이 있었거든. 편안해지면 더 많은 친구를 만들겠지."

"자신감이 생기면 네가 잃어버리는 게 있니?" 리타가 물었다.

"잃는다고? 없을거야."

"좋아. 그럼 네가 사교적인 상황에 있을 때 어떤 일이 일어나는지 좀 더 얘기해줘. 실제 사례를 말해 줄 수 있어?"

"이 과정은 코칭고객의 현실을 탐색하는 것!" 앨리스와 로날드가 동시에 서로에게 속삭였다.

"지난주에 친구 생일 파티에 갔어. 모임에 도착하면서 벌써 불안했지. 내가 걸어 들어가는데 모두가 나를 보고 있다고 느꼈어. 내 친구는 다른 사람과 이야기하고 있었기 때문에 나는 주변을 서성거리고 있었어. 거기 있는 사람들은 내가 친구가 하나도 없다고 생각했을 거야." 휴고가 말했다.

"사람들이 그렇게 생각하는 걸 어떻게 아니?" 리타가 질문했다.

"나만 혼자 서 있었잖아! 그러니 내가 친구가 하나도 없다고 생각하겠지."

"혼자 서 있는 것이 어떻게 친구가 없다는 뜻이 되지? 지인 중에 친구가 있지만 홀로 서 있는 사람을 본 적이 있니?"

"있을걸. 친구가 아직 도착하지 않거나 혹은 그 파티에서 아무도 모를 수도 있지만, 그들은 분명히 친구가 있을 거야." 휴고가 말했다.

"친구가 없다고 사람들이 생각하면 무슨 일이 일어나지?" 리타가 물었다.

"그건 내가 비호감이거나, 이상하거나, 따분한 사람이라는 의미지."

"너는 만약 네가 친구와 함께 있지 않다면 사람들이 네가 이상하거나 따분한 사람이라고 생각한다는 거니?" 리타가 다시 물었다.

"그래, 그렇게 생각해. 이렇게 말로 표현한 적이 없었지만."

"혼자 서 있다는 의미는 친구가 없다는 것이고, 그것은 네가 이상하거나 따분하다는 의미다." 리타가 말했다.

"그래, 근데 약간 터무니없이 들리네." 휴고가 말했다.

"무슨 뜻이야?"

"항상 혼자인 사람들이 있잖아. 혼자 술집에, 혼자 영화관에, 혼자 여행을 가기도 하지. 그들이 다 따분하고 이상한 건 아니야. 사실 때로는 그 반대로 멋있게 보일 수도 있어."

"사실, 혼자 있는 건 여러 가지 의미일 수 있어. 근데 네 마음속에서는 그걸 지루하거나 이상하다는 걸로 단정했어." 리타가 말했다.

"그러네. 나도 이제 알겠어." 휴고가 말했다.

"그럼 이제 어떻게 할 거니?"

"무슨 의미야?" 휴고가 물었다.

"처음에 어떻게 그런 생각을 하게 됐니? 그런 문제를 가진 나에게 가르쳐 준다고 상상해봐. 나는 파티에 갈 예정이고 너는 나한테 어떻게 하면 자신감 없는 느낌이 들게 되는지 가르쳐 주는 거야."

"헐!" 어리벙벙한 표정으로 휴고가 말했다. "나더러 어떻게 하면 자신감이 없어지는지 가르치라는 거니?"

"그래, 정확해. 넌 그 상황을 엄청나게 많이 연습한 것처럼 보이거든. 내가 어떻게 해야 할까?" 리타가 웃으면서 말했다.

"너는 도착하기 전 상황부터 마음속으로 시작해야 해. 우선 너 자신이 파티에서 혼자 있는 그림을 상상해 보는 거야. 술 한 잔 들고 혼자 서 있고 네 주변에 아무도 없는 걸 생각해 봐."

"어휴. 별로 좋은 기분이 들지 않는다." 리타가 말했다.

"맞아. 이제 네가 사람들에게 무슨 말을 해야 할지 모르겠고, 그래서 사람들이 너에게 말하고 싶지 않을 거라고 생각해 봐." 휴고가 말했다.

"알았어." 리타가 말했다. "상당한 불안감이 느껴져."

"지금 그런 불안함을 느끼면서 파티에 도착했고, 사람들이 너를 보고 있다고 상상해봐."

"아, 그래, 파티장에 재미있어 보이는 사람들이 좀 보이네." 리타가 말했다.

"아냐, 그들이 왜 혼자인지 의아해하면서 쳐다본다는 생각을 할 차례야."

"아, 맞다. 알았어. 이제 그들이 그렇게 생각하고 있다고 상상하고 있어. 이거 참 어렵네." 리타가 미소 지으며 말했다.

"그렇지! 맞지?" 휴고도 미소 지으며 말했다. "너는 지금 다른 사람이 어떻게 생각하고 있는지에 대해 많이 상상하는 거야."

"그 사람들이 정말 그렇게 생각하는지 어떻게 알 수 있어?" 리타가 물었다.

"글쎄, 내 생각에는 불가능한 것 같긴 해. 그렇지만 바로 그런 게 내 마음속에 들어와 있어서 자신 없게 만드는 원인이 되거든." 휴고가 말했다.

"맞아. 마음속에 있는 거야. 실제 현장에서 일어나고 있는 건 아니지만, 네 상상 속에서는 분명히 일어나고 있지."

"그래, 맞아."

"만약에 말이야, 네가 파티에서 친구와 이야기를 하고 있으면서 누군가 혼자 도착한 것을 보았다면 어떤 생각이 들었을까?" 리타가 물었다.

"누가 도착했는지 궁금하고 어떤 옷을 입고 왔는지 보겠지. 솔직히, 만약 내가 친구와 이야기하는 상황이면 누가 도착했는지에 대해 생각하느라 시간을 낭비하지는 않지. 차라리 친구와 대화에 집중하고 있을 거야."

"그렇지. 그런데 너는 네가 도착하면 파티장의 모든 사람이 대화를 중단하고 너에 대해 관심을 갖기 시작한다고 생각한 건 뭐였지?"

휴고가 웃었다. "몰라. 약간 바보스럽게 들리기 시작했어."

"리타가 뭐 하는 건지 잘 모르겠어. 대안단계일까?" 로날드가 물었다.

"아니, 여전히 현실단계야. 리타는 코칭고객에게 과정과 관련된 질문을 하고 있어. 휴고의 생각을 실제 상황과 생각으로 분리하고 있고, 그러면서 휴고의 생각지도를 탐색하고 있어." 앨리스가 대답했다.

"아, 그렇구나. 이해했어. 상황 그 자체가 아니라, 상황에 대해 어떻게 생각하는지 보여주는 중이네." 로날드가 말했다.

어린 리타는 말을 이어갔다. "정리하면, 자신 없는 상황은 사람들 모인 곳에 도착하기 전에 이미 시작됐어. 도착 전에 너 스스로 상상하기 시작했어."

"그래. 이제 어떻게 시작된 것인지 알겠어." 휴고가 말했다.

"그리고 너는 무슨 말을 해야 할지 모르겠고, 사람들도 너랑 얘기하기를 원하지 않는다고 생각했어."

"맞아, 그게 정확해."

"그럼 달라지게 할 아이디어는 뭐야?" 리타가 물었다.

"대안!" 앨리스가 로날드를 팔꿈치로 툭 치며 말했다.

"글쎄, 파티를 다르게 상상하면서 시작할 수 있지." 휴고가 말했다.

"어떻게 상상할 건데?" 리타가 물었다.

"내가 누군가에게 가서 '안녕'이라는 인사를 건네고, 나 자신을 소개하고, 그리고 사람들과 이야기 하는 것을 상상할 수 있어."

"누군가에게 다가가서 말을 거는 걸 상상하면 어떤 생각이 드니?"

"불안해. 무슨 말을 해야 할지 모르겠다고 생각하지." 휴고가 말했다.

"그럴 때 무슨 말을 하는 게 좋은지 잘 아는 건 누구지?"

휴고는 생각에 잠겼다. "마이크Mike라는 친구가 있는데, 마이크는 사람들과 말하는 게 정말 뛰어나. 그는 무슨 말을 하는 게 좋은지 잘 알고 있어."

"좋아. 그럼 이 상황에 마이크가 있다고 상상해 보자. 그가 어떤 사람에게 가서 '안녕?' 이라고 말하는 거야. 그는 뭘 생각하고 있을까?"

"마이크라면 어떤 것도 미리 생각하고 있지 않을 거야. 굳이 생각해 보면 아마 그가 말하고 있는 상대방에게 초점이 맞춰져 있겠지." 휴고가 말했다.

"초점을 맞추고 있는 게 뭘까?" 리타가 질문했다.

"그들이 어떤 옷을 입고 있는지 알아채고, 어떻게 보이고, 그들의 표현이나 그 방에서 무엇이 진행되고 있는지 깨닫는 데 초점을 맞추고 있을 거야."

"무슨 말을 하지?" 리타가 물었다.

"자신을 소개하고 의상이나 파티, 뭔가 좋아하는 것에 대해서 말하지."

"예를 들면?"

"예를 들면, '네 재킷이 마음에 들어.' 혹은 '당신 신발이 마음에 드네요. 어디서 그 신발을 샀는지 물어봐도 돼요?' 혹은 '멋진 파티네요! 오늘 생일 파티의 주인공과는 어떻게 아는 사이세요?'라든가. 그냥 대화를 시작하기 위한 어떤 얘기."

"그 상황에 마이크 대신 너를 넣으면, 휴고가 똑같이 한다면 어떤 일이 일어나지?" 리타가 물었다.

"글쎄, 같이 대화하고 싶은 사람을 물색하겠지. 잠시 주변과 그 사람을 관찰하고 나서 가까이 가는 거야. 그리고 관찰에서 알아차린 걸 예의 바르게 나누겠지. 이렇게 말할 거야. '안녕? 나는 휴고야.' 그리고 악수를 청해. 악수하고 이렇게 말하는 거야. '당신 재킷이 정말 멋지네요.'라고 말이야."

"그러면 무슨 일이 있지?" 리타가 물었다.

"상대방이 미소 지으며 고맙다고 말해. 그 사람도 처음엔 수줍어할 거야."

"정말?"

"그 사람도 약간은 확신이 없어 보이거든. 그가 편안해지는 걸 돕기 위해 생일을 맞은 사람과 어떻게 아는지 얘기하면 좋을 거야." 휴고가 계속했다.

"기분이 어때?" 리타가 질문했다.

"좋아. 모르는 사람과 대화하면서 상대방이 불편함을 느끼지 않도록 신경 쓰고 있어."

"그런 너를 어떻게 생각하니?"

"생각 같은 건 별로 없어. 그런 상황에 있는 것뿐이야." 휴고가 대답했다.

로날드가 소곤댔다. "하나의 상황만 연습시키고 있는 게 이해가 안 돼. 다른 상황에선 다를 수도 있잖아. 가능한 모든 시나리오를 다 연습해야 하나?"

앨리스가 대답했다. "나도 잘 몰라. 뭔가 생각이 있는 거 같은데 그게 뭔지 알 수가 없어."

"맞아. 너는 그저 상황을 지켜볼 뿐이야. 그 상황에 있는 마이크를 대신하는 휴고 말고, 너 자신의 눈으로 직접 보는 게 좋겠어." 리타가 대답했다.

"파티장에 도착해서 사람들이 삼삼오오 모여 대화를 나누는 걸 상상해 봐. 아마 한두 명은 입구에 도착한 너를 쳐다보겠지만 대부분은 자신들이 말하거나 듣느라고 바쁘지."

코칭 어드벤처

"그래, 상상할 수 있어. 눈앞에 보여."

"파티가 열리는 방에서 뭘 볼 수 있지?"

"음악이 흐르고, 사람들이 말하는 소리가 나고, 시끄러워. 나는 생일인 여자가 사람들과 대화하고 있는 걸 보지. 음료가 있는 곳에 혼자 있는 사람도 보이고."

"맞아." 리타가 말했다. "기분이 어때?"

"상당히 편안해. 나는 그냥 둘러보고 있어." 휴고가 대답했다. "나는 음료수 한 잔을 가지러 가서, 거기서 마주치는 사람에게 인사를 건넬 거야."

"말해봐. 지금의 너는 어떤 게 달라진 거니?" 리타가 물었다.

"나한테 좀 더 자신감이 생겼고, 주변 환경과 참석한 사람들에게 어떤 일이 일어나고 있는지 관심을 기울이고 있어."

"맞아. 그러면서 어떤 기분이 들어?"

"주변이 평온해졌어. 모든 것에 여유가 느껴지며 나한테 좀 더 시간이 있다고 생각돼. 좀 더 편안해진 느낌이야."

"그래, 그럼 또 다른 상황을 상상해 보자. 예전에 불안하게 느꼈을 법한 다른 장소 말이야."

"시제의 사용이 흥미로워. 리타는 불안함을 예전에 느낀 것으로 언급하고 있어." 로날드가 속삭였다.

갑자기 리타와 휴고가 멈추었다.

사실은 평원 전체가 멈췄다. 나무의 꼭대기가 산들바람에 부드럽게 흔들리던 걸 멈췄다. 가끔 들리던 새들의 소리도 멈췄다. 앨리스와 로날드는 그들 옆에 여전히 앉아있는 나이 든 리타를 바라보았다.

"지금 시점에서 멈추고 보고 들은 것에 관해 얘기를 나눠야 한다고 생각해." 리타가 말했다. "혹시 질문 있니?"

"이번 건 이전에 크리스티나와 했던 코칭과 달라 보여. 해결해야 할 문제가 실질적인 문제가 아니야. 문제는 휴고의 머릿속에 있는 것처럼 보였어."

"맞아. 머릿속과 몸속에 있지. 육체적으로 어떻게 느끼는지 뿐만 아니라 그가 어떻게 생각하는가에 관한 거야. 어쨌든 그래, 휴고의 생각지도 안에서 상황을 구축하는 것에 어려움을 느끼는 사례거든."

"저기 어린 리타가 초점을 맞추고 있는 게 그거야?" 로날드가 질문했다.

"그래, 그때의 코칭에서 나는 휴고의 생각과 마음속을 탐색했어. 우리가 본 건 휴고의 내면의 생각이 어떻게 흐르는가 하는 거야." 리타가 말했다.

"내면의 생각이 흐르는 과정? 코칭 내용은 상관없고?" 앨리스가 물었다.

"휴고에게는 여러 상황에서 반복되는 문제였지. 내용을 알게 된 건 도움이 되지만, 휴고가 무엇을 생각하고 느끼는지 좀 더 관찰할 필요가 있었어."

"다른 상황에서는 다르게 느끼게 되지 않을까?" 로날드가 질문했다.

"이런 사교적인 상황에서는 아니야. 이미 잘 훈련된 사고와 감정이고, 매번 같은 방식으로 되풀이될 거야." 리타가 말했다.

"잘 훈련되었다는 건 무슨 뜻이야?" 로날드가 물었다.

"우리의 뇌가 학습해서 변화하는 능력에 관해 설명해주는 말이 있어. '함께 활성화된 신경세포들은 함께 연결되어 있다.' 는 거지. 학습이나 경험에 반응해서 시냅스의 연결을 구조화하는 능력인 뇌의 신경가소성 neuroplasticity 개념이야. 우리 뇌는 학습과 새로운 경험에 반응하면서 물리적으로 구조를 변화시키거든. 특정한 방식으로 자꾸 생각할수록 그런 연결이나 연결통로가 더 강화되지."

"휴고가 불안함을 느끼도록 스스로 훈련했다는 거야?" 로날드가 물었다.

"아니, 그렇게 말한 건 아니야. 그가 의식적으로 그렇게 되도록 선택했다는 건 아니야. 뇌가 자극이라는 반응의 조건화를 통해 학습한 거야. 자극이 생길 때마다 반응이 반복되면서 고정 유형이 된 거지. 휴고의 경우에는 불안감을 느낄 거라고 예상하면 그 자체로 불안이 유발되는 거라고 할 수 있어. 만약에 그가 사교적인 자리에 가게 되면, 그는 이미 불안함을 느끼기 때문에 말하기가 어려워지고, 이미 구조화된 자기 생각으로 후퇴해 버리는 거지. 이렇게 그의 불안을 더 심화시키는 과정이 자신감을 낮추게 하는 거야. 반복될수록 그런 믿음이 강해져." 리타가 말했다.

"그렇게 설명하니까 큰일인 것처럼 들려. 이런 일이 여러 상황에 걸쳐 자주 나타난다면 어떻게 도울 수 있을까?" 로날드가 물었다.

"그런 주제를 해결하기 위해서 문제가 만들어진 과정을 똑같이 경험해 보는 방식도 사용해. 시간이 흐르면서 스스로 강화되었고, 다른 상황에서도 적용되고 확대되는 일반화 과정을 보게 하는 거지."

"바이러스 같네." 앨리스가 말했다.

"재미있는 비유야. 나도 그렇게 생각해. 한번 구조화되면 다른 상황에서도 스스로 복제되어 적용된다는 점에서 일반화된다고 생각해. 휴고는 아무도 모르는 파티에서 불안함을 느끼기 시작했겠지만, 다음에는 술집,

식당, 그리고 그가 아는 사람들로 이루어진 큰 모임에서도 그렇게 됐지. 앨리스가 말한 바이러스 비유를 사용한다면 우리에게는 항체가 필요해. 항체가 우리 몸에서 생성되면, 퍼져나가서 바이러스를 무력화시키지. 내가 말하고자 하는 건, 휴고가 다르게 느끼고 생각할 수 있는 사례를 하나 가지게 된다면 그걸 다른 사례로도 퍼뜨릴 수 있다는 거야. 이런 게 스스로 일어날 수도 있어. 새롭게 경험하고 학습하고 난 뒤에 이렇게 말하는 거지. '그 상황에 적용된다면 이 상황에도 적용되겠지.' 문제가 시작된 방법을 이해해서 해결하는 방식이야. 문제를 만들어 낸 것과 똑같은 과정을 사용한다는 말의 의미라고나 할까."

"어떤 때는 스스로 일어날 수 있다고 했지만, 그렇지 않다면 어떻게 하지?"

"스스로 해결되지 않는 경우엔 우리가 코칭으로 도울 수 있어. 아까 그 상황에서 예전의 어린 리타는 휴고가 다른 상황에 대해서 생각하도록 하지. 똑같이 새로운 방식을 사용하도록 하는 거야. 그렇게 하면 조건 반응을 조정하는 데 도움이 돼."

"그걸로 충분할까? 치료가 돼?" 로날드가 물었다.

"치료되냐고? 그게 코칭에서 일어나고 있는 일을 묘사하는 데 적절한 단어인지 모르겠네. 바이러스라는 방식으로 설명한 건 학습의 전파를 의미하는 거야. 휴고의 신경 체계에 있는 새로운 반응을 조건화하고 그가 상황에 접근하는 새로운 방식을 배우는 걸 돕는 일에 관한 거지. 가장 정직한 대답은 저기에 앉아있는 어린 리타는 휴고라는 코칭고객이 떠날 때 무슨 일이 일어날지 확실히 알기 어렵다는 거야. 휴고가 세상으로 나아가서 사교적인 상황에서 자신을 새롭게 발견하는 경험을 해야 해. 그리고 나서야 확실히 알 수 있게 돼. 휴고는 코칭세션에서는 분명 다르게 느끼고 있는 것으로 보였어. 그가 사교적 장면을 상상할 때 전보다 편안해 보였으니까."

"맞아. 하지만 단지 상상하는 거잖아." 로날드가 말했다.

"이런 말을 해도 될지 모르겠지만, 조금 냉소적으로 들리네." 리타가 말했다.

"지금 보고 있는 건 진짜가 아니라는 말이야." 로날드가 반복했다. "휴고가 다르게 느끼고는 있지만, 단지 사교 모임에서의 상황들을 상상하고 있을 뿐이야."

"네 말이 맞아." 리타가 미소 지으며 말했다. "실제가 아니야. 그리고 그가 가져온 코칭주제도 마찬가지야. 단지 그의 사고 안에 존재할 뿐이야. 물론, 파티의 경험은 휴고에겐 실제였지만. 그가 사교모임의 상황에 맞닥뜨리기도 전에 그의 상상에서 문제가 시작된 것도 사실이야. 불안함은 그가 사교모임의 상황을 상상할 때 시작되었어. 물리적으로 모임의 자리에 가 있지도 않았던 시점에 이미 시작된 거야. 이제 그는 사교적 상황을 상상할 때 물리적으로 거기에 가 있건 아니건 차분하고 편안해 지고 있어. 이것을 비교해보자는 거야.

휴고가 다르게 느낀 건 그의 생리적인 부분과 신체 언어 영역이야. 그가 다르게 느낀다고 말할 때 초반에 가졌던 것과 같은 신체 언어를 가진 게 아니거든. 그는 머리를 들었고, 호흡은 안정적으로 느려지고, 그의 손은 덜 만지작거리고 있었어."

"아, 알겠어. 이제야 이해가 돼. 솔직히 나는 특별히 그의 신체 언어가 어떻게 바뀌었는지 알아차리지 못한 채 그가 말하는 것에만 집중해서 초점을 두고 있었어." 로날드가 말했다.

"해변에서 학습사다리에 관해서 이야기했던 걸 기억하니? 너는 휴고가 뭘 말하는지 의식적으로 주목하고 있었기 때문에 그의 신체 언어를 관찰하기가 쉽지 않았을 거야. 듣기를 연습하고 더 숙련되면 신체 언어도 알아차리기 쉽다는 것을 알게 될 거야." 리타가 말했다.

"다음 단계에서 무슨 일이 일어날지 보자. 내 기억이 정확하다면 리타는 휴고에게 다른 상황을 상상해 보라고 했어. 그가 오래전에 불안함을 느꼈던 장소라고 말했지?"

앨리스와 로날드는 평원에 앉아있는 어린 리타와 휴고에게 관심을 돌렸다. 나무의 꼭대기가 다시 산들바람에 흔들리기 시작했고 새들도 다시 살아났다.

휴고는 질문에 대답하고 있었다. "내가 속한 스포츠 클럽 관계자들의 행사에 갔을 때야. 거기에는 다양한 후원자들이 있었고, 나는 운동선수 자격으로 초청을 받았지."

"좋아. 지금 거기에 참석해 있다고 상상해 보자. 사람들을 살펴보고, 행사장 전체와 누가 거기에 있었는지 생각해봐." 리타가 말했다.

"오케이. 나 자신을 덜 의식하고 내 주변에서 무슨 일이 일어나는지를 의식하는 거지?"

"그 상황에서. 첫 번째 단계는 뭐지?"

"첫 번째 단계는 심호흡하고, 내 주변에 무엇이 있는지 파악하고, 누가 그 방에 있고, 누구에게 말을 걸어야 할지 살펴보는 거야." 휴고가 말했다.

"네가 다른 사람에게 말을 걸 때는?" 리타가 물었다.

코칭 어드벤처

"인사하고, 나를 소개해. 이 행사에서 어떤 역할을 하는지 혹은 어떻게 참석하게 되었는지 얘기하지. 운동선수로서의 나에 대해 말할 수 있고, 내가 왜 거기에 있는지도 말할 수 있어."

"그 상황을 상상할 때 어떤 느낌이 들어?"

"차분하고 편안해져. 무슨 일이 일어나는지 그저 보고, 지나치게 생각에 몰두할 필요는 없어. 누군가에게 말을 걸어서 서로에게 연결점이나 화젯거리가 있는지 살펴보고, 아니라면 만나서 반가웠다고 말하고 거기에 있는 다른 사람을 찾겠지."

"잘했어. 중요한 건 지나치게 생각에 몰두할 필요가 없다는 거야. 이 상황에서 첫 번째 단계는 뭐야?" 리타가 물었다.

"심호흡하고 상황을 파악해. 누가 있고, 무슨 일이 일어나는지 둘러봐."

평원의 움직임이 다시 멈췄다. 앨리스와 로날드는 다시 리타에게 집중했다.

"뭘 관찰했니?" 그녀가 말했다.

"너는 어린 리타를 네가 말하던 내용으로 코칭 했어. 항체를 만들어서 퍼뜨리기 시작했어." 로날드가 말했다.

"맞아. 영리한 진행이었어. 상당히 미묘한 작품이라는 걸 알아줬으면 해."

"무슨 뜻이야?" 앨리스가 말했다.

"흠. 말하자면, 휴고가 자신 없고 불안하다고 말했을 때, 그걸 '고쳐보고' 싶은 유혹을 느끼게 돼. 그의 용기를 북돋우고, 스스로 대단하다고 느끼도록 해서, 누구에게나 확신에 차서 말할 수 있게 변화시켜 주고 싶지. 근데, 그렇게 하면 단기적으로 작동할지 모르지만, 근본적인 해결방법은 아니야. 휴고를 도우려면 내적 상상에만 집중하고 있는 그의 관심을 주변에 관한 관심으로 바꿔야 해. 그렇게 해서 평온함을 느끼고, 직면한 상황에 대해 더 많이 받아들이고 익숙해져야 하지. 여기서 코칭이란 그가 원하는 대화를 실현하는 데 도움을 주는 시도라고 할 수 있어."

"나는 어린 리타가 자신감의 결여가 어디에서 왔는지, 그것의 원인이 뭔지에 대해 탐색하지 않고 있는데, 왜 그러는지 궁금해." 로날드가 말했다.

"그게 코칭이야. 때로는 원인을 찾아가기도 하지만, 그건 그렇게 하는 게 정말 필요할 때 하는 거야. 코칭은 코칭고객의 현재와 미래를 돕는 것에 관한 거야. 그들 내부에서 일어나고 있는 뭔가에 대해, 그들 스스로 알아차리는 걸 돕지. 휴고는 이제 책임감이 생겼고, 자신의 내적인 생각 흐름을 훨씬 잘 자각하고 있어. 그가 스스로 알아차리면, 그가 선택할 수 있는 행동도 달라지지. 우리 코치들은 그런 걸 원하는 거야." 리타가 말했다.

"이번에는 문제의 뿌리를 파헤치러 과거로 들어갈 필요가 없었구나!"

"그때는 솔직히, 나도 몰랐어. 만약 휴고가 어떤 진전도 없이 다음 코칭세션에 돌아온다면, 나도 휴고가 어떤 길을 갔었는지 궁금했을 거야. 하지만 코칭적 접근의 출발은 지금 무엇이 일어나고 있는지에 집중하는 것을 목표로 하지.

비교하자면, 심리치료사는 문제의 뿌리를 탐색하고 어디에서 비롯된 것인지를 탐색하기를 원하지. 패턴화된 행동유형이 어떻게 생겨났는지 아는 건 유용한 조사방식이야. 지금 일어나고 있는 게 뭔지를 알아내는 것과 원인이 뭔지를 알아내는 것 가운데 어느 게 더 나은 건지를 말할 순

코칭 어드벤처

없어. 서로 다른 접근법은 개인과 상황에 따라 다르게 적용될 뿐이야."

"덕분에 큰 깨달음을 얻었어. 내가 성공적으로 코칭할 수 있는 단계에 가까워진 건 아니지만, 좀 더 많이 이해하게 됐어." 로날드가 말했다.

"연습! 지난번에 학습사다리에 관해 얘기했을 때, 연습이 다음 단계로 넘어가도록 할 것이라고 말했었지. 이제 너희 스스로 코칭을 해야 할 때라고 생각해." 리타가 말했다.

평원이 사라지기 시작했다. 앨리스는 문득 다시 추락한다는 느낌을 받았는데 이번에는 전보다 훨씬 더 빨랐다. 갑자기 그녀는 맨홀에서 튕겨 나와서 나폴리 거리의 불빛 속으로 떨어졌다. 피자 냄새는 여전히 거리를 메우고 있었지만, 점점 약해지는 것 같았다. 앨리스가 피자 냄새에 대해 깨닫는 순간, 눈앞의 거리 광경이 희미해졌다. 정신을 차려보니 앨리스는 리타와 로날드와 함께 잔디에 앉아서 크리스티나가 있었던 나무 그루터기를 보고 있었다.

"엄청난 모험을 했어, 그렇지? 앨리스?"

"나폴리에서 먹은 아이스크림은 맛있었어요, 벤 아저씨. 또 먹고 싶어요."

"내 생일 케이크는?"

"응, 케이크도 맛있었어요. 절반 이상 먹어 치우는 건 무례하다고 생각해서 다 먹지 않고 남겨뒀어요."

"참을성이 있구나, 앨리스. 한 조각만 남기면 돼."

케이크 상자가 다시 열렸다. 거기에는 예쁜 빅토리아 스펀지케이크가 있었고, 그 중간에 잼, 위에는 슈가 파우더가 뿌려져 있다. 내가 좋아하는 케이크이고, 앨리스도 좋아한다. 앨리스가 내 생일케이크를 맛있게 먹고 있는 동안, 이번 내용을 후다닥 마무리하자고요.

생각지도

비록 제가 '후다닥'이라고 말했지만, 이번 장에서 다룬 내용은 그렇게 간단하지는 않은 편입니다. 그 중 첫 번째는 우리는 각자 자신만의 생각지도를 가지고 있다는 것이고, 현실은 '각자, 자신만의'라는 데에서 시작됩니다. 우리는 자기만의 방식으로 이해하는 세상을 살고 있고, 그 인식은 현실에 기반을 두고 있지만, 현실 그 자체는 아닙니다. 인식은 신념, 가치관, 감정, 태도 그리고 개인적인 역사 등 많은 것들에 의해 영향을 받습니다. 그런 것들이 각각 다르므로 같은 사건일지라도 종종 다르게 해석됩니다.

'지도는 영토가 아니다'라는 표현은 1933년 알프레드 코지프스키Alfred Korzybski가 처음 한 말인데, 그는 '단어는 사물 그 자체가 아니다.'라는 말도 했습니다. 단어와 사물, 또는 지도와 영역을 혼동하는 것입니다. 머릿속 생각지도는 너무 본질적이어서 그 존재를 깨닫지 못하지요. 자기 필터 안에 사는 게 당연해서 알지 못합니다. 우리는 우리의 생각지도의 존재 자체를 인식하지 못합니다. 학습사다리의 4단계처럼, 우리는 각자의 생각 방식에 너무 익숙해져 있어서 생각지도를 사용하고 있다는 사실도 인식하지 못한다는 것입니다.

학습사다리

학습사다리는 우리가 배우고 더 숙련되어 가는 진행방식을 설명합니다. 그 기원은 불확실하지만, 우리에게 제시해서 유명해진 사람은 마틴 브로드웰Martin M. Broadwell입니다. 저는 이 모델이 코칭을 배우는 여러분의 여정을 이해하는 데 도움이 되리라고 생각합니다. 하지만 학습사다리는 때로는 학습을 방해하기도 합니다. 우리가 삶에서 '문제'라고 부를 수 있는 것 중 일부는 너무 자동화되고 무의식에 속하게 되어 어떻게 일어나는지조차 깨닫기 어렵습니다.

학습사다리 1단계는 '무의식적이고 기술 없음'이나, '무의식적 무능'으로 불립니다. 이 수준에서는 모르는 것이 무엇인지도 모르고, 작업을 수행하거나 완료할 줄도 모르고, 무엇이 관련되어 있는지조차 알지 못합니다. 2단계에 가서야 우리가 미숙하다는 것을 의식하게 되고, 알지 못하는 게 뭔지 알고, 해낼 수 없다는 것을 알게 됩니다. 3단계는 의식적으로 숙련되는 단계이며, 이 단계에서는 의식적으로 집중하고, 집중하면 성공적으로 수행할 수 있습니다. 4단계에서는 '생각 없이' 해낼 수 있을 정도로 무의식적으로 숙련되어 있습니다. 즉, 우리 몸이 알아서 자동으로 수행합니다.

코칭내용 및 코칭과정

훌륭한 코칭기술 중 하나는 고객이 상황에 관한 생각이나 감정을 그 상황 자체로부터 분리하도록 돕는 것입니다. 즉, 코칭고객이 자신만의 생각지도가 어떤 것인지 깨닫도록 돕는 것입니다.

저는 이것을 코칭과정이라고 부르고, 코칭고객이 사용하는 단어에 초점을 맞춰서 그가 문제를 어떻게 설명하고 있는지 살펴봅니다. 내용에 초점을 맞춘다는 것은 코칭고객이 설명한 범위를 중심으로 문제에 대한 해결책을 찾는 것입니다. 그러나 코칭고객은 코치를 찾아오기 전에 이미 합리적으로 문제를 해결하려고 시도를 했을 것이기 때문에, 때로는 내용에만 집중하는 것은 효과적이지 않다고 생각합니다. 코칭고객의 생각지도가 어떤 방식으로 제약을 받고 있는지 발견하는 것은 코칭의 가장 큰 지렛대입니다. 코칭고객이 정의하는 대로 그의 문제에 초점을 맞추는 대신 코칭고객이 문제를 어떻게 정의하는지에 초점을 맞추는 것에서 해결점을 찾기도 합니다. 이 방법의 이점 중 하나는 코칭고객의 생각지도를 탐색하는 것이 그가 들고 온 문제에 초점을 맞추는 것보다 훨씬 더 많은 것들을 해결하기 때문에, 더 많은 이익을 얻을 수 있다는 것입니다.

"벤 아저씨, 요약이 이렇게 길다니요!"

"도움이 됐으면 좋겠거든, 앨리스. 앞에서 다룬 내용을 다시 한번 되뇌어 보는 것이 도움이 된다고 믿어. 반복하면 더 쉽게 기억할 수 있지."

"그건 사실이에요. 학교에서 연극을 할 때 대사를 외워야 했어요. 대사를 외울 수 있는 유일한 방법은 몇 번이고 반복해 보는 것이었고요."

"연극에 출연했다고? 뭐였지?"

"오즈의 마법사였어요. 거기서 저는 도로시를 연기했어요."

코칭 어드벤처

'우리는 마법사, 오즈의 멋진 마법사를 만나러 갑니다아 .'

"노래할 때가 아니야. 우린 지금 중요한 내용을 요약하는 중이야."

"간단한 노래도 안 돼요?"

"나무 그루터기로 돌아왔을 때 무슨 일이 있었는지 말해줘야 하거든."

"곧장 침대로 갔나 봐요. 정신을 차려보니 다음 날 아침 침대 속이었
어요."

"아, 그랬군, 좋아, 이젠 노래를 들려줘."

10

게임의 규칙

직장상사코칭과 코칭계약

"앨리스, 앨리스! 오늘 기분이 어때?"

'벌써 아침인가?' 앨리스는 혼자 생각했다. 집으로 돌아온 것과 잠든 것을 전혀 기억할 수 없었다. 눈은 떴지만 몸은 무거웠다.

"좀 어때?" 아빠가 다시 물었다.

"좋아요. 그런데 좀 졸려요." 앨리스가 대답했다.

"알았다, 얘야. 더 쉬었다가 일어나." 아빠가 말했다.

앨리스는 다시 잠이 들었다. 잠에서 깨어나 생기를 되찾았을 때, 앨리스는 리타와 로날드를 보러 갈 생각에 신이 났다. 그녀는 매일 만나서 매번 새로운 걸 배우는 걸 즐기고 있었다. 강가에 있는 잔디밭을 따라 나 있는 산책길을 걸어가니 저만치에서 리타와 로날드가 벌써 대화에 깊이 빠져 있는 게 보였다.

"잘 잤니?" 앨리스가 말했다.

"어서 와. 우린 로날드의 어제 질문에 관해 얘기하기 시작했어."

"그게 뭐였지?" 앨리스가 물었다.

"코칭고객이 제시한 주제에 대해 말하고 있었지. 문제가 될 만한 생각이나 이슈, 혹은 상황에 관해 얘기했잖아. 코칭고객이 들고 온 주제를 다룰 때 그들의 관점에서 문제를 해결하도록 돕는 방식이 유용할 때도 있지만, 사실은 코칭고객의 생각지도의 한계를 찾아내면 돌파구가 생긴다는 설명이었어."

"그래, 기억나. 문제가 어떤 방식으로 형성되어 있는지는 코칭고객의 생각지도를 이해하면 알 수 있다고 했어. 생각지도 안에서 가정이나 왜곡이 있는지 발견하기 위해서는 코칭고객의 생각이나 감정을 탐색한다고 얘기했어." 앨리스가 말했다.

"응. 그래. 그렇게 보는 거지. 이제 그런 얘기들을 좀 더 명확하게 이해할 수 있어. 휴고의 사례를 지켜보니까 좀 알 것 같아. 근데 내 질문은 '대개 사람들은 자신이 문제를 혼자서 풀 수 있다면, 벌써 해결했을 것'이라는 리타의 말에 관한거야. 그 때 나는 사람들이 자신의 문제를 풀기를 원하지 않는다면 어떤 일이 일어나느냐고 물었지. 지금 막 그 이야기를 하는 중이야."

"문제 해결을 원하지 않는다면, 그들은 코칭세션에 들어오지도 않을걸?" 앨리스가 생각에 잠기며 말했다.

"그렇게 딱 잘라서 말하기 어려울 수도 있어. 몇몇 시나리오들을 놓고, 로날드의 질문을 중심으로 각각의 사례를 살펴보자.

첫째, 회사조직이 코치와 계약을 해서 직원을 코칭하는 경우야. 기본적으로 코치는 인사팀에서 초빙하기도 하고, 해당 부서의 관리자가 코치를 초빙하기도 해. 이 상황에 대해서 우선 이야기해야 해.

둘째, 해결해야 할 이슈나 문제는 가지고 있는데, 본인이 문제를 해결하거나 나아지기를 원하지 않는 때가 있어. 너무 노력이 많이 든다고 생각하거나, 얻는 이익이 충분치 않다고 생각하는 경우야. 보상이 충분하지 않다고 느끼는 거지. 어떤 사람은 해결하거나 진전을 이룰 수 있다고 아예 믿지 않을 때도 있어. 가능하지 않다고 확신하는 거야. 그리고 사람들이 무력감에 빠져 있는 경우도 있어. 의도적인 건 아니지만, 그런 경우는 그들은 무의식적으로 해낼 수 없다고 생각하게 돼서, 시도조차 원하지 않도록 학습된 거야."

"상당히 낯선 시나리오네. 거기까지는 생각하지 못했어." 로날드가 말했다.

"이들에 대해서 코칭에 사용하는 전략은 대개 비슷하기 때문에, 이런 상황들을 모두 하나의 그룹으로 묶었어."

"나는 첫 번째 시나리오에 관심이 있어. 코칭을 받으면 뭐가 좋은지 잘 알고 있으니까 앞으로는 팀원들을 위해 코치를 초빙하는 일을 별로 주저하지 않을 거야. 특히 혼자서 해결하기 어렵다고 생각하는 문제나 자신의 이익과 무관하다고 생각하기 어려운 문제라면 더 그럴 거야." 로날드가 말했다.

"코치는 두 가지로 나뉘게 돼. 별도의 직업과 직책을 가지고 자신이 책임져야 할 조직 관리에 코칭기술을 적용하는 사람, 즉, 로날드 당신 같은 직장상사를 겸한 코치도 있고, 광범위한 이슈와 개인들을 상대해 온 전문코치도 있어. 그 둘 사이에는 차이가 있지. 전문성 수준의 차이라고 생각해."

"그래, 난 코칭에 많은 관심이 있어. 지금은 복잡한 상황을 다루는 데 필요한 경험과 기술을 갖추지 못했지만." 로날드가 말했다.

"복잡한 상황을 다루는 코칭경험과 기술은 중요하지." 리타가 말했다.

"어떤 관리자는 코칭적 접근을 통해 팀원들의 성장을 지원하려고 하지만, 조직의 이익과 코칭을 분리하지 못해서 어려움을 겪지. 또 직책상의 친밀도나 거리감 때문에 코칭을 하기에 적절한 분위기를 만들지 못해."

"친구나 가족들을 코칭할 때도 그렇지?" 앨리스가 생각에 잠겨 말했다.

"사실 그렇지. 코치와 코칭고객 사이에 다른 관계가 얽히면 불편한 상황이 돼. 그런 관계에서는 코칭을 하려면 매우 명확한 계약이 필요하고, 코칭의 내용과 범위를 분명히 정해서 코칭을 받을 사람의 동의를 받아낼 필요가 있어. 배우자나 친구가 스스로 코칭 받기를 원하는 상황이 아닐 때 코칭을 해주려고 하면, 사이가 더 불편해질 수도 있어. 내 모든 코칭경험이 그렇게 말하고 있어." 리타가 말했다.

"그런 상황에서는 어떻게 성공적으로 코칭할 수 있어? 특정 영역의 능력을 키울 필요가 있는 팀원이 있어서 내가 그를 코칭해 줄 코치를 초빙했다면, 그걸 어떤 식으로 해당 팀원에게 말해야 하지?"

"그 상황에 잠재적 문제가 하나 있어. 팀원의 업무수행이나 행동을 고치기 위해 코치를 데려왔다면 그 팀원은 시작부터 반발할 거야. 그 순간, 자길 코칭하려는 모든 시도에 저항하는 역학관계를 설정하겠지. 그 상황에서 첫 번째 시도는 그 팀원이 업무나 행동이 향상되기를 원하는지 얘기해 보는 거야."

"만약 팀원이 원하지 않는다면 어떡해?" 로날드가 물었다.

"글쎄, 왜 원하지 않는지 궁금할 것 같고, 무슨 일이 일어나고 있는지 알아내기 위해서 탐색과 질문하기를 유용하게 사용할 수 있겠지. 그게 확실한 첫 번째 단계로 볼 수 있어. 직장에서의 코칭은 결국 공식적으로 업무수행의 관리를 의미하는 거야. 초기에 올바른 대화를 나누는 게 중요해. 말하기보단 질문과 경청으로 해결할 수 있어.

그 팀원이 자신의 성장을 위해 뭐라도 하기를 원하는 상황에서는 다음 단계로 진전이 가능하지. 코칭을 제공하고 좋아하는지 살펴보는 거야. 강요하면 성과가 나기 어려워. 만약 그 사람이 코칭을 받고 싶어 하고, 자신들이 자발적으로 그 코칭과정에 등록한 것이나 마찬가지라고 생각하게 하면, 일단 출발은 성공적이라고 생각할 수 있지."

"알겠어. 초기에 코칭관계를 올바르게 설정하는 것이 정말 중요하다는 것!"

"고려할 게 더 있다면, 업무실적이 뛰어난 팀원에게 보상으로 코칭을 제공하거나 모든 팀원에게 고르게 제공해야 해. 코칭이 문제의 해결책으로써 제공된다는 생각을 바꾸는 거야."

"업무실적이 뛰어나면 그들이 왜 코칭을 원하지?" 로날드가 물었다.

"코칭은 숨은 능력을 역량으로 전환 시키는 역할도 한다는 걸 기억해. 사람들은 누구나 업무성과를 향상하거나 자신을 좀 더 계발하기를 원하지. 전혀 문제를 일으키지 않는 사람은 코칭이 필요한 대상에서 제외하는 경향이 있어. 그러면 코칭의 효과가 반감되기 쉬워. 이 문제를 좀 더 얘기해 보자." 리타가 말했다.

"끽끽거리는 차바퀴에 윤활유를 바르는 것!" 앨리스가 말했다.

"뭐라고?" 로날드가 물었다.

"어느 시에서 본 적이 있는 표현이야. 가장 시끄럽게 끽끽거리는 바퀴가 윤활유를 얻는다는 내용이야. 내가 전부 다 기억할 수 있는지 한번 낭송해볼까?"

"앨리스, 계약에 대해 좀 더 얘기하면 어떨까?" 리타가 끼어들었다.

"좀 지루해서. 지금 얘기가 아주 딱딱하고 어른들의 일로 들려. 좀 더 재미있는 이야기를 해보자." 앨리스가 말했다.

"뭐가 재미있을까?" 리타가 물었다.

"나는 게임을 좋아해." 앨리스가 뭔가 생각하며 말했다. "호텔을 짓고 임대료를 징수하는 게임 같은 게 좋아."

"그래? 그럼, 네가 친구와 게임을 하고 있는데, 각자 알고 있는 규칙이 다르다고 상상해 봐." 리타가 말했다.

"무슨 뜻이야?" 앨리스가 질문했다.

"예를 들어 볼게. 그 게임에서 너는 호텔을 지을 수 있는 허가를 받았어. 그 허가에 붙어 있는 조건은 호텔을 지을 부동산이 네 소유여야 해. 반면 너의 친구도 호텔을 지을 허가를 받았지만, 그 친구는 누구의 부동산이든 관계없이 지을 수 있어. 친구는 땅값과 건축비, 두 가지가 다 필요해서 호텔을 짓는데 돈이 두 배로 필요해. 그러니 두 호텔은 임대료가 서로 달라야 하지, 부동산 가격도 다르니까, 이런 따위의 규칙을 처음부터 명확히 정하지 않고, 게임을 하는 도중 문제가 발견되었다고 상상해 봐."

"말도 안 되지. 그러면 게임을 하다가 난리가 날 거야." 앨리스가 말했다.

"맞아. 명확한 규칙이 없는 게임은 혼란스러워. 재미도 없을 거야. 똑같은 아이디어가 코칭에도 적용돼. 규칙이 있어야 코칭이 작동하지. 우리가 코칭에서 규칙에 대해 말한 적은 아직 없지만, 어떤 방식으로 코칭이 작동해야 하는지, 그리고 각자 어떤 책임을 지녀야 하는지에 대한 합의가 필요해."

"아, 시작하기 전에 규칙을 이해할 필요가 있다는 거네." 앨리스가 말했다.

"처음 만난 새로운 친구와 게임을 하는데, 시작할 때 규칙을 확인하지 않고 그냥 시작했다고 상상해 봐. 게임은 이미 시작했는데 서로 알고 있는 규칙이 다르다면 어떻게 될 것 같아?" 리타가 말했다.

"큰 문제가 생기지. 우리는 서로 뭔가 잘못하고 있다고 생각할 거야."

"맞아. 게임을 시작하면서 너희 둘이 규칙을 정하고 서로 동의하면, 어떤 종류의 규정이 적용돼도 상관없어." 리타가 말했다.

"코칭이 시작될 때 기대하는 것이 무엇인지, 무엇에 대한 책임은 누가 지는지가 명확하다면 코칭이 쉽고 성공적으로 된다는 거네." 앨리스가 말했다.

"지금 세 명이 있다고 설명하고 있어. 코칭고객인 팀원이 있고, 도와주기 위해 데려온 외부 코치가 한 명 있고, 그리고 코칭을 허가하고 비용을 지급하는 관리자인 로날드가 있어. 그럼 코치의 코칭고객은 누구지?"

"코칭고객은 코치가 도와주려는 사람을 의미해." 앨리스가 말했다.

"그러면 누가 코치의 서비스에 대해 비용을 지불하지?" 리타가 물었다.

"관리자가 조직의 예산으로 지불하지." 로날드가 말했다.

"그래서, 코치는 누구에게 책임을 지게 돼?" 리타가 물었다.

"코칭고객일까? 아니면 관리자나 조직일까?" 앨리스도 궁금했다.

"그래. 사람마다 생각이 다르겠지. 그래서 미리 이걸 명확하게 정해 놓아야 해. 코칭서비스를 약속할 때, 관리자나 조직은 코치가 코칭고객에 대해서 책임져야 할 범위^{Scope}를 정해야 한다는 거지." 리타가 대답했다.

"범위라는 건 무슨 의미야? 만약 망원경을 의미하는 거라면, 내 방에 망원경이 하나 있어서 밤에 별을 볼 수 있거든. 때로는 밤하늘을 뒤져서 우주선을 찾아내. 그 우주선은 정말 빠르게 사라지곤 하지." 앨리스가 말했다.

"엉뚱한 이야기이긴 하지만, 그걸로도 설명할 수 있겠네. 망원경을 하늘의 어딘가를 향해 고정해 놓으면 하늘의 어느 특정한 범위를 더 많이 자세히 볼 수 있겠지?" 리타가 말했다.

"응, 나는 망원경을 한 지점에 맞추고 우주선이 나타나는지 관찰해."

"코칭에서 범위를 정하는 건 바로 그런 거야. 관심을 가져야 할 지점은 어디인지 물어보고, 코칭고객과 함께 다룰 이슈의 범위도 알아두지. 범위라는 건 코칭에서 다루기로 합의된 영역이라고 할 수 있어."

"내가 팀원의 의사소통 기술을 향상하고 싶으면, 의사소통 기술이라는 대체적인 범위에 초점을 맞춰서 코칭세션을 진행하기로 합의하는 거지." 로날드가 말했다.

"그렇지, 이런 합의는 코치에게 그 범위 내에서 명확한 재량권을 준다는 걸 의미해. 그런 사례가 있었어. 내가 코칭세션에 맞춰 코칭장소에 도착해서 보통 때처럼 코칭고객에게 코칭목표가 뭔지 물으면서 시작했어. 그 코칭고객은 새로운 일자리를 준비하는 중인데 그걸 도와줄 인터뷰 기술에 대해 코칭 받기를 원했지. 정확하게 인터뷰 기술에 대해서만 코칭해 주기를 요구했어."

"그래서 어떻게 했어?" 앨리스가 물었다.

"나는 코칭고객에게 의사소통 기술을 향상하는 것을 돕기로 이미 사전에 계약되어 있다고 설명했어. 물론 원하는 걸 도울 수는 있지만, 그가 다른 직장을 찾는 것을 돕는 대가로 그의 회사로부터 보수를 받기로 한 건 아니라고 말했어. 만약 그가 자신의 의사소통 기술에 대해 코칭받는 걸 원하지 않는다면, 솔직하게 말하라고 이야기했어. 그건 그와 함께 코칭세션을 진행할 수 없게 되는 것이라고 말했지. 그는 그렇다면 코칭을 원하지 않는다고 대답했어."

"그럼 돌아가서 관리자에게 그 상황을 말했어?" 로날드가 물었다.

"응. 나는 그가 정해진 분야에 대해 코칭을 받기를 원하지 않는다고 관리자에게 말해야 했어. 코칭고객과 진행하는 코칭대화는 비밀을 지켜야 하고, 내가 더 구체적인 내용을 말하면 코칭윤리에 어긋나는 거라서 그 이상은 말할 수 없었어. 사전에 동의 된 합의가 있으니 관리자를 찾아가 이야기할 수 있었던 거지." 리타가 말했다.

"사전에 계약을 제대로 하는 것이 중요한 걸 알겠어." 로날드가 말했다.

"그건 실제로 상당히 간단한 거야. 기본적으로 코치는 관리자와 대화를 통해 그들이 요구하는 것이 무엇인지 확인하지. 그러면 나는 관리자에게 코칭을 통해서 얻고자 하는 성과가 무엇인지에 대해 팀원에게도 알려놓으라고 부탁해. 나는 그들에게 작성할 합의서 양식을 주고 그들 모두가 서명하게 해. 그 양식에는 비밀유지 조항도 포함돼. 코치와 코칭고객 간의 대화 내용은 비밀이고 나는 전반적인 진전상황에 대해서만 관리자에게 보고할 것이라는 내용이 담겨있어. 또 계약을 무효화 되거나 해지하는 과정 등 꼭 필요한 몇 가지 규정도 포함해서 오해의 소지를 미리 없애

놓지."

"게임을 시작하기 전에 서로 규칙을 확실히 해 두는 거네?" 앨리스가 물었다.

"맞아. 부담스럽게 생각할 필요가 없어. 시작부터 투명하다는 의미야."

"매우 실용적이네. 계약이라는 게 뭘 의미하는지 명확해졌어."

"훌륭해." 리타가 말했다.

"게임의 룰에 대해서 다시금 생각하게 하네. 게임을 만드는 규칙이야. 그런 게 없이 게임은 존재하지 않았을 거야." 앨리스가 말했다.

"규칙이 있어야 한다는 것뿐만 아니라, 참여하는 모든 이가 규칙에 대해 공유하고 이해해서 규칙을 준수하며 게임을 하겠다는 합의야. 만약 누군가 규칙을 깨고 게임에서 속인다면 제대로 작동하지 않는 상황이 되지."

"코치나 코칭고객이 역할과 책임에 관해서 건강한 경계선을 지키지 않는다면 문제가 생긴다는 걸 기억해야겠어. 코칭고객의 문제를 직접 도우려 하면, 코칭고객의 역량을 빼앗고, 결국 도움이 되지 않게 된다는 것."

"도움을 받는 것을 원하지 않는 두 번째 상황으로 이동하네. 조직이 제공하는 코칭의 도움을 거절하는 상황이 있지. 코칭고객이 성장을 위해 노력하기를 원하지 않거나, 너무 큰 노력이 필요해서 엄두가 안 난다고 생각하거나, 그렇게 해봐야 자신에게 별로 도움이 안 된다고 생각하면 도움을 거절한다는 거였어.

때로는 문제를 방치하는 것이 자신에게 이익이 된다고 생각하기도 해. 문제가 생기면 그걸 통해 새로운 경험을 하게 되고 배우는 게 있다는 거지. 그 경험은 매우 귀한 거지. 또 어떤 때는 자기가 문제를 해결하거나

코칭 어드벤처

그 이상 성장할 수 있다는 걸 믿지 않는 때도 있어. 자신들에게는 그런 게 가능하다 믿지 않는 상황에 관해 이야기해 보자."

"게임으로 해보자. 맨날 말로만 하는 것보다 게임을 같이 하면 정말 재미있어. 보드게임 좋아해?" 앨리스가 말했다.

"물론이지." 로날드와 리타가 대답했다.

"나는 땅을 사서 그 땅에 집과 호텔을 짓는 보드게임이 좋아."

"내가 좋아하는 건 동물게임인데, 강과 나무들이 나와." 로날드가 말했다.

"보드게임을 하나 가지고 왔더라면 함께 할 수 있었을 텐데." 앨리스가 아쉬운 듯이 말했다.

천둥 치는 소리가 시끄럽게 나더니 갑자기 비가 오기 시작했다. 굵은 빗방울이 후드득 떨어지기 시작했고, 순식간에 점점 더 강해졌다. 또 다른 우르릉거리는 천둥소리가 이번에는 더 크게 들렸고, 번개가 치면서 하늘에 균열이 생겼다. 앨리스는 로날드와 리타를 보았다.

"비를 피할 곳을 찾아보자." 로날드가 말했다.

우르릉거리는 소리는 점점 더 커졌고 가까워졌다. 그들 위에서 섬광이 번쩍였고 엄청나게 갈라지는 균열을 보이며 번개가 내려쳤다. 앨리스는 나뭇가지가 떨어지는 것 같아서 올려다보았다. 갑자기 모든 것이 암흑으로 변했다.

11

삼각지대에 갇힌
여우

코칭관계의 역동성

앨리스가 눈을 떠보니 강에 떠 있는 나무 보트 안에 앉아있었다. '이런 이상한 일이. 앨리스, 어쩌다 여기에 와 있는 거니?' 그녀는 중얼거리며 일어서려다가 보트가 좌우로 심하게 흔들리는 바람에 거의 물에 빠질 뻔했다. 급하게 주저앉으며 난간을 움켜쥐고 배 안을 살펴봤다. 그녀가 배라고 생각한 건 사실 거대한 코코넛 껍질 반쪽이었다. 내면은 매끈매끈했지만, 조금 살펴보면 거칠거칠한 코코넛 껍질의 바깥을 볼 수 있었다.

앨리스는 중얼거렸다. '점점 더 흥미로워지는걸. 강에 떠 있는 작은 배 안에 내가 있다고 믿는 이유가 뭘까?'

그녀는 다시 한번 몸을 세워 일어서 보려고 했지만, 그 작은 배는 불안정하게 흔들렸고 덕분에 다시 물에 빠질 뻔했다. '어쩌지, 이거 큰일이네.' 앨리스는 스스로 다독이며 주위를 둘러봤다. 넓은 강의 오른쪽에 풀로 덮인 언덕 말고는 보이는 것이 없었다. 강은 고요했고 나무와 관목들로 작게 구획 지어진 제방이 보이기 시작했다. 물이 찰싹거리는 소리가 들렸다. 돌아보니 저 멀리 로날드가 우아하게 강을 헤엄쳐 내려오고 있었다. 로날드는 천천히 움직였다. 그의 지느러미는 물을 부드럽게 밀어냈다. 그는 제방 쪽을 보면서 곧 부서질 것 같은 돌멩이 파편들이 섞인 갈색 흙덩어리 앞에 섰다. 그는 한참 만에야 큰 소리로 앨리스를 불렀다.

"안녕? 앨리스!" 그가 헤엄치며 다가왔다. 앨리스는 호기심 어린 눈으로 흙이 붙어있는 돌 앞에 위태롭게 멈추는 로날드를 쳐다봤다.

'얜 뭐야?' 어딘가 익숙한 뭔가가 있지만, 앨리스는 그게 뭔지 생각해 낼 수 없었다. 다시 한번 물이 찰싹이는 소리가 들려서 앨리스는 고개를 돌렸다. 그곳에서는 리타가 그녀 뒤로 이어진 강물을 미끄러지듯 다가오고 있었다.

"무슨 일이야?" 앨리스가 소리쳐 물었다.

"우리 앨리스가 게임을 즐기고 있나? 멋진 보드가 있다고 했잖아." 리타가 어슬렁거리며 대답했다. 리타의 네 다리가 바빴지만 움직임은 부드러웠다.

"게임? 지금 게임에 들어와 있는 거야?" 앨리스가 미적거리며 물었다.

"주사위를 굴려 3이 나왔고, 4도 나왔지." 리타가 지나가면서 소리쳤다.

"나는 이제 회전목마에서 내 운을 시험해보려는 중이야."

리타는 강 아래로 사라졌다. 그 순간 앨리스는 두 명의 네모 남자가 강둑을 따라서 뛰고 있는 것을 발견했다. 그 둘은 쌍둥이 같았는데 앨리스 근처에 도착하자 멈춰 섰다.

"실례지만, 우리가 어디에 있는지 혹시 아세요?" 앨리스가 소리쳐 물었다.

코칭 어드벤처

"모르셨어요? 당신은 보드게임에서 벌써 절반이나 돌았어요." 왼쪽 네모 남자가 놀란 듯 말했다. 오른쪽 네모 남자가 덧붙였다. "이제 당신 차례예요."

"내 차례라니요?" 앨리스가 어리둥절하여 물었다.

"맞아요, 당신 차례예요. 주사위를 던질 준비가 됐나요?" 그가 물었다.

"주사위를 던질 차례라니요?" 앨리스도 반문했다.

"당신 차례죠. 자, 시작해요, 게임을 진행해야죠." 왼쪽 네모 남자가 말했다.

"그래야겠네요, 준비됐어요." 앨리스는 두 명의 네모 남자들이 허공으로 뛰어올라 공중제비를 넘는 것을 지켜봤다. 한 명이 착지하면서 양손과 두 발을 오므린 채로 몇 번 뒤뚱거렸다. 다른 한 명은 재주넘기로 굴러 다가왔다. 왼쪽 네모 남자가 '4'라고 소리쳤다. '2' 오른쪽 네모 남자도 소리쳐서 번호를 불러주었다.

앨리스는 그들이 똑바로 서서 옷에 묻은 흙을 터는 것을 웃으며 바라봤다. 왼쪽 네모 남자는 "그럼 이제 가서야죠. 당신도 회전목마로 가면 될 거예요."라고 말해줬다. "어떻게요?" 그녀가 물었다.

"2와 4는 합해서 6이에요, 제방을 따라 여섯 구획을 움직이면 돼요." 오른쪽 네모 남자가 말했다. "어떻게요? 어떻게 이 보트를 움직이게 해요?" 앨리스가 따지듯이 물었다. 두 명의 네모 남자들은 서로를 마주 보며 어깨를 으쓱했다. "어이구, 우리 아가씨, 그 노를 저으면 되지요." 왼쪽 네모 남자가 자기의 쌍둥이 형제에게 윙크하며 대답했다.

앨리스는 그제야 보트 바닥에 연한 갈색의 노 두 개가 놓여 있는 걸 알았다. '저분들은 내가 노를 젓는 방법을 모른다고 생각하네. 그렇지만 난 오래전부터 노를 저어보고 싶어 했잖아. 아니, 사실은 노 젓기라는 말이 주는 어감을 좋아한 건가.' 앨리스는 혼자 중얼거렸다.

앨리스는 보트에 무릎을 꿇고 앉아 심호흡을 크게 하면서 예전에 읽은 작은 배에 관한 이야기를 기억했다. 그리고는 천천히 8자를 그리며 노를 젓기 시작했다. 배도 천천히 강 아래로 나아갔다. 앨리스는 눈을 들어 네모 남자들을 바라봤다. 그들은 놀라서 입을 벌린 채로 앨리스를 쳐다보고 있었다.

오른편에 있는 다음 구획은 '로터리'라고 적힌 팻말이 있는 풀밭이었다. '헐!' 앨리스는 다시 중얼거리기 시작했다. 그때 그녀는 거기에서 여유롭게 헤엄쳐 다니고 있는 로날드를 발견했다.

"하이, 로날드." 앨리스가 말을 걸었다.

로날드는 어떤 문서 같은 것을 조심스럽게 들여다보면서 눈앞의 땅과 비교해보는 중이었다. "상수리 열매 60개, 값이 싸네. 그래도 그만큼의 가치가 있는 건지는 잘 모르겠어." 그가 말했다. "먼저 가고 있어, 곧 뒤따라 갈게."

앨리스는 계속해서 강을 따라 내려갔다. 오른쪽 구획들을 계속해서 세어 나갔다. 가다 보니 다 쓰러져가는 나무로 지어진 집들이 나타났다.

'여긴 어디지?' 앨리스가 중얼거렸다. 네모 남자들은 로날드의 맞은편 제방에 가 있었다. 로날드도 그 근처에서 구획들을 세는 중이었다. 앨리스는 6개의 구획을 지나 보트를 세웠다. 커다란 회전목마가 나타났다.

'재밌네. 나는 회전목마를 좋아했지. 벌써 몇 년 전이지만.' 앨리스가 중얼거렸다. 보트에서 회전목마 입구까지는 가까웠다. 회전목마의 바닥에는 다양한 단어들이 잔뜩 적혀 있었다. 앨리스는 가까이 적혀있는 단어

코칭 어드벤처

몇 개를 읽었다.

'도그하우스Dog House로 가라. 지금 바로 도그하우스로 가라. 상수리 열매 200개는 딸 수 없다. 어라, 이건 별로 좋은 뉘앙스가 아닌 걸.' 앨리스는 그 글자들을 읽으며 생각에 잠겼다.

"회전목마를 타러 오세요, 탈거죠?" 어디선가 그런 소리가 들렸다.

앨리스는 주위를 둘러보다가 콘트롤 부스에 서 있는 관리인을 발견했다.

그녀는 '도그하우스로 가라'는 글귀들을 가리키며 그에게 말했다. "저게 마음에 안 들어요."

"걱정하지 말아요. 그건 지난번에 와서 게임했던 사람의 것이에요. 당신은 행운아네요." 관리인이 말했다.

앨리스는 흔들리는 보트에서 조심스럽게 빠져나와서 단단한 흙을 밟고 섰다. 관리인이 그녀를 보고 "타세요."라고 말했다. 앨리스는 회전목마로 다가가서 올라탔다. 그녀가 타자마자 회전목마는 돌기 시작했다. 계단도 같이 돌았다. 바닥에 적혀 있던 글귀들도 같이 돌았다. 모든 것이 점점 더 빠르게 움직였다. 금세 시야가 흐려졌다. 잠시 후 돌아가던 모든 것들이 속도를 줄이기 시작했다. 앨리스도 다시 글귀들을 읽을 수 있게 되었다.

'여섯 구획 앞으로 진행하라. 그리고 250개의 상수리 열매를 챙겨라.' 글귀들은 앨리스에게 그렇게 말하고 있었다.

'이제 당신의 땅을 경작하라. 그리고 관목마다 50개의 상수리 열매를 내고, 나무하우스마다 150 상수리 열매를 내라.' 다른 글귀는 그렇게 적혀 있었다. '도그하우스로 가라'라는 글귀도 있었다.

"같은 일이 두 번 연속 일어났네요. 자주 있는 일은 아니지요." 관리인이 말했다. "제가 나쁜 소식을 전하게 돼서 유감이지만, 도그하우스로 가세요."

어디선가 사이렌 소리가 들렸다. 앨리스는 파란색과 흰색으로 칠해진 보트가 불을 번쩍이며 강을 따라 빠르게 내려오는 걸 봤다. 더욱 놀라운 건, 그 빠른 보트를 타고 있는 사람들이었다. 처음에는 두 명의 경찰관인 줄 알았다. 하지만 그들이 기슭에 내려서는 걸 보니 실제로는 독일산 셰퍼드들이 경찰 유니폼을 입은 거였다.

"아가씨, 저와 함께 가시지요." 여자 셰퍼드가 말했다.

"내가 뭘 잘못했나요?" 앨리스가 물었다.

"당신은 회전목마를 탔고, '도그하우스로 가라'에 발을 디뎠지요." 경찰관이 대답했다. 경찰관들은 앨리스를 호위해서 그녀의 코코넛보트까지 갔다. 이제 코코넛보트는 경찰의 스피드보트에 묶여 끌려가게 되었다. 얼마 지나지 않아 그들 모두는 멈춰 섰고, 앨리스는 창살 달린 나무로 만든 커다란 도그하우스를 발견했다. 방문자용 정박장 밖에는 풀이 우거져 있었다.

'리타가 올 거야, 찾아와서 내보내 줄 거야.' 앨리스는 그런 생각을 했다.

경찰관들이 도그하우스의 문을 들어 올려서 앨리스와 그녀의 보트를 들여보냈다. 앨리스는 어두컴컴한 실내를 들여다봤다. 이런! 리타는 이미 그 안에 와 있었다. 먼 쪽 구석, 눈에 잘 띄지 않는 곳에는 다른 보트도 있는 것 같았다.

"너까지!" 리타가 외쳤다. "어쩌니, 어쩌니."

"무슨 일이 일어난 건지는 모르겠어. 내가 회전목마로 갔더니, 거기서 만난 경찰관이 나를 여기로 데려왔어." 앨리스가 설명했다.

"걱정 마. 우린 곧 나갈 수 있을 거야." 리타가 말했다.

"아닐 걸." 멀리서 다른 목소리가 말했다. 앨리스와 리타는 깜짝 놀랐다.

"너희는 이제 여기에 영원히 있게 될 거야. 내 말을 믿으렴. 나도 여기 몇 년이나 갇혀 있으니까." 그 목소리가 다시 말했다. 그 소리는 보트와 노가 놓여 있는 먼 쪽의 어두컴컴한 구석에서 들려왔다.

앨리스는 그 소리가 들려오는 곳으로 다가갔다. 하지만 목소리의 주인 공을 볼 수는 없었다. "누구세요?" 앨리스는 어둠 속을 응시하며 물었다. 두 눈망울이 그녀의 눈을 바라보고 있었다. 눈 위로 쫑긋한 귀가 보였다.

"안녕?" 그녀는 다시 말을 걸었다. "난 앨리스야, 그리고 얘는 리타."

"안녕!" 목소리가 대답했다.

"누군지 물어봐도 돼?" 앨리스가 물었다.

"내가 누군지가 뭔 상관이야." 목소리가 대답했다.

"난 상관있거든." 앨리스가 부드럽게 말했다.

"내 이름은 레이나드야."

"레이나드, 만나서 반가워. 근데 넌 여기서 뭐해?"

"난 여기서 몇 년째 갇혀 있어. 누구도 나를 구하러 오지 않았거든. 날 만나러 온 사람은 전혀 없었어." 거칠게 숨을 몰아쉬며 씨근덕거리더니 곧 멈췄다. "지금까지는 말이야, 불평하는 건 아냐. 뭐 그렇다고."

"참 안됐구나, 미안, 누가 널 여기다 가뒀니?" 앨리스가 물었다.

"누구라니? 모두가 그랬지, 나를 여기 두고 떠났어." 레이나드가 대답 했다.

"세상에 그런 일이. 내가 좀 도와줄까?" 앨리스가 말했다.

"넌 안 돼."

"시도라도 해 볼게. 뭘 하면 되는지 알려줘." 앨리스가 고집을 부렸다.

"나를 여기서 나가게 해 줘, 나를 집에 보내줘."

"물론 그래야지, 그렇게 해 줄게. 걱정하지 마." 앨리스가 말했다. 이제 목표가 확실히 정해져서 좋다고 생각했다. 앨리스는 주위를 둘러보고 도그하우스를 점검하기 시작했다. 그녀가 들어왔던 그 문은 완전히 잠겨 있었다. 작은 창문이 하나 있고 그 창문에는 창살이 박혀 있었다. 창문 밖으로는 강물에서 첨벙거리는 물체와 그것을 맹렬하게 추격하는 네모 남자들이 보였다.

'로날드일 거야.' 앨리스는 생각했다. 다행히 로날드는 아직 안전했다.

벽은 견고했고 바닥과 천장도 그랬다. 앨리스는 리타를 쳐다봤다. 그녀는 등껍질 속으로 움츠러들어 있었다. 그건 '나도 몰라'라는 몸짓으로 생각되었다.

"그치, 내가 말했잖아. 옴짝달싹하지 못해." 레이나드가 움직이며 말했다. 그 움직임 덕분에 앨리스는 오렌지빛 털을 볼 수 있었다. 레이나드는 한 발 한 발 다가왔다. 그가 빛 아래에 서자 앨리스는 오렌지와 흰색 털이 섞인 더러운 여우의 모습을 볼 수 있었다. '불쌍해라.' 앨리스는 측은한 마음이 들었다.

"우린 여기서 나갈 수 없어." 레이나드는 다시 말했다.

"나갈 거야." 앨리스가 응수했다. "나가는 방법을 알아."

"어이구, 그러서? 진짜로? 한번 해 봐." 레이나드가 거친 소리로 대꾸했다.

"근데, 아직은 모르겠어." 앨리스가 대답했다.

"그치, 모르지, 모르잖아. 넌 도와줄 거라고 말했지. 하지만 실제로는

코칭 어드벤처

어떻게 해야 나갈 수 있는지 모르는 거잖아."

"미안해. 어떻게 할지 알았으면 좋겠어. 난 도그하우스에서 도망치는 건 잘 못 해. 한 번도 해본 적이 없어."

"한 번도 해보지 않고서 근데도 여기 와서 나를 꺼내주겠다고? 나를 집에 보내주겠다고! 그렇게 약속을 했단 말이지!" 레이나드가 외쳤다.

"어쩌지, 어쩌면 좋지? 미안, 실망시켜서 미안." 앨리스는 당황해서 말했다.

"그래, 넌 날 실망시켰어! 하지만 뭐 괜찮아, 난 내내 절망한 상태였으니까. 난 절망에 익숙해." 그는 그렇게 내뱉으며 어두운 구석으로 돌아갔다.

"딱하기도 해라." 도울 수 없을 거라는 생각을 하며 앨리스가 말했다. '불쌍한 레이나드. 그렇게 살고 있었다니. 다른 사람들에게 실망하고, 자신은 여기에 갇혀있다니. 도움이 필요해.' 앨리스 자신은 도움이 안 되고 있었다.

"레이나드, 그렇게 화내지 마. 내가 어떡해서든지 널 여기서 내보내 줄게."

"그냥 내버려 둬. 날 도우려 하지 않는 게 더 낫겠어. 그게 날 위한 거야." 레이나드의 목소리가 어둠 속에서 들려왔다.

'헐! 나는 도우려 하는 데 그는 도움을 원치 않는다니!' 앨리스는 당황했다.

"그래, 네 말이 맞아. 아마 널 돕지 않는 게 최선일 거야. 너는 확실히 외골수고, 도움을 원하지 않지. 이기적인 여우야." 앨리스는 마음이 언짢아졌다.

구석으로부터 훌쩍이다가 투덜대다가 다시 흐느끼는 소리가 들려왔다.

'불쌍한 레이나드. 불쌍해라.' 앨리스는 바닥에 털썩 주저앉았다. 눈물이 방울방울 뺨을 타고 흘러내렸다. 구석진 곳에서 훌쩍이고 있는 여우가 애처로웠다. 눈물이 계속 흘러내렸다.

"그만 훌쩍거려!" 구석에서 레이나드가 소리쳤다.

"슬프잖아." 앨리스가 훌쩍이다가 울어버리자 뺨을 타고 내린 눈물은 바닥에 웅덩이를 만들어 냈다.

"왜 화가 났을까? 앨리스." 리타가 앨리스 옆에 앉으며 소곤소곤 물었다.

"난 무용지물이야. 여기 몇 년째 갇혀있는 레이나드가 불쌍해. 걔는 모두에게서 버림받았대. 도와주고 싶어." 앨리스도 목소리를 낮춰 대답했다.

"레이나드를 도울 수 있다고 생각하니?" 리타가 물었다.

"그게 무슨 뜻이야?" 앨리스가 되물었다.

"네가 이 상황에서 그를 도울 수 있다고 생각하느냐고!"

"응, 그가 여기서 내보내 주기를 원한다면." 앨리스가 대답했다.

"그렇게 해줄 힘이 있는 거야? 네가 그렇게 해줄 수 있어?" 리타가 물었다.

"아니. 내가 그렇게 해줄 수 있다고 생각하는 건 아냐. 나갈 수 있는 확실한 방법은 모르겠어." 앨리스가 대답했다.

"그렇다면, 레이나드가 원해도 너는 도울 수는 없는 거네." 리타가 말했다.

"하지만 쟤는 화가 나 있어. 애처롭잖아. 격려라도 해주고 싶어." 앨리스가 망설이며 말했다.

"레이나드가 격려해주기를 원하는 것 같니?" 리타가 또 물었다.

"물론이지, 그는 화가 나 있거든." 앨리스가 말했다.

"그래, 화난 상태지. 하지만 그가 격려해주기를 원하는지는 어떻게 알지?"

"응, 그건, 아빠가 항상 말했는데, 서로 도우려고 애써야 한대. 엄마는 우리가 긍정적이어야 한댔어. 그래서 나는 내가 할 수 있는 걸 추측해본 거야."

"아, 뭘 했다고?" 리타가 물었다.

"추측했다고! 아, 그렇구나, 네가 말하려는 건, 레이나드가 격려해주길 원할 거라고, 나 혼자만의 추측이었다는 거였구나. 레이나드가 진짜로 그렇게 원하는 게 아니라." 앨리스가 생각에 잠기며 말했다.

"그렇지, 바로 그거야. 내가 보기엔 지금의 너와 레이나드 사이에 있었던 상호작용에 대해 도움이 될 모델을 얘기해줄 때네." 리타는 도그하우스 바닥의 먼지 위에 발로 그림을 그리기 시작했다.

"드라마에서 볼 수 있는 삼각관계 같은 거야. 카프만Karpman의 삼각형이라고 부르는 모델이지. 코칭관계에서도 그런 드라마틱한 역할들이 나타난다는 거야. 실제로 코칭만이 아니라 어떤 상황에도 적용 가능해. 그게 개인 간의 관계이든 전문가들 사이의 관계든 말이지."

"재밌겠네. 추측하건대 그 삼각형은 우주선은 아니겠지?" 앨리스가 말했다.

"응, 우주선은 아니야." 리타는 삼각형의 각 꼭짓점마다 조난자, 구조자, 박해자라고 썼다. "드라마 트라이앵글은 교류분석[5]이라는 행동모델

---

5   1958년 번(Berne, E.)과 해리스(Harris, T.)에 의해 개발되고 일반화 된 상호의존 관계모델.

에서 가져왔지. 이 모델은 입장이 서로 다른 사람들의 상호의존관계를 보여주고 있어. 여기서 설명하는 세 가지 상황은 사람들이 세상을 보는 방식이야."

코칭에서의 역학관계

구조자   박해자

조난자

드라마 트라이앵글

"아, 그렇게 생각지도의 한 부분이 되는 거야?" 앨리스가 물었다.

"그런 셈이지. 다만, 이것들은 거의 자동화된 패턴이라는 걸 기억해야 해. 이 세 가지는 사람들이 무의식중에 위치하는 상황이거든.

세 가지 입장 중 구조자의 입장은 어려운 상황에 놓인 사람을 도와주려 할 때 나타나는 속성이야. 구조자는 어려운 상황에 놓인 당사자보다 더 많이 관여하게 돼. 구조자는 도와달라는 요청 자체가 없어도 도와주려하는 경향이 있어. 도움이 필요치 않을 때도 도우려 하고, 구조자의 생각대로, 자기 방식대로 도우려 한다는 거야. 그렇게 되면, 조난자는 구조자의 행동을 고마워하지 않으니까, 가치를 인정받지 못하고, 그래서 분개하는 상황이 발생하게 돼.

조난자가 보기에는 제 3자인 구조자가 나타나서 취약한 게 뭔지, 어떤

코칭 어드벤처

권한을 가졌는지에 대해 구조자 마음대로 생각하고 행동한 거야. 구조자가 책임지지도 않은 일에 참견한 거지. 구조자 자신이 그 상황을 변화시킬 힘이 있는지 없는지도 모르면서 돌봐 주려 한다고 보는 거야. 구조자의 행동이 도움이 안 되면 조난자는 그 구조자에 대해 실망하거나 당황하거나, 혹은 학대를 당하기도 해. 여기까지 이해할 수 있겠니?"

앨리스는 고개를 끄덕였다. "왜 이 얘기를 들려주고 싶었는지 알 것 같아." 앨리스는 자기가 레이나드에게 말했던 내용을 곱씹어보며 말했다.

리타는 다시 얘기하기 시작했다. "아주 가끔 조난자는 구조자가 도와주지 않았다는 느낌을 느끼기도 해. 구조하려다가 박해를 하는 경우가 생겨서 구조자에서 박해자 입장으로 전이되는 경우야. 박해자가 되어서, '이렇게 어려움에 놓인 건 전부 네 잘못이야!'라고 조난자를 비난해. 그러면서 조난자를 지배하고, 위에서 내려다보면서 좌지우지하려 들고, 흠잡으려 하거든. 그러면서도 실제로는 문제를 해결하지 못하거나 다른 사람이 문제를 해결하는 것도 도와주지 않게 만들기도 해.

이 시점에서, 앨리스, 이거 하나 물어볼게. 구조자-조난자-박해자의 상황을 이해했다면, 네가 레이나드에게 취한 행동은 그중에서 어떤 것이었을까?"

"나는 그냥 바로 뛰어들어서 내가 구해주겠다고 했어. 레이나드에게 미안하네. 나는 그가 약자라고 생각했어."

"맞아. 그건 아주 너만 생각한 행동이었다고 평가될 수 있어. 잊지 말아야 할 건, 너는 너 자신을 위해서 그런 태도를 보인 건 아니라는 거지. 네가 도와준 게 있거든." 리타가 말했다.

"그건 무슨 뜻이야?" 앨리스가 물었다.

"레이나드가 처음에 말하기 시작한 걸 기억해 봐. 그의 입장은 뭐였지?"

"아, 알았다. 레이나드는 완전히 조난자 입장이었어!"

"그래. 정확해. 조난자는 누군가 다른 사람이 나타나면 그를 구조자라고 생각하는 경향이 있어. 물론 그 사람에게 꼭 그래야 하는 의무는 없는데도 말이야. 반면 누군가를 구해주고 싶어 하는 경향이 있는 사람이라면 조난자의 출현은 자신의 선한 의지를 과시하는 계기가 되는 거지."

"알았다. 나는 그저 레이나드를 위해서 그런 상황을 개선하고 싶었던 거야. 내가 할 수 있는 모든 걸 다 해주고 싶었던 거야." 앨리스가 말했다.

"그렇지!" 리타도 말했다.

"돕는다는 건 참 좋은 일이야, 그렇지? 구조자 입장이 되는 건 그리 나쁜 것만은 아니잖아."

"우린 돕는 것과 구조자 입장이 되는 것을 구분해야만 해. 돕는다는 건 사려 깊고 친절한 일이지만, 그건 그들이 도움을 원하고, 그 도움이 실제로 도움이 되어야 하는 조건을 지니고 있지. 그러나 구조자 입장은 건강하지 못한 자세야. 상대방보다 구조자 자신 위주의 입장이기도 해. 구조자가 이 포지션을 취할 때는 자기 필요를 충족시키려 할 때거든. 자기만족이나, 다른 사람들보다 나은 사람이라는 우월감이 앞설 수 있지.

만약에 누굴 구조한다고 하면, 곤궁에서 구해내기 위한 모든 행위가 그 조난자를 위한 것이어야 돼. 근데 구조하고 나면, 그럴 힘이 있는 걸 느끼며 영웅이 된 것 같지. 이런 기분이 도와준 사람에게 전달된다면 어떨 것 같니?"

"좋지는 않겠지. 그들은 여력이 없잖아. 그럴 힘도 없을 테고, 그치?"

"그렇지, 정확히 그런 거지. 자 그럼, 지금은 어때? 여전히 그냥 돕겠다고 말할 거야?" 리타가 물었다.

"아니, 아니야. 그렇게 하는 게 그들 자신을 약하게 하고, 더 의존적으로 만드는 걸 알았어. 전에는 미처 생각하지 못했었어." 앨리스가 덧붙여 말했다.

"돕는다는 게 어떤 때는 도움이 안 되기도 해. 도움 자체는 도와주는 게 아니야. 조난자의 입장에는 계속해서 상황이 악화하는 거지."

"이제 알았어. 그래서 코치나 코칭고객의 역할에 대해 아주 세심하게 이해해야 하는 거였어." 앨리스가 말했다.

"물론 코칭이든 아니든, 일반적인 관계 속에서 이 문제가 발생하는 경우는 많지 않아. 그러나 일단 문제가 발생하면 문제가 매우 심각하게 얽히게 돼."

조금 더 얘기해보자. 레이나드가 뭐라고 말했는지 기억나니? 네가 뭘 해야 할지 모른다고 말했을 때 말이야."

"레이나드는 내가 무용지물이라고 비판적으로 말했지." 앨리스가 대답했다.

"거기서 조난자의 입장이 박해자로 옮겨갔지. 그렇게 되니까 네 입장도 영향을 받게 되고, 그렇지?"

"난 그때 무력하고 도움이 안 된다는 생각을 하게 되더라고." 앨리스는 고개를 끄덕였다.

"네가 조난자 같은 기분이 들었겠어. 그게 현장에서 관찰되는 전형적인 휘둘림이야. 원래의 조난자가 구조자를 박해하고 조난자로 만드는 거지. 그래서 구조자-조난자 관계 대신에 새롭게 조난자-박해자 전환이 이뤄지게 돼. 결국. 우리는 레이나드가 다시 조난자로 돌아가고, 너는 구조자로 다시 가게 되는 걸 봤지. 휘둘림은 그렇게 반복된단다."

"그래, 그래. 결국, 레이나드는 조난자 입장으로 돌아가고 나는 박해자가 되었네. 걔한테 화가 났어. 내 도움을 원하지 않는다고 하더니 혹평하기 시작하고, 자기 자신을 비난하더라니까." 앨리스가 말했다.

"그런 순환이 일어나는 거야. 때로는 아주 반복적으로 계속되기도 해. 사람들은 관계 속에서 존재하거든. 그 순환 관계에 갇히기도 하지. 상호 유동적인 입장으로 바뀌지만, 실제로는 아무것도 안 변하고, 그냥 그 속에 있는 거라고 말할 수도 있어." 리타가 말했다.

"뭐가 정답일까. 어떻게 복잡한 걸 피해갈 수 있을까?" 앨리스가 물었다.

"글쎄, 특정한 상황이 되면 거기에서 자기 역할을 자연스럽게 찾아서, 그 입장으로 바뀌는 경향도 있어. 네가 서둘러 구조자 입장에 빠져든 것처럼 말이야.

너는 누군가가 조난자 입장이라면, 무심결에 당연히 구조자 입장이 되는 패턴에 익숙하다는 거야. 물론 사람마다 성향이 다르겠지. 코칭은 도와주는 활동이라 쉽사리 조난자-구조자라는 관계 속에 빠져들게 되거든.

이렇게 자기인식을 하는 게 첫 단계가 되는 거란다. 물론 코칭고객이 조난자 입장이라는 건 더 큰 주제가 되지."

"더 큰 주제라는 건 어떤 의미야?" 앨리스가 물었다.

"코칭주제로 내놓는 어떤 도전이나 문제도, 코칭고객이 조난자 입장이라면, 자기가 해낼 수 없다고 느끼거나 아예 무기력하다고 생각하고 있는 경우라는 거지. 그렇게 되면 해결하기 위해 이러저러한 시도를 해보는 것 자체를 싫어하는 상황이 되거든. 스스로 노력이나 행동을 하게 하는

　　　　　　　　　　　　　　　　　　　　　　코칭 어드벤처

데까지 나아가는 게 쉽지 않아. 그래서 주제를 풀고 성과를 내는 게 어렵 게 되지."

"첫 번째 단계가 코칭고객에게 조난자 입장이 되지 않게 하는 걸까?"

"딱히 그렇게 말하기는 어려워. 조난자 입장에 이미 가 있는 사람은 무력감을 느끼고 있거든. 그런 사람한테 그러지 말라고 하는 건 박해자가 되겠다는 걸 수도 있잖아. 물론 어조에 따라 좀 다르겠지만 말이야. 그 상황에서는 스스로 참여하게 하는 게 우선이지. 참여해 보니 뭔가 달라지는 걸 볼 수 있어야 가능해. 코칭고객 스스로 뭐가 어떻게 되고 있는지 깨닫게 되면 주인의식을 가지고 상황을 바라볼 수 있거든. 코치는 일단 코칭고객이 그 상황이 되도록 하는 게 우선이야."

"아, 알았다. 그런데 코칭고객은 자기가 상황을 나아지게 할 수 있다거나, 주인의식을 가져야겠다고 생각하지 않고 있는데, 코치의 질문으로 그게 가능할까?" 앨리스가 물었다.

"가능하지! 나는 그들이 주인의식을 가지고 상황을 나아지게 할 수 있다고 생각하고 인정하며 시작하거든. 그게 그들이 생각하는 진실이라고 받아들여. 상황이 더 나빠지는 건 어떻게 되는 건지 코칭고객에게 묻기도 해."

"상황이 더 나빠지다니? 왜 그렇게 되는 건데?" 앨리스가 놀라서 물었다.

"그러게. 대부분 실제로 상황을 더 나쁘게 만들기도 하는데 만약 그렇다면, 그건 그들이 그 상황에 영향을 미칠 수 있다는 걸 의미해. 다시 말하면, 아직 모종의 힘이 있다는 거야. 악화시키는 방법을 찾아낸다면, 더 좋게 하는 방법도 찾아낼 수 있어. '악화시킨다'는 아이디어는 가끔 더 낫게 만드는 해법을 담고 있지."

도그하우스 구석에서 소리가 났다. "거기서 너희 둘이 뭘 소곤대는 거지?" 레이나드의 목소리가 어둠 속에서 들려왔다.

"우린 널 어떻게 도와줄지 얘기하는 거야." 리타가 대답했다.

"그치만, 내가 기억하기론 이미 돕지 못할 거라는데 동의한 거로 아는데." 레이나드가 대꾸했다.

"나도 그 얘길 하려고 했어. 우리가 도울 수 없다고 넌 확실히 말하잖아, 그래서 우린 도울 수가 없어." 리타가 말했다.

"그렇군, 최소한 우린 한 가지 동의하는 게 있네." 레이나드가 말했다.

"난 동의하지 않아. 하지만 어쩔 수 없다는 네 생각은 인정할게. 난 네 뜻을 존중하거든." 리타가 말했다.

"무슨 소리야? 넌 동의하지 않는다니?" 레이나드가 물었다.

"그건 별로 안 중요해. '너'란 존재하고, '넌 도움을 받을 수 없다'는 게 문제야. 아무것도 할 수 없고, 아무도 도와줄 수 없다는 거지."

침묵이 흘렀다.

"하지만 진심으로 그렇게 생각하는 건 아니지?" 레이나드가 물었다.

"물론 아니지. 하지만 네가 그렇게 생각하면, 우리가 그걸 바꿀 순 없거든. 너를 돕는 걸 넌 원하지 않는다는 걸 인정하는 수밖엔 없어." 리타가 말했다.

도그하우스에 새로운 침묵이 흘렀다.

"사실은 도와주면 좋겠어." 레이나드가 조용히 말했다.

앨리스도 조용히 미소를 지었다. 그들 모두는 한 가지 공통의견에 도달했다.

"아니지, 너는 그냥 그렇게 말해야 할 것 같아서 그렇게 말하는 거잖

코칭 어드벤처

아." 리타가 말했다.

앨리스는 놀라서 숨이 막히는 것 같았다. '뭐라고? 리타가 뭐라고 말하는 거야? 레이나드는 도와줬으면 좋겠다고 말했는데, 리타는 레이나드가 진심이 아닌 거 같다고 부정하고 있다니!'

"아니, 나는 도움이 필요해." 레이나드가 말했다.

"그게, 너를 믿지 못하겠어. 믿을 수 있는 근거가 없잖아." 리타가 말했다.

"도움이 필요해. 난 불행해. 그리고 난 완전히 혼자야." 레이나드가 말했다.

"알겠어. 그 말을 들으니 참 안됐네." 리타가 말했다.

"그래." 레이나드도 인정했다.

"우리가 들어와서 같이 있는데도, 넌 외롭구나." 리타가 말했다.

"외로워, 맞아, 외로워." 레이나드가 말했다.

"하지만 너는 외로워도 아무것도 할 수 없구나." 리타가 말했다.

"그래." 레이나드가 고개를 끄덕였다.

"참 안됐네. 외롭다는 건 정말 끔찍한 거야."

다시 정적이 흘렀다.

"내가 그리로 가도 될까?" 레이나드가 물었다. 어둠 속 그의 얼굴에 조금 빛이 비치기 시작했다.

"그거야 네 맘이지. 우리와 얘기하고 싶다면, 이리로 와. 그러면 우리도 당연히 환영하지." 리타가 말했다.

레이나드가 어둠에서 나와 리타와 앨리스 쪽으로 걸어왔다. 레이나드는 오렌지와 흰색의 털로 덮여 있었고, 발을 질질 끌며 걷고 있었다.

12

레이나드

어려운 코칭고객

앨리스, 리타, 레이나드는 각자 왜 거기에 있는 건지, 어떻게 빠져나갈 수 있는지 궁리하며 말없이 도그하우스를 살펴보기 시작했다.

"전혀 모르겠어."라고 앨리스가 말했다. 모두들 그렇게 생각하고 있었다.

"얘기나 할까?" 리타가 물었다.

"내가 왜 외로운지 알고 싶어?" 레이나드가 말했다.

"그 얘기 하고 싶은 이유가 뭔데?" 리타가 다시 물었다.

"바꿔보고 싶어. 더는 외로이 지내고 싶지 않아. 나는 여기에 갇히기 전부터도 외로웠거든. 나는 친구들과 함께 이 보드게임을 한 것도 아니야. 나 혼자서 하고 있었어." 레이나드가 대답했다.

"어떻게 변했으면 좋겠니?" 리타가 물었다.

"더 이상 외롭지 않게!" 레이나드가 말했다.

"'그렇다면 뭘 원하니?" 앨리스가 물었다.

"아, 그건. 나도 친구가 있으면 좋겠어." 레이나드가 대답했다.

"왜 친구가 없지?" 앨리스가 물었다.

"아무도 나를 좋아하지 않아서. 걔들은 나하고 같이 지내는 걸 싫어해."

"그렇다면, 어떻게 하면 친구가 생기겠니?" 리타가 물었다.

"방법이 없어, 방법이 전혀 없다고." 레이나드가 대답했다.

"친구가 생기려면 어떻게 해야 할까? 어떻게 하면 남들이 널 싫어해?" 리타가 물었다.

"그게 무슨 말이야?" 레이나드가 되물었다.

"그러니까, 어떻게 하면 남들이 싫어하기 시작하냐고."

"나도 잘 몰라."

"그럼, 사람들이 널 더 싫어하게 하려면 어떻게 하면 돼?" 리타가 또 물었다.

"무례해지고, 거짓말을 좀 더 많이 하고, 내 이익을 위해 남들을 이용하고, 뭐든 그들 탓이라고 하면 되겠지." 레이나드가 대답했다.

"그게 더 싫어하게 하는 거라면, 좀 더 좋아하게 하려면 뭘 해야 하는데?"

"뭘 말하는지 이제 알겠네. 조금 덜 무례하고, 거짓말하지 말고, 남을 이용하지 않으면 된다는 거구나." 레이나드가 말했다.

"'무례하다'의 반대말이 뭐지?" 리타가 물었다.

"그러니까, 그게. 친절하다?" 레이나드가 말했다.

"남들을 이용하지 않는다면 어떻게 그들과 관계를 이어나갈 수 있겠니?"

코칭 어드벤처

"그게, 으음. 나는 단지 정직하면 된다고 생각해." 레이나드가 말했다.

"그치! 맞아! 정직하면 돼. 친절해지고, 진실하고 정직하게 행동하면 돼."

"알았어." 레이나드가 대답했다.

"지금까지 하던 습관은 어떻게 멈추게 할까?" 리타가 물었다.

"내가 정직하고 진실만 말하는 것으로는 나를 좋아하지 않을지도 몰라."

"그건 또 무슨 말이야?" 리타가 물었다.

"난 특별히 용감하거나 영리한 여우는 아니야. 그래서 그들이 나를 좋아하지 않을지도 몰라."

"그래서 대신에 무례하고, 거짓말하고, 남을 이용하는 게 더 안전하다고 생각했군. 그러면 널 좋아하지 않을 거라는 건 이미 알잖아. 너의 주인은 너야."

레이나드는 숨이 막혔다. "아무도 내게 그렇게 말한 적은 없었어."

"네가 나한테 무례하고 만사에 나를 탓했을 때, 나도 네 근처에 있기 싫었어. 그건 상대방을 밀어내는 아주 효과적인 방법이야." 리타가 말했다.

레이나드는 쓸쓸하게 쳐다봤다. "그런 식으로는 생각해 본 적이 없어."

"그랬을 거야. 이런 식으로 자신을 들여다보려면 대단한 용기가 필요해. 재밌는 건 네가 나한테 솔직한 그 순간, 난 너를 더 좋아한다는 거지."

"그게 정말이야?" 레이나드가 물었다.

"나도 그랬어. 네가 솔직해지니까 훨씬 멋있어." 앨리스도 말했다.

"내가 이렇게 좋아하는 게 바보 같지 않아?" 레이나드가 물었다.

"전혀! 우린 살아가는데 각자 다른 어려움이 있어. 상황을 악화시키는 건 그걸 해결하려고 시도할 때 나타나기도 해." 리타가 대답했다.

"내가 무례하게 굴고, 그들을 이용한 건, 그들이 나를 좋아하지 않는 상황을 해결하려는 데에서 나왔다는 거지?" 레이나드가 말했다.

"이제 무슨 일이 일어나고 있었는지 알겠지?" 리타가 말했다.

"그런 거 같아. 내가 그렇게 하겠다고 결심한 기억은 없지만." 레이나드가 말했다.

"내가 알기로는 아주 무의식적인 거야. 그게 너 자신을 위한 방어기제라는 걸 미처 알아차리지 못하고 있었어. 네가 어릴 때부터 자라오면서 무의식적으로 학습한 거지. 중요한 건 이제 그걸 알았다는 거야." 리타가 말했다.

"응, 이제는 알아. 아직도 궁금한 건 그래서 앞으로 어떻게 해야 할지야. 나는 내가 어떻게 하는 게 솔직하고 친절한 건지 잘 모르겠어."

"그럼 언제 그것에 대해 자유롭게 얘기 나눠보자. 네가 그 여정을 시작할 준비가 되면 같이 앉아서 그 얘기를 할 수 있어." 리타가 말했다.

"고마워. 너희 둘 다 정말 고마워." 레이나드가 말했다.

앨리스와 리타는 고개를 끄덕였다. 뭐라 말하려는 순간 도그하우스의 문 쪽에서 열쇠를 돌리는 소리가 났다. 문이 열렸다. 밝고 환한 빛이 문으로부터 쏟아져 들어오더니, 두 명의 세퍼드와 로날드가 도그하우스로 들어왔다.

"정말 믿지 못하겠네! 5가 두 번 나와서 나를 아주 근사한 나무하우스 밖으로 나오게 하더라고, 난 상수리 열매 150개를 지불 했는데 말이야. 그리고 2가 두 번 나와 복권에 당첨돼서 상수리 열매 200개를 땄어. 다시

4가 두 번 나오는 바람에 갑자기 이 경찰관들이 나타나서 날 여기로 데려 왔네. 내가 무슨 짓을 한 건지 모르겠어." 로날드가 머리를 흔들면서 빠르게 말했다.

로날드는 앨리스와 리타, 레이나드가 도그하우스에 앉아 있는 걸 바라 보았다.

"안녕? 넌 왜 여기 잡혀 왔니?" 그가 물어보면서 레이나드를 쳐다봤다.

"난 로날드야." 그는 얇은 지느러미를 여우에게 내밀었다.

"난 레이나드야."

"여기에 모두 모이게 됐군. 얼마나 오래 여기에 있었어?" 로날드가 물 었다.

"난 여기 갇힌 지 아주 오래됐어." 레이나드가 신음하듯이 말했다. 그 리곤 급하게 덧붙였다. "하지만 뭐, 널 만나서 반가워."

"나도 널 만나서 반갑다. 우리가 여기서 나가는 방법을 찾을 수 있으면 좋겠네." 로날드가 말했다.

"도그하우스를 천장부터 바닥까지 살펴보자. 혹시 벽에 구멍 같은 거 라도 있는지 말이야." 앨리스가 말했다.

"구멍이라곤 전혀 없어." 레이나드가 말했다.

"그래도 확인해보자. 미처 못 본 구멍이 있을지도 몰라." 앨리스가 우 겼다.

레이나드는 흥얼거리기 시작했고, 곧 노래가 되었다.

벽에는 구멍이 없단다, 앨리스, 앨리스.

벽에는 구멍이 없단다, 앨리스, 앨리스.

앨리스도 노래를 부르기 시작했다.

그럼 하나 만들면 된단다. 레이나드, 레이나드, 레이나드.

그럼 하나 만들면 된단다. 레이나드, 레이나드, 하나 만들자.

우리가 뭘로 구멍을 만드니, 앨리스, 앨리스.

우리가 뭘로 구멍을 만드니, 앨리스, 뭘 가지고?

네겐 발톱이 있잖니, 레이나드, 레이나드, 레이나드.

네겐 발톱이 있잖니, 레이나드, 레이나드, 네 발톱 말이야.

내 발톱은 너무 무딘걸, 앨리스, 앨리스.

내 발톱은 너무 무딘걸, 앨리스, 앨리스, 너무나 무뎌.

그럼 갈아내자, 레이나드, 레이나드, 레이나드.

그럼 갈아내자, 레이나드, 레이나드, 발톱을 갈자.

뭘로 갈아내지? 앨리스, 앨리스.

뭘로 갈아내지? 앨리스, 뭘로 해보니?

돌이 있잖니, 레이나드, 레이나드, 레이나드.

돌이 있잖니, 레이나드, 레이나드, 돌로 해보자.

돌을 어디서 찾는다는 거니, 앨리스, 앨리스?

돌을 어디서 찾는다는 거니, 앨리스, 어디서 찾니?

바닥에 있을 거야, 레이나드, 레이나드, 레이나드.

바닥에 있을 거야, 레이나드, 바닥에 있지.

바닥은 너무 어둡단다. 앨리스, 앨리스.

바닥은 너무 어둡단다. 앨리스, 너무나 어두워.

그럼 빛을 찾지 뭐. 레이나드, 레이나드. 레이나드.

코칭 어드벤처

그럼 빛을 찾지 뭐, 레이나드, 빛을 찾자.

빛이 어딨다니, 앨리스, 앨리스.

빛이 어딨다니, 앨리스, 빛은 어디에?

벽 구멍에서 빛이 보일 거야, 레이나드, 레이나드.

벽 구멍에서 빛이 보일 거야, 레이나드, 벽 구멍.

벽엔 구멍이 없지, 앨리스, 앨리스.

벽엔 구멍이 없지, 앨리스, 구멍이 없는 벽.

"우리에겐 탈출구가 없다는 걸 깨닫게 됐군." 로날드가 중얼거렸다.

"조용, 그 노래를 다시 듣고 싶진 않아." 리타가 머리를 감싸 쥐며 말했다.

"난 사실 즐거웠는데." 앨리스가 레이나드에게 윙크를 하며 말했다.

"그런다고 나가게 되는 건 아니잖니. 너희가 왜 여기에 있게 됐는지 아직 못 들었어. 무슨 일이 있었니?" 로날드가 물었다.

"우린 둘 다 회전목마에 도착했어. 그리고 거기서 도그하우스로 가라는 명령을 받았지." 앨리스가 말했다.

"레이나드, 너는? 우리도 네가 어떻게 해서 여기에 왔는지 못 들었네." 리타가 물었다.

"나는 '도그하우스로 가라'고 적힌 칸에 도달했어." 레이나드가 말했다.

"도그하우스에서 나가는 방법을 기억하는 사람은 없니?" 로날드가 물었다.

"예전에는 알았는데, 지금은 기억이 나지 않아. 잊어버렸나 봐." 앨리스가 말했다.

"로날드, 넌 왜 여기로 오게 됐지? 너는 회전목마에 간 적도 없고, '도그 하우스로 가라'는 칸에 멈춘 적도 없는데, 무슨 일이 생긴 거야?" 레이나드 가 물었다.

"잘 모르겠어. 주사위 두 개 모두 5가 나왔고, 아주 멋진 트리하우스에 갔거든. 거기서 다시 두 개를 던졌더니 또 두 개의 주사위에서 같은 수가 나왔고 복권 코너에 가게 됐어. 그리고 주사위를 다시 던졌거든, 그랬더 니 경찰들이 나를 잡았어."

"가만, 두 개의 주사위를 던졌더니 세 번 연속해서 같은 수가 나왔다는 말이지?" 레이나드가 확인차 물었다.

"응. 세 번 연속 같은 수."

"아, 그럼 그게 널 여기 갇히게 한 거네. 게임 규칙에 그렇게 하면 도그 하우스로 간다고 정해져 있어." 레이나드가 말했다.

"그거야!, 바로 그거야!" 앨리스가 흥분해서 소리쳤다.

"그게 뭔데?" 로날드가 물었다.

"도그하우스에서 나가려면 두 개의 주사위를 던져서 다시 한번 모두 같은 수가 나와야 해. 바로 그거야. 근데 어딨지?" 앨리스가 물었다.

"누구 말이야? 경찰관?" 레이나드가 물었다

"공중제비 넘는 네모 남자들 말이야." 앨리스가 말했다.

"내 기억으로는 그들은 바깥 풀밭에 앉아 있던데." 로날드가 말했다.

앨리스는 고개를 창살 밖으로 내밀었다. "여보세요, 주사위맨 네모 아 저씨, 거기 계세요?" 그녀가 소리쳤다.

덜커덕 소리가 나더니 네모 남자 한 명이 뒤뚱뒤뚱하면서 나타났다. '4' 그가 외쳤다. 다른 네모 남자가 공중제비를 하면서 나타났다. 그리고 잠시 후 소리쳤다. '3'.

"나가고 싶으면 다음 차례를 기다려야겠군." 첫 번째 네모 남자가 큰 소리로 말했다.

"다른 분도 해주세요." 앨리스가 말했다.

"나도 해 볼래, 내 차례야." 로날드가 네모 남자들에게 소리쳤다.

그들은 펄쩍 뛰어올라 재주넘기를 시작했다. "6하고 1, 역시 나가고 싶으면 다음 기회를 기다려야겠어."

"나도 할래, 내 차례야!" 레이나드가 나서서 소리쳤다.

'5', 첫 번째 네모 남자가 말했다. '5' 두 번째 네모 남자도 번호를 불러 줬다. 도그하우스의 문이 활짝 열리더니 세퍼드가 나타났다. "이제 자유롭게 가도 돼." 세퍼드는 레이나드를 바라보며 짖었다.

레이나드는 세 명의 친구들을 차례로 돌아봤다 "밖에서 만나자." 그가 덧붙여 말했다. "밖에서 기다릴게."

리타, 앨리스, 로날드가 차례차례 두 개의 같은 수를 던졌다. 마침내 남은 세 명도 밖으로 나올 수 있었다. 밖에서 그들은 레이나드를 다시 만났다.

"와우, 우리 모두 다 나왔네! 모두 다 나왔네." 앨리스가 말했다.

"이제 뭘 하지?" 레이나드가 물었다.

"좋은 질문이야, 두렵지만 나는 이제 일하러 가야 해." 로날드가 말했다.

"무슨 일을 하는지 물어봐도 될까?" 레이나드가 말했다.

"나는 자전거를 만드는 회사 홍보팀에서 일해." 로날드가 대답했다.

"재밌겠다. 나도 마케팅 일을 했었지. 디자인을 했었어." 레이나드가 말했다.

"그랬어? 어떤 디자인 일이었는데?" 로날드가 물었다.

"그러니까. 주로 소셜미디어 쪽이었어. 폭스북 같은 거."

"음. 그쪽의 도움이 필요한데." 로날드가 말했다. "지금 일을 찾고 있니?"

"하면 좋지. 정규직 풀타임 업무만 아니라면. 당분간 리타한테서 코칭을 받기로 했거든." 레이나드가 대답했다.

"나중에 같이 업무 얘기 좀 하자. 자리가 있는지도 알아보고." 로날드가 말했다. "아주 좋아. 고마워. 사무실로 찾아갈게." 레이나드가 말했다.

로날드는 앨리스와 리타를 돌아보며 인사했다. "나중에 봐."

로날드는 강물로 뛰어들더니 작은 물줄기를 따라 헤엄쳐갔다.

"고마워, 너희 둘 모두. 덕분에 지금부터 내겐 새로운 인생이 시작됐어."

"그래, 잘 됐다." 앨리스도 말했다.

"그래, 이제부터 네게 새로운 인생이 시작되길 바래. 해야 할 게 많을 거야." 리타가 말했다.

"알아. 정말 그래. 내가 무의식적으로 하는 행동 패턴들이 나를 스트레스 상태에 빠지게 하거든. 그런 일들이 다시 반복되겠지. 그래서 진짜로 너희를 만나러 가게 될 거야."

"잘 가, 레이나드." 앨리스가 말했다.

"안녕!" 레이나드가 대답하자마자 그는 앨리스의 눈앞에서 사라졌다.

"어떻게 이런 일이 가능해? 그냥 사라져 버렸어. 레이나드는 도그하우스에 몇 년이나 갇혀있었는데 방금 그냥 훅 사라져버리다니! 우린 어떻게

코칭 어드벤처

여기서 나가지?" 앨리스가 리타에게 물었다.

"나도 잘 모르겠어. 보드게임을 끝내려면 어떻게 해야 해?" 리타가 대답했다.

"그러니까, 집에서는 게임도구들을 챙겨 넣고 보드를 접어서 상자에 넣으면 되거든. 그러면 돼." 앨리스가 말했다.

앨리스는 자기 보트로 돌아갔다. 그리고 리타의 뒤를 따라 강가로 갔다. 전에 확인했을 때 거기는 세계의 끝자락 같아 보였다. 하지만 지금 가까이서 살펴보니 저 아래 카펫처럼 보이는 곳이 보였다. 거긴 앨리스네 거실에 있는 카펫처럼 느껴졌다.

"앨리스, 네가 먼저 내려가야 할 거 같은데, 내려가서 나도 좀 내려줘. 난 예전처럼 민첩하질 못해." 리타가 말했다.

배가 강기슭에 도착하자 앨리스는 몸을 숙이고 기어 나와 손끝으로 제방에 매달렸다. 그리고 그 카펫으로 뛰어내렸다. 그리고 거북이인 리타도 무사히 내려올 수 있게 도와줬다.

"카펫이라니, 이상해." 리타가 말했다.

"우린 보드게임에서 나왔어. 근데 보드는 어떻게 접니?" 앨리스가 물었다.

"그건 나도 모르겠어. 일단 잠시 앉아서 좀 쉬자. 그리고 나서 어떻게 할지 생각해 보자." 리타가 대답하면서 카펫에 안락하게 자리를 잡았다.

"벤 아저씨, 오즈의 마법사 줄거리가 생각나요. 거기 나오는 사자는 용기도 없고 뭐든지 무조건 무서워했어요. 벤 아저씨 생각에는 그 사자가 조난자 입장이었을까요?"

"그렇게 말할 수 있겠네. 그 사자의 환경을 보면 그는 확실히 조난자라고 볼 수 있어. 조난자 입장은 자기가 취약하고, 부족하고, 무능하다고 느끼고 그런 느낌에 압도당하는 상황에 놓이게 되거든."

"서쪽의 사악한 마녀는 박해자의 입장이지요. 마녀는 루비 구두를 원했어요."

"그건 도로시의 구두잖니?"

"맞아요. 하지만 조금 전 상황에서 저는 도로시 역할이에요. 소설 속한 장면이지만 벤 아저씨는 그냥 그런 척 받아줄 수도 있잖아요!"

"그래 맞아. 앨리스, 그 박해자 입장은 '네 잘못이야!'라고 외치는 역할이지. 박해자는 조난자를 비판하고 비난하면서, 고압적이고 지배적으로 혹평을 해. 실제로 그들이 어떤 문제를 해결하는 건 아니야. 물론 다른 누군가가 문제를 해결하도록 돕지도 않고. 그런 면에서 서쪽의 사악한 마녀는 박해자라고 할 수 있겠다."

"맞아요!"

"그럼 마법사는 어때? 도로시라고 주장하시는 우리 앨리스 생각에는 마법사의 입장은 뭐라고 생각하니?"

"마법사는 처음에는 구조자로 보였어요. 아마도 가장 유능한 구조자! 그래서 도로시를 캔자스Kansas로 돌아가게 도와주지요. 그러다가 그가 사기꾼인 게 드러나는 순간 박해자가 됐어요."

"앨리스. 너에게 오즈의 마법사가 참 좋은 예시가 되고 있네. 구조자 입장인 사람들은 취약해 보이는 사람을 구조하려 들지. 그들은 보통 사람들보다 구조자라는 인식이 강력한 상황이라 바람직하다고 보기 어려워. 구조자는 자기 만족감을 충족시키기 위해 그 역할을 맡는 거야. 아마 자신의 만족감이나 우월감을 느끼고 싶은 거겠지.”

“북쪽의 착한 마녀는 어떻지요? 그녀는 박해자도 아니고 구조자나 조난자도 아닌데요?”

“나도 그런 생각이 들어. 그 마녀는 구조자, 박해자, 조난자라는 세 가지 입장의 어느 축에도 해당이 되지 않아. 그 세 가지 입장 자체가 어느 하나 건강한 건 아니라는 걸 기억해야 할 거야. 카프만 삼각형은 권력과 책임이 역할에 따라 어떻게 달라지는지 보여줬잖니. 다양한 역할들은 제대로 기능을 하지 못하는 상황이었지. 기억할지 모르겠네. 카프만은 사람들 사이의 교류를 연구하는 방법인 교류분석을 만든 에릭 번Eric Berne의 제자였단다.

좋은 마녀는 도로시에게 건강하고 어른스러운 도움을 주는 좋은 사례를 보여주고 있어. 좋은 마녀는 도로시에게 사악한 마녀의 것이었던 루비 구두를 주면서, 에메랄드시티로 이어지는 노란 벽돌 길을 따라서 집으로 돌아가라고 알려주잖니. 거기서 오즈의 마법사를 만나서 도와달라고 부탁하면 집으로 가게 될 거라고 말해 주는 걸 기억하지?”

“네! 좋은 마녀처럼 건강한 역할을 유지할 수 있는 방법이 뭘까요?”

“계약을 하는 거야. 계약을 하면 역할의 경계와 범위를 명확하게 할 수 있어. 그게 출발점이야. 코칭이 시작될 때 계약을 하면 기대치가 뭔지, 각자가 무엇을 책임져야 하는지 명확하게 알 수 있게 돼. 조직과 일을 할 때는 코치한테 고객이 둘인 셈인데 한쪽은 코칭고객, 다른 한쪽은 코칭비용을 지불하거나 코칭을 받도록 유도하는 관리자라고 할 수 있어. 이렇게 고객이 둘이라는 건 상황이 좀 복잡하다는 의미야.”

“어쨌든 내가 나이가 들기 전에는 절대 그런 코칭은 할 수 없을 거예요!"

"맞아. 이건 아직 네게 감당할 수 있는 상황은 아니야. 코칭에 임하는 내 방식은 관리자가 코칭을 받을 팀원과 대화를 나눠서 코칭의 목표에 대해서 공감대를 형성하도록 하는 거야. 그런 다음에 그 내용을 문서로 만들고, 그들 모두 서명을 하도록 해. 그래야 서로 코칭 목적과 범위에 대해 명확하게 인정하고 시작할 수 있거든. 코칭에 임할 때 출발점이 분명하게 정해진다는 거지."

"벤 아저씨, 궁금한 게 하나 더 있어요. 이제 세 가지 입장이라는 삼각관계는 확실히 알겠는데, 코칭에서 어떻게 하면 그런 상황에 빠지지 않을 수 있는지는 잘 모르겠어요. 어떻게 해야 올바르게 경계와 범위를 정했다고 할 수 있죠?"

"좋은 질문이야, 앨리스. 코칭을 하다 보면, 이건 아닌데 라는 느낌이 들거나, 진전이 없거나 하는 상황이 생기기도 해. 하지만 딱히 이게 문제야 라고 말해 주지 못할 수도 있어. 그런 경우에 코치들은 슈퍼비전이라는 걸 하는데, 슈퍼비전이라는 건 진행된 코칭에 대해서 다른 코치들과 함께 분석하고 점검하는 작업이야."

"그 얘기는 우리가 빅터Victor를 소개할 준비가 됐다는 뜻이지요? 빅터는 로날드와 함께 슈퍼비전을 근사하게 해냈거든요."

"아니, 아니, 앨리스, 우리가 벌써 그렇게 많은 진도가 나간 건 아니야. 우리가 설명해야 할 게 몇 가지 더 있어. 리타와 함께 카펫에 앉았을 때 무슨 일이 있었는지부터 말해 줄래?"

"알았어요, 아저씨. 무슨 일이 있었냐면…"

13

먹을 수 없는
케이크

라포, 저항,
심층구조와 표면구조

앨리스는 리타 옆에 앉았다.

"묻고 싶은 게 있어. 도그하우스에서 말이야, 네가 레이나드와 얘기를 나눈 방식에 관해서야." 앨리스가 말을 꺼냈다.

"뭐가 궁금한데?"

"레이나드가 말했잖아, 우린 자기를 도울 수 없을 거라고. 근데 그 순간 너는 레이나드가 맞다고 인정해주더라고. 그러니까 어두운 구석에 계속 박혀 있으면서 우리에게 조용히 하라고 난리 치던 레이나드가 잠시 말이 없어졌잖아. 너는 레이나드가 다시 말을 걸 때까지 기다렸어. 왜 그런 거지?'

"라포rapport라고도 하고, 친밀감이라고도 하는 것에 관해 얘기할 때가 됐네. 라포에 대해 들어봤니?" 리타가 물었다.

"프랑스말이지?" 앨리스가 대답했다.

"응, 하지만 영어권에서도 많이 사용돼. 라포라는 말은 '서로의 감정이나 생각을 이해하고 소통하는 친밀하고 조화로운 관계'를 의미해." 리타가 설명했다.

"코칭할 때 꼭 필요한 거네." 앨리스가 말했다.

"맞아. 문제는 어떻게 라포를 형성할 것인가야." 리타가 말을 이어 나갔다.

"경청하면 되나?" 앨리스가 확신이 서지 않는다는 듯이 말했다.

"물론 경청이 도움이 되지. 하지만 그것만으로는 부족해. 내가 하는 방법 가운데 하나는 코칭고객의 생각지도를 따라가는 거야." 리타가 말했다.

"그게 무슨 소리야?" 앨리스가 물었다.

"전에 우리는 각자 자기 나름, 생각이 진행되는 방식이 있다는 얘기를 나눈 적이 있는데 기억하니?" 리타가 물었다.

"응, 기억나. 생각지도는 각자의 신념이나 가치관, 아이디어, 느낌, 그리고 생각들이 융합돼서 만들어진 생각의 패턴이라고 말해줬어. 우린 각자 자기들이 생각하는 스타일이 있다!" 앨리스가 대답했다.

"상대방이 세상을 보는 시각, 상대방의 생각이 흘러가는 방식을 받아들일 때, 그 사람과의 라포가 형성되는 거야." 리타가 말했다.

"생각이 흘러가는 방식을 '받아들인다'는 건 무슨 뜻이야? 나는 공감할 수 없는 사람들을 많이 만나잖아. 우리 학교의 파커 선생님은 과학만이 진짜 과목이고 예술은 시간 낭비래. 나는 그 말에 전혀 동의할 수 없었어."

"동의하는 것과 그가 지닌 관점을 받아들이는 것하고는 차이가 있어. 파커 선생님이 과학과 예술에 대해 그런 견해를 가지고 있다는 것은 인정하지?"

"응, 그렇지만 그 선생님은 잘못 생각하고 계신 거야." 앨리스가 말했다.

"너의 세계에서 보면 선생님이 잘못된 거지. 그 선생님의 세계에서는 그게 옳은 거고, 내 생각과는 다르더라도, 그게 '그 선생님에게는 진실'이라는 걸 인정해야 해. 이건 옳고 그름의 문제가 아니야. 상대방이 틀렸다고 생각할 수 있는 건 엄청나게 많아. 근데 지금은 코칭에서 가장 효과적으로 상대방과 협력할 수 있는 방법에 관해 얘기하고 있거든. 그 사람하고 라포를 형성하고 싶다면, 우린 그들이 보는 시각을 받아들이는 방식으로 그를 맞이해야 해."

"파커 선생님을 코칭하려면, 나는 선생님이 말씀하시는 대로 예술은 시간 낭비라는 걸 받아들여야 하는 거구나."

"그렇지, 네가 파커 선생님과 라포를 형성하고 싶다면 그래야겠지. 조금 더 명확하게 정리하자면 ① 너는 선생님이 예술은 시간 낭비라고 생각하는 것을 받아들인다. ② 네가 예술이 시간 낭비라고 생각하는 게 아니다. 이건 엄청나게 큰 차이가 있어."

"그렇군. 그러면, 레이나드에게 우리가 그를 도울 수 없다고 동의했을 때 너는 그의 생각지도를 따라가고 있었던 거야?"

"응, 그렇지. 여기서 아주 흥미로운 게 생겨. 만약에 그 시점에서 내가 레이나드의 의견에 동의하지 않고, '아니, 아니, 네가 틀렸어. 우리가 도와줄 수 있어.'라고 말했다면 그가 뭐라고 했을까?" 리타가 물었다.

"레이나드는 분명히 '절대로 도울 수 없어, 아무도 날 도울 수 없어!'라고 고집스럽게 말했을 거야." 앨리스가 대답했다.

"딱 맞았어! 만약 내가 레이나드의 말에 반대했다면, 그는 더 강하게 방어하고 더 심하게 저항했을 거야. 그는 자기 입장을 더 확고하게 믿게 되지. 저항은 종종 더 큰 저항을 만들어 내거든. 아! 내가 보여줄 게 있어."

리타는 자신의 앞발을 들어 올리며 말했다. "내 발을 밀어 봐."

앨리스는 자기 손을 리타의 다리에 올려놓고 조심스럽게 밀어봤다.

"내가 다리에 힘을 더 주면 넌 어떻게 할 거 같니?" 리타가 물었다.

"그럼 나도 좀 더 세게 밀지." 좀 더 힘을 주면서 앨리스가 말했다.

"그치. 내가 힘을 더 주면 너도 더 세게 밀 거야. 우리 둘 중 아무도 움직이지 않고 정지하고 있는 것 같아도, 이 상황을 유지하기 위해 서로 신경을 쓰고 있거든." 리타가 말했다.

"그러네. 힘들어." 앨리스가 헉헉대며 말했다. '체육 시간에 운동을 더 열심히 할 걸 그랬어'라는 생각도 들었다. 리타는 그만큼 강했다.

"우린 아무 이득도 없이 큰 노력과 에너지를 동원해서 서로 밀고 있어. 결국 한쪽은 포기하거나 지치고 한쪽은 '승리'하겠지. 그런데 그 '승리'는 진짜 승리는 아니야. 상대방에게는 아무런 변화가 없었고, 단지 복종하라는 압력만 받은 거지. 압력이 사라지면 다시 원 상태로 돌아갈 걸."

"으응, 알았어." 앨리스는 이를 악물고 리타의 앞발을 밀어 대고 있었다.

"자아, 그럼 다시 시작해볼까." 리타는 그의 앞발을 내렸다. 그리고는 다른 발을 앨리스에게 내밀며 이번에도 밀어 보라고 했다.

"좋았어." 앨리스도 오른팔을 내리고 왼팔을 들어 다시 힘을 줘서 밀어낼 준비를 했다. 그리고는 리타의 발에 대고 힘차게 밀어냈다. 그런데 이번에는 전과 달리 풀쩍 밀렸다. 리타는 전혀 저항하지 않고 힘을 쓰지도 않았다. 앨리스는 힘주기를 멈추고 자세를 가다듬어 균형을 잡았다.

"왜 힘을 안 줘? 밀어내기 게임은 그만할 거야?" 리타가 물었다.

"힘을 줄 수가 없어. 네가 힘을 안 주니까 힘을 줘서 밀어낼 필요가 없어." 앨리스가 대답했다.

"그렇지." 리타가 말했다.

"저항하는 게 없으니까 밀어낼 게 없구나. 레이나드하고도 그랬지. 네가 저항하지 않으니까 레이나드도 밀어붙일 대상이 없었던 거야." 앨리스가 말했다.

"코칭 과정에서 저항은 도움이 안 돼. 우리 일상에서도 그렇게 도움이 안 되는 일들이 많을 거야. 도움이 되지 않는다고 말하는 건 변화나 전환 혹은 성장의 여건을 만들어 내지 못한다는 의미야. 물론 저항이 적절하고 필요한 때가 있지. 하지만 코칭 환경에서는 대부분의 저항은 별로 쓸모가 없어."

"라포형성은 변화가 일어날 수 있는 좋은 여건을 조성하려면 필요한 거네?" 앨리스가 물었다.

"그것도 좋은 방법들 가운데 하나지." 리타가 말했다.

"라포 형성은 진짜로 중요한 거구나." 앨리스가 말했다.

"만약 라포 형성이 안 되어 있으면, 성과 내기가 힘들지." 리타가 말했다.

"그러면, 네가 레이나드가 사물을 어떻게 보는지 인정했을 때가 라포가 형성되던 순간이었네?"

"그렇지. 레이나드가 세상을 보는 관점에 내가 합류했거든. 그렇게 하면 관계 형성이나 라포형성이 더 쉽게 이뤄지지."

"하지만 너는 레이나드가 그런 관점에서 생각하도록 놔둘 건 아니었지? 어떻게 하려던 거야?" 앨리스가 물었다.

"다른 식으로 생각해 보라고 하려면 먼저 지금 무슨 생각을 하는지 알아야 하고, 밀어붙이면 안 돼. 은유적으로 레이나드와 함께 가는 거야. 같이 가기 시작하면 방향을 바꿀 수도 있고 그가 잘 따라오는지 확인할 수도 있어."

"카우보이 영화 같아." 앨리스가 말했다.

"무슨 소리야?" 리타가 물었다.

"으응. 비가 많이 온 일요일에 아빠랑 카우보이 영화를 봤거든. 카우보이 영화는 늘 똑같아. 그래도 난 그런 영화를 좋아해. 서부영화는 늘 철도가 나오고 주인공이 말을 타고 달려. 열차를 따라 달려가서 멈추게 하는 거지. 근데 달리는 기차에 올라타고 싶다면 어떻게 해야 할까?" 앨리스가 물었다.

"말을 타고 있다면 말을 기차와 나란히 달리게 해서 기차와 말의 속도가 같게 할 거야. 그러면 말에서 기차로 몸을 날려서 탈 수 있지. 우리가 얘기하는 상황에 잘 맞는 예시네. 좋았어!" 리타가 앨리스를 칭찬했다.

"그치. 아무도 기차에 정면으로 뛰어들거나 옆쪽으로 충돌하면서 기차로 옮겨 탈 수는 없어. 그건 안 돼. 우선 같은 방향으로 달려서 기차의 속도를 따라잡아야 달리는 기차에 건너 올라탈 수 있어."

"코칭고객과 함께 작업하는 방식도 그런 거야. 우선 코칭고객과 나란히 가야 하고, 그들의 내면을 있는 그대로 이해하고 나서야 조심스럽게 다른 가능성을 향해 나아가보게 할 수 있어."

"사람마다 다른 유형의 에너지가 필요하겠네?" 앨리스가 물었다.

"그렇지. 라포 형성을 시도하는 것과 신뢰 그리고 열린 마음이 가장 중요해. 그리고 코칭고객에게 무슨 일이 일어나고 있는지 이해하기 위해 그의 생각지도를 따라 들어가서 봐야 해. 물론 어떤 사람들은 다른 사람들보다 변화를 받아들일 준비가 더 잘 되어있을 수도 있지."

"그건 어떻게 알 수 있지?" 앨리스가 물었다.

"내가 좋아하는 구절이 있지. 저항은 친밀감이 부족하다는 표현이다. 저항하는 코칭고객이란 없다. 다만 융통성 없는 코치들만 있을 뿐이다." 이렇게 말하며 리타는 미소를 지었다.

"하하하. 나도 그 말이 좋아!" 앨리스도 웃으며 말했다.

"코칭고객에게 도전하는 것, 그들의 사고방식과 세상을 보는 방법에 대해 도전하는 것은 괜찮아. 라포가 전부는 아니야. 실제로는 라포 형성이 더 잘될수록, 코칭고객이 받아들이고 대응하는 도전의 수준이 더 높아져. 왜냐면, 라포 형성이 잘 되어있다면, 코칭고객들은 도전을 더 잘 받아들이고 적극적으로 고려하거든. 라포 형성이 안 되어있으면, 그저 도전을 밀어내는 데 급급할 거야. 라포 형성이 잘 되어 있으면 스스로 자기 생각을 되돌아보고 곱씹어볼 수 있게 되지." 리타가 말했다.

"레이나드에게 말할 때, 어떤 때는 질문을 던지지 않고 그냥 직접 말하는 때도 있었어. 내가 알기로는 코치는 질문을 통해 대화하는 건데." 앨리스가 고개를 갸웃거리며 말했다.

"잘 봤네. 코치의 주된 역할은 질문하고 경청하는 것이지. 하지만 코치가 관찰한 내용을 이야기해 주는 때도 있어. 코칭고객에게 지시하지 않고, 어떤 사안에 대해 자기 의견을 제시하지 않는 것은 매우 중요해. 특히 관찰의견을 이야기해 줄 때는 상당한 기술을 필요로 하지. 코칭 초보자에

코칭 어드벤처

게는 질문해야 한다고 가르치게 되는데, 그렇지 않으면 초보 코치들은 '말하기'모드로 시작하게 돼."

"코치가 코칭고객에게 어떻게 관찰한 내용을 피드백을 해주는지 예를 들어 줄 수 있어?" 앨리스가 요청했다.

"그래. 우선 정의부터 명확하게 해보자. 코칭 과정에서 피드백은 코칭고객에게 관찰내용을 전달하고, 유용한 시점에 그의 관심을 끌어내도록 하는 거야. 예를 들면 어떤 특정한 단어를 말하거나 뭔가에 반응해서 신체 언어나 어조를 바꾸는 걸 관찰해서 알아내는 거야. 때로는 코치가 행동 패턴이나 사고패턴을 알아차리면 그 내용을 적절한 때에 말해주는 거지."

"어떤 식으로 피드백을 하는데?" 앨리스가 물었다.

"어떤 때는 코칭고객이 말한 내용을 그대로 전달해. 내 경험을 말하자면, 코칭고객이 이렇게 말했단 말이지. '그럴 때 나는 관계를 그냥 망쳐 버려요.' 그래서 나는 이렇게 피드백을 했지. '오케이. 당신은 관계를 망쳐 버렸어요.' 그랬더니 그 코칭고객은 깜짝 놀란 표정을 지었지. '내가 그렇게 말했어요?' 자기가 '망쳐버렸다'는 단어를 사용한 데 대해 너무 놀랐던 거지. 자신의 언어습관에 충격을 받은 뒤부터 그분은 자기 생각에 관해서 훨씬 더 자연스럽게 많은 걸 드러낼 수 있게 됐어. 그렇게 그의 말을 단순 반복하는 게 유용할 때가 있다는 거야. 물론 특별한 단어로 요약해야 할 때도 있어."

"어떤 건데?" 앨리스가 물었다.

"예를 들면, '해야만 한다.' 라든가, '절대로 할 수 없어', 혹은 '항상' 따위의 말들이야."

"그 말들이 어디가 어때서?" 앨리스는 다그쳐 물었다.

"말 자체는 별로 이상할 건 없지. 하지만 누군가가 '난 이걸 꼭 해야만 돼.'라고 말하는 건 갈등을 의미하거든. 하기를 원하고 해야 한다고 믿지만, 하고 싶지 않은 관계가 얽혀 있는 게 일반적이야. 내부적인 갈등이 있다는 거지. '해야 한다'는 표현은 분열을 나타내는 거야. 그래서 그 속내에 무엇이 있는지 발견하는 게 도움이 될 수 있어. 때로는 내적 갈등이 뭔지 본인도 인식하지 못하는 때도 있어. 그저 말하다 보니 표면화하게 되었고, 코치들은 그 속에서 무슨 일이 일어나고 있는지 이해하도록 도울 수 있게 되지."

"그럼 왜 '할 수 없다'라는 말을 하면 안 돼?"

"그 말을 써도 돼. 하지만 누군가가 '나는 이걸 할 수 없어.'라고 말할 때 코치들에게 오는 유혹은 '왜 안 돼?'라고 묻고 싶어지는 거야. '왜?' 라는 질문을 받으면 코칭고객의 대답은 그걸 정당화하는 쪽으로 기울게 마련이거든. '나는 이걸 할 수 없어.'라는 말은 할 수 없는 이유를 생각해서 자신을 방어하게 만든다는 것과 연결돼. 코치들에게 '왜?' 라는 질문보다 훨씬 나은 건 '그러면 어떤 일이 일어날까?' 하고 묻는 거지." 리타가 대답했다.

"코칭고객이 '나는 여러 사람 앞에서 노래를 부를 수 없어요.'라고 말했다면, 그때에도 코치들은 '노래를 부른다면 어떻게 될까요?'라고 묻는 건가?"

"그렇지. 그러면 그 사람은 뭐라고 대답할까?" 리타가 물었다.

앨리스는 얼굴을 붉혔다. "확실히는 모르겠지만 아마도 '사람들이 나에 대해 어떻게 생각할지 당황스럽고 긴장되고 걱정이 된다.'고 말하지 않을까?"

코칭 어드벤처

"왜 여러 사람 앞에서 노래를 부를 수 없나요?'라고 묻는다면 아마도 그는 '나는 노래를 잘 부르는 편은 아니에요.'라고 대답할 거야. 그건 사실일 수도 있어. 하지만 실제로 그 사람의 감정이나 생각 속에서 실제로 어떤 일이 일어나는지는 알기 어려운 대답이지. '그랬더라면 어땠을까?'라고 묻는 것은 그 사람에 대해 구속력을 갖게 하거든. 이 사례에서 보면, 당황스럽고 긴장한 그 사람이 남들이 어떻게 생각할지 걱정한다는 걸 알 수 있어. '그랬다면 어땠을까?'라는 질문이 중요한 또 다른 이유는 대답하는 사람이 생각의 방향을 바꿀 수 있다는 거야." 리타가 미소를 지으며 설명했다.

"어떤 방향으로?" 앨리스가 물었다.

"예를 들어서 '나는 공공장소에서 노래를 부를 수 없어요.'라고 말하는 사람이 너라고 생각해 봐. 물론 너는 그러지는 않지만 말이야."라고 리타가 윙크를 하며 말을 이어 나갔다. "네가 그렇게 말한 데 대해 이렇게 물어본다고 치자. '공공장소에서 노래를 부르신다면 무슨 일이 생길까요?' 그럴 때 너는 이 질문에 대답하기 위해 어떤 상상을 하게 되니?"

"실제로 공공장소에서 노래를 부르는 상상을 하게 돼." 앨리스가 대답했다.

"그렇지, 왜 그걸 할 수 없는지 생각하는 대신에 그걸 시도해보는 상상을 하게 되지. 그건 방향이 전혀 달라. 물론 하고 싶지 않은 이유가 있을 수 있지만 그렇게 방향을 전환하면 실제 문제에 더 가까워질 수 있게 돼."

"흥미롭네. 이 단어들에는 내가 전혀 몰랐던 것들이 들어 있어. 사람들이 '단어 하나에 천 점의 그림이 지닌 가치가 있다.'라고 말한 이유를 이제 알게 된 거 같아." 앨리스가 말했다.

리타가 웃었다. "그런 거 같네."

"그래도 난 이 모든 걸 절대 기억하지 못할 거야." 앨리스가 말했다. "말이 나온 김에 '항상'하고 '절대로'는 어때? 그건 왜 중요하지?"

"'항상'이나 '절대로'라는 말은 '아무도', '모든 사람', '아무것도 아님' 혹은 '모든 것'처럼 일반화할 때 사용하는 말이야. 예를 들자면 '아무도 내 말을 듣지 않아'라거나 '모두 나를 싫어해' 또는 '내가 제대로 할 수 있는 건 아무것도 없어', '이런 일은 항상 나한테만 일어나.'라고 말하는 경우를 생각해 보자고. 이런 말에 대해 자세히 들여다보면 그건 사실이 아닌 걸 알 수 있지. 그의 말을 아무도 듣지 않는 경우는 거의 없을 거야. 하지만 그렇게 말하는 배경에는 어떤 경험이나, 생각 또는 느낌이 들어있으니까, 그게 뭔지 이해하려고 노력해야 해."

"그런 말 자체는 사실이 아닌데 우린 사실이라고 받아들여야 하는 거야?"

"꼭 그렇지는 않고. 일반화하는 게 편하니까 마음속에 일반화된 생각을 품고 있다가 점차 그게 자기 필터로 작동하기 시작해. 생각지도에 영향을 미치게 되잖아. 그래서 그 필터를 통해서 세상을 보게 돼." 리타가 말했다.

"아무도 내 말을 듣지 않는다고 생각하기 시작하면 내가 말한 걸 상대방이 안 듣는 상황에 집중하게 될 거야. 누군가 내 말을 인지하지 않을 때도 난 그걸 내 말을 안 들은 걸로 해석할 거 같아." 앨리스가 말했다.

"맞아. 일반화도 중요하지만, 그 사람의 경험들을 담은 생각 구조 안으로 가까이 갈 수 있도록 하는 게 중요하지." 리타가 말했다.

"우리가 어떻게 해결하면 되지?" 앨리스가 물었다.

"그냥 '아무도?'라고 질문하는 말투로 묻기만 하면 돼. '당신이 뭔가 말할 때 누군가 귀 기울여 들은 기억이 전혀 없어요?'라고 묻든가." 리타가 대답했다. "이제 우린 제법 심오한 내용을 다루기 시작했어. 경험에는 표면구조와 심층구조가 있는데 그 차이를 살펴보려는 거지. 지루해지면 말해 줘, 나는 이 주제로 몇 시간이고 말할 수 있거든."

"경험의 심층구조라는 게 뭐야?" 앨리스는 단조로운 목소리로 물었다.

"지루하면 미리 말하라고 했지!" 리타가 갑자기 큰 소리로 말했다. "좋아, 쉽게 말해 줄게. 귀에 고양이를 넣는 얘기를 기억하니?"

"응, 아주 작은 고양이거나 내 귀가 매우 커야 한댔지." 앨리스가 말했다.

"그랬지. 그리고 단어와 그 단어가 뜻하는 사물은 다르다는 것도 얘기했었지. 우리가 케이크라는 단어는 먹을 수 없다는 거 말이야." 리타가 말했다.

"못 먹는 걸 알지만 그래도 먹을 수 있으면 좋겠어. 그러면 케이크가 먹고 싶을 때마다 그 단어를 말하면 되잖아. 그 단어를 먹을 수 있다면 배고플 때마다 말하고 주저앉아서 먹는 거야, 케이크, 케이크, 케이크, 케이크!" 앨리스가 대답했다.

"그거 좋네. 우리가 사용하는 단어는 경험의 표면구조라고 부르는 거야. 우리들 내부를 기준으로 보면 표면이고, 단어 자체는 사물에게 달아 주는 이름일 뿐이지. 우리 내면의 깊은 어딘가에 실제 경험을 구성하는 심층구조가 존재하고, 거기에 진정한 의미가 있거든. '케이크'라는 단어 자체는 표면구조에 속해. 케이크를 한 입 베어 물었을 때, 달달한 딸기잼 맛과 부드러운 빵의 질감을 담은 케이크 맛의 경험으로 연결해. 그게 심층 구조에 속하는 거야."

"그렇다면, 나는 심층구조를 더 좋아할 거야. 단어만으로는 케이크가 주는 그 맛을 느끼기 어렵거든." 앨리스가 말했다.

"우리 경험의 심층구조에서 느낀 걸 말로 표현하려고 할 때는 필터링을 하거나, 일부 빼먹거나, 왜곡하거나, 혹은 일반화를 하게 돼. 경험의 풍부함과 깊이는 일상 대화에서 전달하기에 너무 힘들어서 결국 줄여서 말하게 되지. '이 케이크의 질감이 부드럽고 밑단은 살짝 바삭거리고, 가운데 들어 있는 딸기잼은 달달한 맛을 혀에 전달하고 있어.'라는 말 대신 '이 케이크가 정말 맛있다.'라고 표현하는 거야."

"왜 이게 중요한지 다시 한번 말해줘." 앨리스가 말했다.

"코칭에서 우리는 코칭고객이 말하는 단어들이 그들이 경험한 내용을 완전하게 담아내지 못하고 있는 걸 기억해야 해. '절대로 안 돼'라거나 '항상 그래' 혹은 '할 수 없어'라던가 '해야만 한다'는 말이 의미하는 것은 내부에서 일어나고 있는 생각의 방향을 가리킨 것일 뿐, 그 단어의 의미에 딱 맞게 사용되지 않을 수 있거든. 그래서 액면 그대로 이해해서는 안 돼. 코칭고객이 경험한 심층구조를 발견할 수 있을 때 코칭 효과가 훨씬 크게 나타나게 돼.

'항상'이라는 일반화는 깊숙한 경험을 끌어낼 수 있는 표면구조야. 누군가가 '우리 팀장님은 항상 내 의견을 무시한다.' 고 말했는데, 실제로 이 팀원이 내놓은 아이디어를 팀장이 거부한 것이 두 번밖에 없는 상황일 수 있어, 그러나 팀원은 자신이 저평가받고, 인정받지 못하고 있다고 느낄 수도 있어.

이 심층구조에 접근해서 그런 상황들을 찾아낼 수 있다면, 우린 실제

　　　　　　　　　　　　　　　　　코칭 어드벤처

일어나고 있는 일을 놓고 코칭을 진행할 수 있을 거야. 때때로 우리가 사용하는 단어들은 진짜 얘기하고 싶은 것들을 숨기고 있는 때가 있어. 그럴 때 우리는 그 심층구조를 찾아내야만 해."

"숨바꼭질하는 것 같네. 난 숨바꼭질이 참 좋아." 앨리스가 말했다.

"그렇지. 나도 그래. 코칭고객의 말속에 그가 경험한 의미의 깊이와 심층구조가 숨겨져 있지. 코치의 역할은 그걸 찾는 일이야." 리타가 말했다.

"숨바꼭질! 점점 재미있어지네." 앨리스가 말했다.

"자신의 경험을 숨기는 방법은 참 많아. 어떤 때는 애매한 표현을 사용해서 '나는 상처받았어.'라는 말로 표현하기도 하지."

"상처받았다는 말이 왜 애매해?" 앨리스가 물었다.

"누군가 육체적으로나 감정적으로 상처를 받을 수 있지. 상처를 입거나 마음을 다치거나 상실감, 슬픔, 실망감을 느낄 수 있지. 그가 사용한 단어는 무언가를 대충 표현한 것이고, 그 말속에는 깊은 의미가 숨겨져 있는 거지."

"이제 알았어, 그럼 숙제도 애매한 단어에 속하겠네." 앨리스가 말했다.

"그건 왜?" 리타가 물었다.

"으응. 왜냐면, 숙제는 좌절이나 어려움, 또는 지루함을 의미할 수 있잖아." 앨리스가 대답했다.

리타가 웃었다. "너한테는 그게 그렇겠네."

"코치는 코칭고객과 숨바꼭질을 어떻게 해야 돼?" 앨리스가 물었다.

"보통은 의도적으로 심층구조를 숨기는 건 아냐. 그가 표현하는 방식이나, 습관, 단어 선택은 대부분 무심결에 이뤄지거든. 코치로서의 첫 번째 단계는 코칭고객이 말하는 것과 의미하는 게 다를 수 있다는 것을 이해하는 거야. 그래야 코치 스스로 예측하는 걸 피할 수 있어."

"그럼 질문에서는?" 앨리스가 물었다.

"적절할 때, 그가 사용한 단어의 구체적인 의미를 물어보지."

"응? '적절한'이라는 건 무슨 뜻이야?" 앨리스가 물었다.

"때로는 뭘 의미하는지가 중요한 건 아니야. '만약 휴일에 즐거운 시간을 보냈다.'고 말해도 그게 뭘 의미하는지 정확히 알 필요가 없는 때도 있거든. 그저 '즐거웠구나'하는 정도만 알면 충분한 거지. 그런데 느낌이라든가 가치, 또는 중요한 기준처럼 의미 있는 말에 대해서는, 코치는 자신이 정확하게 이해했는지 확인하고 싶을 수 있어."

"어어. 우리가 다시 단어가 지닌 깊이에 대해 말하고 있네." 앨리스가 애매한 표정을 지으면서 말했다.

"미묘한 의미가 중첩되어 있는 단어들도 있고, 코칭고객에게 많은 의미를 담고 있는 단어들도 있어. 코치들은 애매하게 사용되는 단어들이 있다는 걸 기억해야 해." 리타가 고개를 끄덕이며 말했다.

앨리스가 갑자기 바닥에 뭐라고 쓰기 시작했다. "모든 단어는 애매하다. 게다가 그중 일부는 더 애매하다."

"그런 걸 어디서 알게 됐어?" 리타가 물었다.

"우리 아빠의 책에서 읽은 적이 있어. 돼지들이 주인공인 책이었을 거야."

"돼지라는 말이 나와서 말인데 곧 코칭할 시간이 됐어. 유명한 자선단체 대표인데 코칭받고 싶어 해."

"코칭하는 걸 옆에서 봐도 돼?" 앨리스가 조심스레 물었다.

"물어볼게. 그분이 동의하면 같이 있어도 돼. 출발하자." 리타가 말했다.

"어디로 가는데? 아직 보드게임도 치워놓지 않았잖아." 앨리스가 말했다.

"이번엔 그냥 두고 가자. 별일 없을 거야. 코칭하러 가야 해." 리타는 앨리스에게 자기의 거북 등껍질에 앉으라고 했다.

"네 등에 올라앉아? 그래도 돼?" 앨리스가 마음을 정하지 못한 채 물었다.

"응, 그래도 돼. 얼른 올라타, 꼭 잡아!" 리타는 거북껍질 안에서 휴대폰을 꺼냈다. "우버드Ubird를 불러야겠어." 리타는 전화번호를 누르기 시작했다.

"우버드라니?" 앨리스가 물었다.

"우버드! 택시회사 이름이야."

14

먹을 수 있는
케이크

코치 피드백,
관리자 피드백

앨리스는 리타의 거북껍질 위 딱딱한 자리에 가능한 한 안전하게 앉으려고 애쓰고 있었다. 갑자기 머리 위에서 커다란 그림자가 느껴지더니 한 쌍의 커다란 새 발톱이 빠르게 다가왔다. 앨리스는 놀라서 소리를 질렀다.

"괜찮아, 괜찮아. 우리가 탈 택시야." 리타가 말했다.

앨리스는 리타의 등껍질을 단단하게 거머쥐고는 놀란 눈으로 점점 다가오는 발톱들을 쳐다봤다. 커다란 부리와 뾰족한 깃털 모자로 치장한 거대한 새 한 마리가 그들 앞에서 멈췄다. "어디로 모실까요, 손님?" 그 새가 물었다.

"콘퍼런스 센터로 가주세요." 리타가 대답했다.

"알았습니다." 큰 새가 리타와 앨리스를 그의 발톱으로 조심스럽게 안아 올리면서 대답했다. 새는 금세 땅을 박차고 하늘로 올랐다. 앨리스가 내려다보니 저 아래에 풀이 무성한 땅이 보였다.

"바쁘셨어요?" 리타가 별생각 없이 물었다.

"네, 전 이제 막 교대근무를 시작했어요. 손님은 오늘 저의 두 번째 고객이세요. 오늘은 분명 바쁘게 움직여야 할 거 같네요." 큰 새가 말했다.

"사업은 잘되시나요?" 리타가 물었다.

"이만하면 괜찮은 편이죠." 새가 말했다.

잠시 새의 날갯소리만 들리는 고요함 속에서 앨리스는 비행을 즐겼다. 새의 움직임이 주는 리듬은 금세 그녀를 편안하게 했다. 귓가를 스치는 바람의 윙윙거리는 소리를 들으며 깜빡 졸음이 몰려왔다. '바람이 쌔앵쌔앵이라고 말하네. 바람은 쌩이라고 해야 하는데, 쌔앵이야 쌩이야? 하긴 뭐 그게 뭐 그리 큰 차이겠어! 쌔앵, 쌩, 쌔앵, 쌩, 쌔앵, 쌩, 쌔앵, 쌩… 쌔앵이 쌩보다 긴 발음일까? 뭔들.'

앨리스는 졸렸다. 눈이 저절로 감겼다. 앨리스는 양손으로 리타의 등껍질을 붙잡고 졸면서 콘퍼런스 센터에 도착하고 있었다. 꿈속에서도 앨리스는 그게 꿈인 걸 알고 있었다. 왜냐면 꿈에서는 리타가 아닌 아빠와 함께 콘퍼런스 센터로 들어가고 있었기 때문이었다. 아빠는 안내인에게 뭐라고 말했고, 곧 큰 세미나실로 들어갔다.

거기엔 커다랗고 푹신해 보이는 의자가 있었다. 앨리스는 그 의자에 앉아있기로 했다. "편안해 보이는구나, 낮잠이라도 자렴." 아빠가 말했다.

"전 이미 잠들었어요." 앨리스가 대답했다. 사실 그녀는 아빠에게 어떻게 설명해야 할지 모르겠다는 생각을 하고 있었다. 자신은 분명히 리타의 등껍질 위에 앉아서 커다란 새를 타고 하늘을 날고 있는데.

"잘됐네, 편안하지?" 아빠가 말했다.

"사실 편하진 않아요. 전 수백 미터 하늘 위에서 거북이 등에 앉아서 필사적으로 버티는 중이거든요."

"뭐라고? 어디에 있다고?" 아빠는 어리둥절한 표정으로 말했다.

"전 리타의 등껍질 위에 앉아있어요. 근데 아빠는 저를 볼 수가 없을 거예요. 왜냐면 나는 꿈속에서 아빠랑 얘기하고 있거든요." 앨리스는 아빠의 물음에 대답하면서 꽤나 설명하기 복잡하다고 생각했다.

"그래, 너만 괜찮다면 계속 자거라." 아빠가 대답했다.

"아빠, 사랑해요." 꿈이 희미해지면서 앨리스는 눈을 떴다.

그들은 점점 도시에 가까워지고 있었다. 커다란 유리창에 그들의 모습이 비치는 걸 보며 건물을 향해 하강했다. 새의 날개가 펄럭이는 소리가 조금씩 약해지면서 속도가 느려졌다. 콘퍼런스 센터 앞에 도착하자 큰 새는 발톱을 벌려 리타와 앨리스를 내려줬다.

"고마워요." 리타가 새에게 말했다.

"감사합니다. 좋은 하루 되시고, 또 불러 주세요." 큰 새가 말했다.

"돈은 안 내?" 앨리스가 물었다.

"우버드 앱이 자동으로 처리해. 세상 참 편하지?" 리타가 대답했다.

"여기서 누굴 만나는데?" 앨리스가 다시 물었다.

"카밀라Camilla. 요즘 나와 함께하는 코칭고객이야. 들어가자." 리타가 대답했다.

콘퍼런스 센터의 문이 열렸고 앨리스는 밝고 통풍이 잘되는 아트리움을 발견했다. 그녀는 잠시 멈춰 섰다. '헐! 나는 아트리움이라는 단어를 모르는데 도대체 어떻게 된 거지? 내가 아트리움이라고 말하다니!' 앨리스가 중얼거렸다. '잘 모르겠는데. 근데 내가 그 단어를 그냥 자연스럽게 썼다면 아마 이미 알고 있는 단어였을 거야. 그저 나 자신이 그런 단어를 알고 있다는 걸 모를 뿐이겠지.' 앨리스는 자문자답하고 있었다.

'흥미로운 생각인걸.' 앨리스는 생각에 잠겼다. '만약에 내가 뭔가를 이미 알고 있지만, 알고 있다는 사실을 모른다면, 그건 정말 알고 있는 거라고 할 수 있을까? 반대로 생각해 보면 내가 뭔가를 안다고 생각하지만, 실제로는 모르는 걸 수도 있지 않을까? 이럴 때 알면서 안다는 걸 모르는 게 나을까, 아니면 모르면서 알고 있다고 생각하는 게 더 나을까?'

리타가 복도를 따라가라고 손짓하는 바람에 앨리스의 생각은 중단됐다. 빈방을 지나는데 그 옆방에서 익숙한 목소리가 들렸다. 유리창 안쪽으로 로날드가 테이블 앞에 서 있는 게 보였다. 테이블 주위가 복작복작했다. 로날드가 리타와 앨리스를 발견하고는 웃으며 그의 지느러미를 들어 인사했다.

앨리스와 리타는 복도를 따라 계속 걸었다. 그때 리타의 전화벨이 울렸다. "길이 좀 막히나 봐. 카밀라가 좀 늦는대. 생각보다 시간이 남을 거 같네." 리타가 말했다. 그들은 방으로 들어갔다.

"배가 고파. 뭘 좀 먹으면 좋겠어." 앨리스가 말했다.

"곧 저녁 식사를 할 거니까 좀 참아. 지금 먹으면 저녁밥이 맛없잖니."

"헤헤. 저녁밥엔 관심 없어. 지금 달달한 걸 먹는 게 더 좋아. 저녁 식사를 망치지 않을 만큼 조금만 먹으려 하지만 결국 저녁밥 먹을 무렵까지 배가 부른 적이 많지. 저녁 식사를 망치는 간식이라니 얼마나 재밌어!"

"그런데 미안하지만 난 지금 아무것도 가진 게 없는걸." 리타가 말했다.

그때 로날드가 문 앞에 나타났다. "하이! 잘 지냈어? 내가 뭘 하고 있었게?"

"넌 우주선을 만들었고, 그걸로 우린 지금 달에 갈 거야!" 앨리스가 외쳤다.

"아닙니다요." 로날드가 말했다.

"그럼 먹을 거라도 가지고 오셨을까?" 그녀가 물었다.

"뭐, 비슷해. 오늘이 내 생일이어서 케이크를 좀 가지고 왔어."

"생일 축하, 생일 축하!" 앨리스와 리타가 큰 소리로 말했다.

"알았으면 생일 축하 카드라도 들고 올 걸. 와, 신나! 무슨 케이크야?"

"딸기잼이 든 빅토리아 케이크야. 빵집에서 산 거야." 로날드가 대답했다.

"맛있어 보이네. 리타한테 '저녁 식사를 망치는' 간식 타령을 하고 있었어."

"뭐라고? 저녁 식사를 망치는?" 로날드가 어리둥절해서 물었다.

"케이크를 먹자. 시간이 많진 않아. 고객이 곧 도착하거든." 리타가 말했다.

앨리스는 빅토리아 케이크를 좋아했다. 아주 맛있게 보이는 케이크였고, 적당한 양의 딸기잼이 중간에 들어있고 위에는 슈가파우더가 많이 뿌려져 있었다. '아주 좋아!' 앨리스가 혼잣말을 했다.

"자, 이제 로날드까지 모였으니 코칭에서 피드백을 주는 방법에 대해 좀 더 얘기해 보자." 리타가 말했다.

"그리고 너희 둘이 나눈 얘기에 대해서도 듣고 싶어." 로날드가 말했다.

"으응. 우린 달리는 기차에 올라타기에 관해 얘기했고, 또 뭐더라. 경험의 심층구조와 케이크에 관해서도 얘기했지. 근데 말이야, 실제 케이크가 '케이크'라는 단어 자체보다 훨씬 더 맛있다는 걸 말해 줄 수도 있어. 그래서 네가 실제 케이크를 들고 와 줘서 정말 기뻐." 앨리스가 대답했다.

"아하, 그래?" 로날드가 어리둥절한 표정을 말했다.

"나중에 다 말해 줄게." 리타가 미소를 지으며 말했다.

"그럼 코칭에서 피드백이 뭔지 얘기해 줘." 로날드가 말했다.

"우선, 코치로서 피드백을 주는 것과 일상의 다른 영역에서 피드백을 주는 건 구별해야 한다는 것부터 얘기할게." 리타가 설명하기 시작했다.

"예를 들면 관리자가 주는 피드백 같은 거?" 로날드가 물었다.

"맞았어. 그 둘 사이엔 미묘한 차이가 있어. 조직의 인적자원 관리 측면에서 피드백을 주는 건 성장하도록 하거나, 고치도록 하거나, 생산성을 높이기 위한 거야. 효과적인 피드백에는 직원의 행동이나 업무수행에 대해 자세한 설명이 담겨있지. 가까운 미래에 관해 설명해 주기도 해. 피드백을 받아들여 뭔가를 바꾸면 결과에 어떤 영향을 미칠지, 그 결과는 어떨지 예측해 주기도 하는 거야."

"그런 건 잘 모르겠어. 난 피드백 샌드위치[6]를 사용해." 로날드가 말했다.

"샌드위치라는 단어는 마음에 들어. 지금 케이크를 너무 많이 먹어서 저녁 생각이 없을 정도지만 말이야." 앨리스가 말했다.

"피드백 샌드위치라는 거 별로 안 좋아해." 리타가 말했다.

---

6 빵 사이에 끼어 있는 패티를 핵심 조언이라고 치고, 위아래로 칭찬이라는 빵을 덮어서 함께 내준다는 개념. 3단계로 진행되며 1단계는 강점 등 긍정적 내용으로 상대가 마음을 열고 틀 수 있는 분위기를 조성함. 2단계는 개선했으면 하는 점을 구체적인 내용을 근거로 이야기 함. 3단계는 현실적 어려움에 대한 공감표시와 기대하는 점과 인정 등의 격려로 피드백을 마무리함.

"왜? 긍정적으로 필요한 피드백을 주는 좋은 방법인데!" 로날드가 말했다.

"그게 문제야. 긍정적인 피드백으로 시작하고, 개선 피드백을 주고, 긍정적인 피드백으로 마무리하는 패턴은 이론적으로는 훌륭해. 하지만 사람들이 이 패턴을 남용하는 바람에 이젠 효과적이지 않게 됐어."

"그게 무슨 소리야?" 로날드가 물었다.

"생각해 봐. 비판적인 피드백을 주기 위해서 일단 긍정적인 피드백으로 시작하지? 그리고 기분 좋게 마무리하기 위해서 간결하게 긍정적인 피드백을 덧붙이잖아."

"몇 번 그랬지." 로날드가 자신이 없어 하면서 말했다.

"그래서, 지금은 사람들이 긍정적인 피드백을 들으면 다음에 올 중요한 피드백을 예상하고 기다려. 그 긍정적인 피드백이 진짜 진심이라고 해도 사람들은 다음에 이어질 피드백을 생각하느라고 제대로 듣지 못하고 지나가게 되거든."

"그러면 어떻게 하면 좋겠어?" 로날드가 물었다.

"내 생각에는 긍정적 피드백과 비판적 피드백은 각각 다른 시기에 또는 명확하게 구분해서 제공해야 해. 긍정적이건 개선이 필요해서 주는 피드백이건 모두 다 행동이나 습관에 대해 먼저 실질적인 설명을 해야 하고, 그다음에 피드백을 하는 사람이 어떻게 생각하는지 자기 의견을 말해 주는 게 좋지. 거기에 언급한 행동이 어떤 영향을 미치는지를 얘기해 주면서 앞으로 어떻게 했으면 좋겠다는 제안으로 마무리해야 한다고 생각해."

"예를 들어 줄 수 있어?" 로날드가 물었다.

"네가 자꾸 지각하는 직원이라고 생각해 봐." 리타가 말했다.

"맞아, 바로 나야!" 로날드가 말했다.

"생각해 보자, 월요일에는 9시 15분에 도착했고, 화요일에는 20분, 수요일에는 10분, 목요일에는 15분에 출근한 걸 알게 됐어. 4일간 지각한 걸 다 합하면 60분 늦게 온 거야. 한 주도 안 지나서 한 시간이나 훅 날아가 버린 걸 생각하면 관리자는 기분이 안 좋아. 게다가 사무실은 현재 엄청 바쁜 시기란 말이야. 그리고 그렇게 자꾸 늦는 건 다른 동료들한테도 영향을 끼치게 돼. 남들은 다 제 시각에 와서 종일 열심히 일하고 있거든. 자, 그럼 난 네 관리자로서 매일 9시 제시간에 출근하라고 말하고 실제 그렇게 하는지 살펴볼 거야."

"그건 '말하기' 방식 같네." 로날드가 말했다.

"그렇지. 지금은 코칭에 대해 얘기하는 건 아니거든. 관리자로서 말하고, 상사가 지닌 권한을 사용하는 거야. 물론 코칭적으로도 접근할 수 있지. 그렇게 하면 아주 효과적인 접근을 할 수 있어."

"어떻게 해? 난 특히 그 지각하는 팀원과 '말'로 해결하는 게 잘 안될 것 같아서 코칭적 접근에 관심이 생겨." 로날드가 말했다.

"그러면, 아주 간단한 예를 들어 볼게. 아니, 네가 팀원이 되어 역할극을 한번 해볼까? 네가 그 사람이 돼서 그의 입장으로 할 수 있는 걸 해 봐. 그러면 우리가 어찌하면 될지 알 수 있게 해줄 거야."

"알았어. 그럼 내 이름은 톰Tom이라고 하자."

"톰, 출근 시간을 엄수하는 것에 관해 얘기하고 싶어요. 이번 주 내내 사무실에 지각한 걸 잘 알고 계시지요?"

"저는 거의 시간 맞춰 출근했습니다만."

"거의라니요? 그건 무슨 뜻이지요?"

"아마도, 한두 번 조금 늦은 적은 있었겠죠. 하지만 별로 늦진 않았어요."

"매일 몇 시에 도착했는지 말해 줄 수 있나요?"

"정확하게는 모르겠어요. 하지만 뭐 별로 늦진 않았어요."

"당신이 얼마나 늦었는지도 모르는 게 더 걱정이네요. 제시간에 도착하는 게 중요하다고 생각하지 않나요?"

"글쎄, 그렇죠. 하지만 몇 분 안팎인 건 별로 대수롭지 않다고 생각해요."

"매일 15분에 도착했다고 칩시다. 5일 내내요. 그러면 전부 얼마나 되죠?"

"한 시간 15분이네요."

"맞아요. 일주일에 한 시간 15분 적게 일하고 있어요. 어떻게 생각하세요?"

"그렇군요."

"만약 모든 직원이 다 그렇게 하면 어떤 일이 생길까요?"

"전부 다 합하게 되면 꽤 많은 시간이 되네요."

"그렇죠. 그렇게 되면 팀 생산성에 어떤 영향을 미칠까요?"

"별로 좋지는 않겠네요. 제대로 성과를 내기는 어렵겠죠."

"맞아요. 이제 다른 직원을 보세요. 아무도 늦게 오지 않아요. 당신은요? 만약에 당신이 늘 제시간에 도착하고, 다른 사람이 늘 늦는다고 생각해 보세요. 기분이 어떨 거 같으세요?"

"아마 신경질이 나겠죠. 왜 쟤들은 늦게 오고 난 제시간에 와야 하지?

라는 생각이 들 거예요."

"그렇지요. 그럼 이렇게 자주 지각하는 사람을 어떻게 생각하시겠어요?"

"특별한 것도 없으면서 뭐라도 된 것처럼 군다고 화를 낼 거예요."

"그렇죠. 자 그럼 이제 늦는 것에 대해 어떻게 생각하세요?"

"제가 지각하면 팀원들이 화가 날 테고 공정하지도 못한 거네요."

"좋아요. 이제부터 어떻게 하실 거예요?"

"제시간에 출근해야겠네요."

"그렇게 말해주니 좋네요. 확실하게 제시간에 오려면 뭘 바꿔야 할까요?"

"이제 피드백이 어떻게 작동하는지 알 수 있어. 이렇게 코칭대화를 계속해서 톰이 제시간에 도착할 수 있도록 하는 몇 가지 방법을 찾겠구나."

"그렇지. 그렇게 진행해서 목표를 향한 첫 단계를 찾아낼 수 있어. 물론 이건 대화를 나누는 방법에 대한 예시일 뿐이야. 상대가 제대로 된 대답을 내놓지 않을 수도 있어. 그런 때에도 관리자 입장에서 더 확실한 '말하기' 접근법을 쓸 수 있지."

"굉장히 유용하겠네." 로날드가 말했다.

"코치로서 피드백을 주는 걸 얘기하는 줄 알았는데." 앨리스가 말했다.

"그러고 있는 거야. 약간 옆길로 새긴 했지만. 암튼 코치가 주는 피드백과 관리자가 주는 피드백의 차이를 말하는 중이야." 리타가 대답했다.

"상호 관계가 다르기 때문이겠지." 로날드가 말했다.

"그렇지. 코치와 코칭고객과는 상하 관계가 아니거든. 근데 관리자와 직원의 관계는 상하 관계가 적용되지. 코칭관계를 생각해 보면, 관리자보다는 코치가 자기 의견을 제시하는 게 적어. 코치 역할은 자기가 관찰한 결과를 사실적인 방식으로 피드백하고, 코칭고객의 관심을 불러오는 거지."

"뭘 관찰하게 되는데?" 로날드가 물었다.

"몇 가지가 있어.

- 코칭고객이 주로 사용하는 언어나, 표현하는 방법과 관련된 것들. 코칭고객의 생각지도에서 뭔가 강조하기 위해서 라든가, 문제를 설명하는 방식에 대해 집중해서 피드백을 주는 경우지.
- 또 하나는 코칭고객이 보여주는 비언어적 정보에 대해서 피드백을 주는 경우야. 예를 들면, 코칭고객이 '아니'라고 말하면서 고개는 끄덕인다든지. 한눈을 판다든지, 목소리가 변한다든지 그런 상황을 피드백하는 거지.
- 코치가 시간이 지나면서 알아차리는 사고패턴이나 행동패턴에 대한 관찰내용을 피드백할 수도 있어. 코칭고객이 이성 동료와 일하는 게 불편하다고 반복해서 말하는 걸 알아차리게 되는 때도 있겠지. 화를 내지 않으려고 참는 기색을 느낄 때도 있겠고, 코치의 생각을 반복해서 물어보는 경우도 피드백을 주게 되지.

"코칭고객이 코치한테 직접으로 피드백을 해달라고하는 건 좋은 게 아닐까?" 로날드가 물었다.

"상황에 따라 다를 수 있어. 코칭고객이 의사결정이나, 결과물에 대한 책임을 회피하려고 피드백을 원하는 경우는 코치의 피드백이 도움이 안 돼. 마찬가지로 코칭고객이 코치의 피드백에 의존하는 건, 자신에 대한 믿음이 부족하거나 자기감정을 조절하지 못하는 것일 수 있지."

"그러면 코치가 피드백을 줘도 될 때는 언제야?" 앨리스가 물었다.

"코칭주제와 관련이 있는 뭔가를 알아차렸을 때 피드백을 줘야 해. 그렇게 말하면 코치가 관찰해야 할 게 엄청 많은 것 같지만, 사실은 코칭고객의 목표와 코칭의 목적에 맞지 않는 관찰은 필요하지 않거든. 코치가 뭔가 알아차렸는데 그게 필요한 관찰인지 피드백 주기에 적절한 내용인지 확신이 서지 않는 경우가 있어." 리타가 말했다.

"그럴 땐 어떻게 해?" 앨리스가 물었다.

"아마 그걸 코칭고객의 관심과 연결하고 그것에 관해서 물어볼 수 있지."

"넌 '아마도'라든가 '~일지도 모른다.' 라는 단어를 쓰는데 그거에 대해서 추가로 설명할 게 있니?" 로날드는 자기가 알아차린 리타의 단어 사용에 관해 물었다. 리타는 미소를 지었다. "아주 잘 말했어. 내가 그 두 단어를 신경 써서 사용하는 걸 알았구나."

"그래서?" 로날드가 재촉했다.

"몇 가지 이유가 있어. 하나는 지금 우리는 사례를 가지고 얘기하고 있어. 그래서 상황에 대해 정확하게 규정짓는 게 어려워. 두 번째는 코칭은 다른 사람과 함께 진행하는 과정이고, 여러 요소가 작동하게 되니까 흑백으로 딱 잘라 말하는 게 불편해. 대부분 회색지대에 관한 내용을 많이 다루게 되거든. 그럴 때는 뉘앙스가 매우 중요해."

"이제 두 가지 이유는 알겠어! '몇 가지 이유'라고 했지? 다른 건 뭐야?" 로날드가 채근했다.

"관찰력이 뛰어난걸! 피해 갈 수 없겠네." 리타가 웃으며 말했다.

"뭘 피해 가고 싶은데?" 앨리스가 물었다.

"내가 자신에 대해선 별로 얘기하지 않는다는 걸 알아차렸나 몰라. 너희에 관한 얘기는 하지만 나에 대해선 별로 말하지 않거든." 리타가 말했다.

"네 말이 맞아. 지난 며칠간 같이 지냈는데도 어떤 면에서는 널 잘 알지 못한다고 생각해. 너는 코칭에 대해 얘기하고, 설명하고, 때로는 질문을 하거나 직장에서 일하는 상황들만 얘기했지. 왜 그런 건지 말해 줄 수 있니?"

리타는 심호흡을 했다. "말해 줄 수는 있지. 그래, 내가 그런 얘긴 좀 불편해. 내가 어릴 때 우리 집은 대가족이었어. 그때는 모든 게 희거나 검었어. 옳고 그름이 명확해야 했던 거지. 부모님이 매우 엄격하신 분이셨거든. 만약 정해진 규율을 넘어서 '잘못'을 저지르면 엄청나게 혼났지. 나는 부모님의 기대에 부응하려고 최선을 다했지만, 부모님들을 만족시켜 드리긴 어려웠어. 엄격하고 억눌린 환경이었다고 생각해. 물리적인 환경은 아니고, 어떻게 행동하고, 생각하고, 느낌에 대한 억제가 심했지. 내 식으로 할 수 있는 여지가 거의 없었어. 부모님의 엄격한 생활방식을 따라야 한다고 느꼈고, 행동이나 말할 때마다 잘못하지 않으려고 매우 신경 썼지."

"놀랍네. 그럴 거라고는 전혀 생각하지 못했어." 로날드가 말했다.

"지금은 많이 달라졌어." 리타가 계속해서 말을 이어갔다. "하지만 여전히 그 영향은 내게 남아있어서 나 자신을 자유스럽게 표현하는 걸 꺼려해. 여자애들끼리 모여서 수다 떠는 것도 싫어해. 거기 모인 친구들은 서로 수다 떨고, 서로 별거 아닌 얘기에 맞장구치고, 그들이 믿는 것이 진실

14. 먹을 수 있는 케이크   243

이라고 선언하거든. 근데 나는 누군가 나더러 틀렸다고 할 때는 대비해서 '아마도'라든지 '그럴 거야'라는 단어를 써. 누군가 내가 하는 말이 틀렸다고 생각하고 행동할 때에 대비하는 거야."

"누군가 '리타, 네가 틀렸어!'라고 하면 어떻게 되는데?" 앨리스가 물었다.

"그럴 수 있지. 내가 모르는 게 많거든." 리타가 말했다.

"아주 합리적으로 피해 가네. 그런 네가 틀렸다면 무슨 의미지?"

리타는 잠시 생각하다가 조용히 말했다. "로날드. 지난 며칠간 많은 걸 배웠네?"

"고맙게 생각해." 로날드가 대답했다.

로날드와 앨리스는 기대하는 눈으로 리타를 바라보았다.

"이 질문을 피해 갈 순 없겠네. 글쎄. 만약 누군가가 내가 정말 틀렸다고 생각했다면, 그건 내 자존심을 확실하게 건드린 거지. 거기엔 아직 내속에 남아있는 어린 시절의 기억도 같이 얽혀서 기분이 별로 좋지 않을 거야."

"그래서 틀릴 위험을 줄이려고 덜 명확한 언어를 사용하는 거야?" 로날드가 지적하듯이 말했다.

리타가 고개를 끄덕였다. "그런 걸 거야."

"작은 도토리에서 거대한 참나무가 자란다." 앨리스가 말했다.

"뭐라고 말한 거야?" 로날드가 물었다.

"우리가 하는 이 얘기는 리타가 '아마도'나 '그럴 거야'라고 말하는 버릇을 알아차린 데서 나온 거야. 우리가 그런 관찰을 통해서 리타를 발견해 내는 걸 생각해 보니 아주 재밌어." 앨리스가 신나서 말했다.

"그리고 이 상황이 코치로서 피드백을 주는 것에 관해 설명할 수 있게 하네. 코칭고객과 관찰내용을 공유하는 것이 다양성을 갖고, 자아 인식을 더 잘하게 하는 출발점이 되거든." 리타가 말했다.

"코치가 피드백을 제공하는 이유와 코칭고객의 관심을 끄는 데 도움이 되는 여러 사항에 관해 얘기했는데, 현장에선 어떻게 진행되는지 궁금해."

리타가 대답했다. "피드백은 사실과 관찰 가능한 행동에서 나와야 한다고 말했지. 예를 들면 대화 중에 코칭고객이 심호흡을 하고 입술을 깨무는 걸 관찰했다고 하자. 그럴 때 코치는 다음과 같이 피드백을 할 수 있어."

- '승진을 원한다'고 말할 때 심호흡을 하고 입술을 깨무는 걸 봤어요.
- 승진하고 싶은 마음이 있다는 것을 알았습니다.
- 승진을 원하는지 확신이 없는 것 같습니다.
- 승진할 자격이 있다고 믿지 않는군요. 그게 당신이 마주하고 있는 진짜 장애물일 수도 있습니다.

'이런 것들을 다 어떻게 생각해 냈지?'

"첫 번째 피드백은 매우 사실적이야. 코치가 보고 들은 걸 정확하게 묘사한 거지." 앨리스가 말했다.

"두 번째 피드백은 코치가 해석한 내용이 들어있어. 코치는 심호흡과 입술 깨무는 행동이 어떤 감정을 나타낸다고 추론하고 있어. 하지만 그게 뭔지 알려고 시도하지는 않은 거지."라고 로날드가 말했다.

"세 번째 피드백은 어때?" 리타가 물었다.

"코치가 그걸 어떻게 알았는지 모르겠어. 코치가 본 것에서 코칭고객이 확신을 갖지 못한다는 결론으로 간 건 비약이라고 생각해." 로날드가 말했다.

"정말이야. 코치의 의견이 피드백에 들어 있는 것 같지." 리타가 말했다.

"난 마지막 피드백이 마음에 안 들어." 앨리스가 말했다.

"왜 마음에 안 든다는 거지?" 리타가 물었다.

"자기가 추정한 거잖아. 어떻게 코치가 그 행동으로부터 코칭고객의 믿음을 추론해 낼 수 있지? 장애물일 수 있다는 코치의 의견이 싫어."

"나도 그렇게 생각해. 마지막 피드백은 코칭고객보다는 코치에 대해 더 많이 말해주는 거 같아." 로날드가 말했다.

"맞아. 그 두 가지 피드백은 코치와 코칭고객 관계에서 경계를 넘어선 상황이라고 생각해." 리타가 말했다.

"두 번째 피드백은 어때? 괜찮은 건가?" 로날드가 물었다.

"내 생각엔 첫 번째 피드백이 가장 명확하고 객관적이고 가장 바람직하다고 말하고 싶어. 그런데 코칭고객과 라포형성이 잘 되어 있고, 전부터 같이 일했던 사이라면 두 번째 피드백도 너무 많이 나아갔다고 볼 순 없을 거 같아. 도움이 될 수 있을 거야."

"중요한 건 두 가지 피드백 모두 새로운 관점의 코칭대화를 시작할 수 있는 계기가 될 수 있다는 거지."

"어떻게 말이야?" 로날드가 물었다.

"나는 당신이 승진을 원한다는 말을 할 때 심호흡을 하고 입술을 깨무는 걸 봤어요. 본인이 그러는 걸 느끼셨나요?'라는 질문에서 시작하는 거지. 그런 다음 '당신이 그렇게 말할 때 어떤 생각이 있었나요?'라고 질문하면서 코칭고객이 느낌을 분명히 말할 수 있는지 알아보는 거지. 여기서 목표로 삼는 건 일시적인 감정이나 생각일 가능성이 있는 뭔가를 코칭고객이 의식할 수 있게 해주는 거야. 그러면 무슨 일이 일어나고 있는지에 대한 추가적인 정보를 제공할 수 있지."

"내가 경영학에서 배운 피드백과는 다른 걸 얘기하고 있다는 걸 깨닫기 시작했어." 로날드가 말했다.

"코칭에서는 피드백이 단순히 의견을 제공하기보다는, 코칭고객의 인식을 돕기 위해 코치가 관찰한 것을 제공한다는 게 중요한 거구나."

전화벨이 울리고 리타는 문자메시지를 확인했다. "카밀라가 도착했네. 카밀라한테 너희가 코칭을 참관해도 될지 물어볼게." 리타는 카밀라에게 갔다.

라포Rapport

라포는 사람들이 서로의 감정이나 생각을 이해하고, 잘 소통하는 친밀하고 조화로운 관계라고 정의한다. 코치들은 코칭고객의 생각지도를 함께 공유하면서 코칭고객과 친분을 쌓을 수 있다. 여기서 생각지도를 함께 공유한다는 것은 코칭고객의 의견에 동의한다는 것이 아니라 코칭고객의 생각이나 느낌, 가치 및 신념이 정확히 코칭고객의 것이라는 걸 받아들이고 다양한 가능성을 탐구하는 과정에서 코칭고객과 함께한다는 것을 의미한다.

"저항은 라포 결핍의 표시다."

"앨리스, 여기야! 그 생각이 마음에 드니?"

"네. 말이 되네요. 저는 어떤 일이 일어나고 있는지 정말로 이해하기 위해서는 코칭고객이 경험한 심층구조에 도달하는 것이 중요하다는 걸 알았어요."

"앨리스, 넌 계속 심층구조만 말하고 있네. 그게 네가 먹은 케이크가 생각나게 하나 보네? 네가 어떻게 생각하는지는 내가 알지."

"벤 아저씨한테 말한 게 아니에요!"

아이코! 앨리스가 우리에게 심층구조와 표면구조를 생각나게 했네요. 그게 뭘 의미하는지 요약해 보겠습니다. 우리가 사용하는 단어는 경험의 표면구조라고 불리는 것이지요. 그것들은 우리 내부의 시각으로 보면 표면에 해당하는 거라서요. 하지만 단어라는 건 사물을 가리키는 표현일 뿐입니다.

어딘가에는 경험의 심층구조와 실제 경험 그 자체, 그리고 진정한 의미가 있습니다. 우리가 사용하는 단어들은 의도적이건 우연한 상황이건 우리가 진정으로 의미하는 걸 숨길 수도 있습니다. 코치는 그 단어들 속에서 진정한 의미와 경험을 찾아야 합니다.

"벤 아저씨, 제가 피드백을 좀 해드릴게요."

"앨리스, 네가? 좋아! 시작해 봐."

"아저씨 생일케이크가 들어있던 통은 이제 비었어요."

"그건 피드백이 아니야, 앨리스. 코칭에서의 피드백은 코칭고객이 특정한 단어를 말할 때, 코칭고객이 신체언어나 목소리 톤을 바꿀 때, 또는 코치가 행동이나 생각패턴을 알아차릴 때, 그런 관찰내용을 알려주고, 코칭고객의 주의를 환기시키는 걸 의미하거든. 앨리스, 네가 한 말은 관찰에 대한 피드백으로 들리지 않아."

"아저씨 말이 맞아요. 그런 경우, 전 그 케이크 통한테 이런 피드백을 주고 싶어요. '친애하는 케이크 통씨, 저는 당신이 비어 있다는 걸 알았습니다.' 어때요, 이게 한결 나을까요?"

"피드백의 정확성 면에서는 확실히 더 낫군. 앨리스, 그런데 내 생일 케이크가 어디로 갔는지에 대해 얘기해야 할 것 같아."

"그럴 시간이 없어요, 벤 아저씨. 우리는 카밀라의 코칭현장에서 어떤 일이 일어나는지 알아보러 가야 해요."

"맞네, 근데 앨리스, 케이크가 어디로 갔는지는 꼭 다시 얘기해야 해. 알았지?"

15

카밀라

코칭관계 갈등

리타는 카밀라와 함께 돌아왔다. 그 순간 앨리스는 '이건 아닌데' 라는 생각이 들었다. 하지만 자기가 뭘 기대했는지 정확히 알지 못했다는 생각도 들었다. 리타가 카밀라를 유명한 자선단체의 설립자라고 말한 건 기억하지만, 이렇게 우아한 줄무늬 양장에 하이힐을 신은 돼지인 줄은 몰랐다. 확실히 이런 걸 기대한 게 아닌데…

카밀라는 앨리스에게 자신을 소개하며 앞발을 내밀었다.

'정신 차려.' 앨리스는 자기 자신을 타일렀다. '지금은 그렇게 빤히 쳐다볼 때가 아니지.' 자기를 소개하는 로날드는 별로 당황한 표정은 아니었다. 앨리스는 자기만 과민반응을 하고 있다는 생각이 들었다.

'앨리스, 넌 거북이 리타에게서 코칭을 배우고 있고, 지난 며칠 동안은 물고기인 로날드와 함께 일하며 지냈지. 그동안에도 애벌레와 무당벌레를 도왔고, 침팬지에게 코칭을 해주는 걸 봤어. 레이나드 여우와 감옥에

간혔던 기억도 잊지 말아야겠지.' 앨리스는 혼잣말하며 자신을 꾸짖었다. '진정해, 돼지가 정장을 차려입고 하이힐을 신고 나타난 게 뭐 그리 별난 일이겠어?'

자신을 호되게 꾸짖고 나니 침착함을 되찾을 수 있었다. 그제야 앨리스는 카밀라를 향해 미소를 지었다. "코칭세션에 참관할 수 있게 해주셔서 고맙습니다."라고 앨리스가 정중하게 인사를 했다.

"반가워요. 리타의 학생들이라고 들었어요. 도움이 된다니 기뻐요." 카밀라가 말했다.

"카밀라에게 너희 둘 다 이 세션에서 보고 들은 것에 대해 비밀을 유지할 거라고 말했어." 리타가 다시 한번 확인하는 표정으로 말했다.

"물론이지." 로날드와 앨리스는 고개를 끄덕이며 말했다.

"시작하죠." 리타가 말했다. "오늘은 어떤 주제를 나누고 싶으세요?"

카밀라는 자기 자리에 앉아 말하기 시작했다. "오래된 문제예요. 잘 아시다시피 클라리사Clarissa는 우리 자선단체의 공동설립자입니다. 우리는 6년 전에 이 자선단체를 함께 시작했고, 그동안 매우 성공적으로 꾸려 왔습니다.

쉽진 않았지만 이제 일도 잘하고 번창하는 조직이 됐어요. 사실 클라리사와 제가 다르다는 건 항상 알고 있었고, 우여곡절도 많았어요. 최근 들어서는 상황이 점점 더 어려워지고 있습니다. 클라리사는 우리가 현재 규모로 계속 유지해야 한다고 생각해요. 지금까지의 성공을 계속 굳혀가야 한다는 거지요. 제 생각은 우리가 성장을 목표로 해야 해요. 향후 18개월 동안 사업을 확장할 방법을 찾아야 한다고 보는 거지요."

"그래서 뭐가 문제지요?" 리타가 물었다.

"일이 복잡해져서, 더는 클라리사와 함께 일할 수 있을지 모르겠어요. 정말 고집불통이에요. 돼지고집 같으니!" 앨리스는 웃음이 터져 나오려 했다.

"내 말에 귀를 기울이지 않아요. 어찌해야 할지 모르겠어요. 클라리사에게 우리가 지금 뭘 해야 할지 설명하려고 노력하지만, 클라리사는 내가 경솔하게 행동하고 있다고, 내 생각이 잘못 생각하고 있다고 말해요."

"오늘, 우리가 함께 할 시간에 뭘 하길 원하세요?" 리타가 물었다.

"좋은 질문이네요. 나는 앞으로 나아가고 싶어요. 그런데 우린 지금 꼼짝 못하고 있지요. 클라리사는 듣기를 거부하고 있고, 나는 그녀의 고집이 점점 원망스러워지고 있어요. 문제는 제가 옳다는 걸 안다는 거죠. 그녀의 생각이 일리가 있으면 이해하겠지만 전혀 전략적이지 않은 걸요." 카밀라가 말했다.

"앞으로 나아가고 싶군요. 지금은 오도 가도 못하고, 꼼짝 못 하고 있고요."

"네. 불가능한 상황이라고 생각하시나요?" 카밀라가 한숨을 쉬며 말했다.

"잘 모르겠습니다." 리타가 대답했다. "당신이 말하는 사업 확장이라는 게 뭔지 더 자세히 설명해 주시죠? 그렇게 해서 당신이 얻는 건 뭐지요?"

"우리가 옳은 일을 하고 있고, 자선단체를 올바른 방향으로 이끌어 간다면 그런 발전이 나를 기분 좋게 만들 거예요."

리타가 잠시 멈추게 했다. "확인할 게 있어요. '앞으로 나아간다'는 건 당신한테 무슨 의미인가요?"

"그건 클라리사가 우리가 뭘 할지 보고, 내 제안을 듣고, 그 제안을 진행하는 데 동의하는 것이지요.”

“아! 당신은 그녀가 마음을 바꾸고 당신의 제안에 따르기를 원하는군요. 그게 당신이 생각하는, 앞으로 나아간다는 것이고요. 앞으로 나아가는 길이라기보다는 당신이 앞으로 나아간다는 걸 의미하겠죠?” 리타가 말했다.

“그렇게 표현이 되네요. 나는 클라리사가 고집부리지 말고 마음을 열어주면 좋겠어요.” 카밀라가 대답했다.

앨리스와 로날드는 서로 눈짓을 주고받았다. 꽤 까다로운 상황이라는 의미였다. 로날드는 수첩에 이렇게 적었다. ‘지금 내가 코치가 아니라서 기쁨.’

‘나도!’ 앨리스도 자기 수첩에 그렇게 적었다.

“당신이 관심을 가질 만한 게 있어요. 지난 세션의 코칭목표가 뭐였는지 기억나세요?” 리타가 말했다.

“물론이죠. 우리 직원들이 좀 더 전략적으로 결정을 내리게 되고, 나는 조직의 목표에 더 많은 관심을 기울이는 것이었어요.”

“그들이 말을 듣지 않아서 실망했지요?” 리타가 말했다.

“그랬지요.” 카밀라가 말했다.

“그러면 첫 번째 코칭세션의 코칭목표는 뭐였나요?”

“후원을 늘려서 수입을 증가시키고 싶었어요. 훌륭한 후원자들이 있는데, 그분들이 기부금을 좀 더 늘리도록 하고 싶었지요.” 카밀라가 말했다.

“그분들이 당신의 요청에 응하지 않아서 실망했고, 그분들이 자선단체에 대한 당신의 계획을 듣지 않는다고 느꼈지요.”라고 리타가 말했다.

“네, 그게 중요한 부분이었지요.”

"여기서 중요한 주제가 하나 떠오르는데 눈치를 챘나요?" 리타가 물었다.

"그게 무슨 뜻이지요?" 카밀라가 물었다.

"주변의 문제에서 어떤 공통점이 보이시나요?"

"내 주위에는 온통 내 의견을 듣지는 않고 새로운 아이디어에도 귀를 틀어막고 사는 사람들뿐이에요." 카밀라가 말했다.

"그게 오늘의 주제를 보는 한 가지 방법일 거예요. 후원자, 직원, 비즈니스 파트너들이 귀담아듣지 않고 마음의 문을 닫고 있어요. 당신이 그런 사람들로 둘러싸여 있다니 흥미롭습니다." 리타가 말했다.

"알아요. 내가 뭘 잘못하고 있나요?" 카밀라가 말했다.

"그들 사이에는 어떤 공통점이 있느냐고 물어봐야 할까요?" 리타가 물었다.

"귀담아듣지 않는 것?" 카밀라가 대답했다.

"그것도 생각해 볼 수 있지요. 당신 말을 안 듣는 사람이 많은 것 같아요. 그들 사이에 공통되는 게 또 뭐가 있을까요?" 리타가 물었다.

"잘 모르겠네요." 카밀라가 대답했다.

"그들 모두는 어떤 사람과 문제가 있잖아요?" 리타가 물었다.

"아! 저요. 그들 모두가 저와 맞서고 있네요. 그렇지만 사실 당신이 뭘 제안하고 싶어 하는 건지 잘 모르겠어요." 카밀라가 말했다.

"제안하는 건 아니에요. 단지 뭔가 알려드리고 싶은 건 있어요. 당신은 그들 사이의 공통적인 연결고리예요. 당신은 그들 모두와 각각 같은 문제를 가지고 있지요. 공통분모는 당신이에요."

"그래서요, 내가 문제라는 건가요?" 카밀라가 화가 나서 말했다. "내 말을 전혀 안 들었군요. 다른 사람들 때문에 힘든 걸 해결하려고 여기에 온 거예요. 근데 오히려 나를 비난하는 건가요?"

"비난하는 게 아니에요. 제가 듣고 있다는 것도 약속할게요. 난 잠시도 당신이 이런 걸 원한다고 생각하진 않아요. 그리고 전 당신의 발전을 위해 최선을 다한다고 믿어요." 리타가 대답했다.

"그런데요?" 카밀라가 물었다.

"그런데요. 당신이 무심결에 이 상황에 기여하는 게 있다면 그게 어떤 건지가 궁금해요." 리타가 말했다.

"알았어요." 카밀라가 안정을 찾으며 말했다. "내가 바보 같은 건 아니죠?"

"전혀요. 당신이 바보 같다뇨. 왜 그렇게 물어보는지 궁금하긴 해요. 왜 그런 질문을 하는 거죠?" 리타가 대답했다.

"공통분모가 나라는 얘기에 나를 바보로 생각한다고 느꼈어요."

"그게 화가 난 이유예요?" 리타가 물었다.

카밀라가 고개를 끄덕였다. "사람들이 나를 바보로 생각하는 건 싫어요. 그건 정말 화가 나죠."

"사람들이 당신을 바보 같다고 생각하는 걸 싫어해요. 누군가가 당신을 바보로 생각한다면 무슨 일이 벌어지죠?" 리타가 카밀라의 말을 되풀이하면서 물었다.

"자기가 뭐라고 생각하지? 이 자선단체를 운영하는 데 뭐 보탬이 되겠어?'라고 생각할 거예요. 바보 같은 내가 그 일을 해낼 수 없다고 할 거예요."

"그렇군요. 그래서 누군가가 당신의 말을 듣지 않는다면, 그들이 당신을 바보로 생각해서, 그 일을 할 수 없다고 생각한다고 느낀다는 거지요. 그럴 때 당신은 그들에게 분노를 느끼고 몹시 화가 나요."라고 리타가 말

코칭 어드벤처

했다.

"화를 낸다고는 말하지 않겠어요. 화를 내는 건 나쁜 일이라고 생각해요."

"조금 전에 제가 당신에게 당신이 공통분모라고 말했을 때는 어떠셨어요?"

카밀라가 불만스럽게 입술을 앙다물었다.

앨리스는 돼지가 입술을 앙다무는 걸 본 적이 없었다. 사실 돼지 입술에 대해 들어본 적은 있었지만, 그런 표정으로 입술이 닫혀있는 건 본 적이 없었다.

앨리스는 로날드를 쳐다봤다, 그는 노트에 뭔가를 적고 있었다. 'GROW모델을 활용하고 있니? 아니면 다른 건가?' 앨리스는 급하게 갈겨쓴 답변을 로날드에게 보여줬다. 'GROW는 아닌 것 같아. 한 개의 질문에 집중하고 있어. 문제의 원인을 찾는 탐색을 다양하게 해보고 있나 봐?' '나중에 리타에게 묻자. 지금은 적당한 순간이 아니야.' 로날드가 적어서 보여줬다.

"당신이 입술을 앙다물고 있는 걸 봤어요. 알고 계셨어요?" 리타가 물었다.

"네." 카밀라가 이를 악물고 대답했다.

"기분이 어떠세요?" 리타가 물었다.

"화가 나요." 카밀라가 대답했다. "정말 화나요."

"왜 그렇게 화가 나는지 아시나요?" 리타가 물었다.

"당신이 나를 비난해서 화가 나네요. 하지만 실제로는 당신이 내 편이라는 걸 알아요. 그리고 당신이 나를 도우려는 것도요."

"그러세요? 내가 당신 편인 걸 믿으시나요? 내가 당신을 돕고 싶어 한다는 것도 믿으시나요?" 리타가 물었다.

"네, 믿어요." 카밀라가 부드럽게 말했다.

"그러면서도 당신이 설명한 것처럼, 내가 당신 '탓'을 할 때 화를 냈어요."

"그래요. 제가 너무 비이성적인 것 같아요. 이성적으로는 당신이 여기 도와주러 온 건지 알지만 여전히 화가 나요." 카밀라가 말했다.

"이건 집중해야 할 중요한 일이라고 생각해요. 무슨 일로 화가 났지요?"

"이제 알겠어요. 나는 남들이 내 생각을 귀담아듣지 않거나 진지하게 받아들이지 않는 게 싫어요. 그러면 내 속에서 화가 올라와요. 화가 나지만 그걸 내비치지는 않아요." 카밀라가 말했다.

"어떤 사람들이요?" 리타가 물었다.

"우리 직원들이요, 후원자들도 있고, 내 비즈니스 파트너도 마찬가지예요."

"그러면 만약에 그분들이 당신 생각을 듣지 않는다면, 그건 그들이 당신을 진지하게 받아들이지 않는다는 걸 의미하고, 그러면 당신은 화가 나는군요. 당신은 화가 나도 표현하지는 않고요. 화가 나는 걸 느끼는 거죠. 화가 난 건 어딘가에 표현하게 될 거예요. 화가 날 때는 뭘 하세요?" 리타가 물었다.

"그들이 내 의견을 들을 수 있게 하려고 더 노력하지요. 제 아이디어를 점점 더 밀어붙이게 돼요. 그들이 물러설 때까지 가만두지 않지요."

"그렇게 하면 결과가 어떤가요? 얼마나 효과적인가요?" 리타가 물었다.

"별로 효과적이진 않아요. 그들은 점점 더 듣지 않고, 나와 거리를 두기 시작해요."

"좋아요." 리타가 잠시 여유를 두고 말했다. "뭐가 어떻게 되고 있는지 알게 된 것 같아요. 당신의 어떤 아이디어나 당신만의 관점을 이야기하는 것을 사람들이 들어주지 않는다고 생각하면 화가 납니다. 당신은 그들이 당신을 바보로 여기고 그 일을 감당할 수 없다는 생각하고 있다고 자신에게 말해요. 그리고 화를 노골적으로 표현하는 대신, 당신의 생각을 더 강하게 밀어붙이는 식으로 대처하지요. 그랬더니 그 사람들은 당신 말을 더 무시하고 거리를 두려 해요.

여기서 그 사람들이란 건 직원들, 후원자, 그리고 비즈니스 파트너인 클라리사를 의미해요. 맞나요?" 리타는 말을 이어갔다.

카밀라는 심호흡을 했다. "정확하네요. 전엔 그렇게 생각한 적이 없었어요. 이건 도미노 세트 같아요. 첫 카드가 쓰러지면 차례차례로 넘어지죠."

"당신이 여러 번 말한 게 있는데요. 남들이 당신의 말을 듣지 않는 걸 느끼는 데서부터 분노가 시작된다고 말했죠. 우선 클라리사부터 시작해요. 그녀가 귀담아듣지 않는다는 걸 어떻게 알지요?"

"클라리사는 내 생각을 받아들이지 않고 무시해요." 카밀라가 말했다.

"당신은 다른 사람이 제안하는 아이디어들을 항상 받아들이나요?"

"아니요. 물론 아니지요. 사람들은 항상 내게 자기 아이디어를 말해요. 그런데 그 아이디어들은 거의 다 쓰레기죠."

"그땐 어떻게 해요?" 리타가 물었다.

"그냥 넘어가요. 그 모든 걸 처리할 시간은 없잖아요." 카밀라가 말했다.

"클라리사가 제안한 적은 없나요?"

"가끔은요. 나는 항상 귀 기울여 들어줘요. 근데 클라리사는 좋은 아이디어를 내놓는 편은 아니지요." 카밀라가 말했다.

"그녀에게는 어떻게 반응하세요?" 리타가 물었다.

"그냥 놔둬요. 별로 가치가 없는 것에 낭비할 시간은 없거든요."

리타는 앨리스와 로날드에게 빈 의자를 가리켰다. "그 의자를 여기 놓아 줄래?" 로날드는 리타가 원하는 대로 그 의자를 카밀라 앞에 갖다 놓았다.

리타는 빈 의자를 가리켰다. "클라리사가 저 의자에 앉아 있고, 당신이 마주 앉아 있다고 상상해 봐요. 당신은 그녀에게 뭔가 말하고 있는데 그녀는 듣고 있지 않아요. 천천히 생각해 보세요. 카밀라, 어떤 느낌이 들지요?"

카밀라는 반대편에 놓인 의자를 물끄러미 쳐다봤다. 앨리스는 카밀라가 입을 앙다무는 걸 알아챘다.

"좋아요." 리타가 말했다. "이제 카밀라가 느끼는 그 감정들은 그 의자에 그대로 두고 일어나 보세요." 리타는 잠시 말을 멈췄다. 그리고 클라리사의 의자를 가리켰다. "준비되면 저 의자에 앉아 보세요. 그 의자에서 당신이 클라리사라고 상상해 보는 거예요. 최선을 다해서 클라리사가 되어 보세요."

카밀라는 그 의자로 가서 앉아 몸을 가누었다.

리타는 계속해서 말했다. "당신이 이제 클라리사예요. 앞에 앉아 있는 카밀라를 한번 쳐다보세요." 리타는 카밀라가 잠시 전까지 앉아 있던 의자를 가리켰다. "클라리사가 어떻게 느끼는지에 집중하세요."

"신경질이 나요."

"뭐가 신경질 나게 하나요?" 리타가 물었다.

"카밀라는 자기가 나보다 낫다고 생각해요. 내 의견에 귀를 기울이지 않죠. 내 제안들은 뭐든 무시해요. 카밀라에게 짜증이 나요."

"좋아요, 이제 일어나서 저와 함께 이리로 오세요." 리타는 방 저쪽으로 걸어가며 말했다. 카밀라는 몇 걸음을 걸어 리타가 있는 벽 가까이 다가갔다. 리타는 계속해서 말했다. "이제 당신과 내가 이렇게 먼 곳에서 카밀라와 클라리사를 보고 있다고 상상해 보세요. 우리는 카밀라가 자기 말을 듣지 않는다고 화내는 걸 보고 있어요. 화가 날수록 자기주장을 밀어붙이고 있어요.

클라리사를 봐요. 카밀라는 자기가 더 낫다고 생각하고 클라리사의 의견은 무시하고 듣지 않아요. 클라리사는 신경질이 나요. 이렇게 여기서서 객관적으로 바라보니 뭘 알 수 있나요?"

"아! 그러네요. 그들도 똑같아요. 저와 같은 감정을 느끼고 있다는 거지요." 카밀라가 말했다.

"맞아요. 그들도 마찬가지죠. 이 상황은 누구의 책임이지요?" 리타가 말했다.

"양쪽 모두네요. 그리고 둘 다 아니라고도 말할 수 있어요. 둘 다 나름대로 노력하고 있잖아요?" 카밀라가 말했다.

"같은 생각을 하고 있지만, 어딘가에 갇혀서 어떻게 소통을 해야 할지 모르는 것이군요. 여기 서서 객관적으로 보니, 어떤 게 도움이 될 거 같으세요?"

"만약 둘 중 한 명이 상대방의 의견뿐만 아니라 그 감정에도 귀를 기울여준다면, 상대방을 소중하게 생각한다는 걸 보여준다면 그런 게 도움이 될 거라는 생각을 하게 돼요."

"좋아요, 이제 이리 와서 앉으세요." 둘이 마주 앉았다. "요약을 해보지요. 저기에서 방금 생각한 걸 다시 회상해본다면, 지금 뭘 하고 싶으세요?"

카밀라는 수심에 차 보였다. "뭔가 바뀌어야 하는 걸 알 수 있어요. 우리 중 누군가는 지금과는 다르게 말하고, 다르게 듣고, 다른 걸 가치가 있게 여겨야 하네요."

"맞아요, 카밀라, 두 분 중 한 명은 바뀌어야 해요. 당신은 클라리사를 변화시킬 수 있으세요?" 리타가 물었다.

"아뇨. 클라리사를 바뀌게 하긴 어려워요. 안 변할 거예요. 왜 변하려 하겠어요? 그럼, 저네요. 그렇죠! 내가 변해야 하네요." 카밀라가 천천히 말했다.

"반드시 해야만 하는 건 없어요."

"내가 노력하면 클라리사도 변할 수 있을까요?" 카밀라가 물었다.

"어떻게 하면 그걸 알 수 있을까요?"

"해 봐야죠. 뭐." 카밀라가 대답했다.

"바로 그거예요. 하지만 분명히 하고 싶은 건, 꼭 그래야만 하는 건 아니에요. 당신이 그렇게 하기로 하는 게 더 중요해요. 나는 나 자신의 성장을 위해 뭘 할지 내가 선택할 수 있다는 자유로운 마음이 우선되어야 하지요."

"이번 기회를 통해 성장하고 싶어요. 이 갈등이 나를 불행하게 만들고 있거든요. 내가 뭘 하면 좋을까요?"라고 카밀라가 말했다.

"뭘 하는 게 도움이 될 것 같으세요?" 리타가 물었다.

"클라리사와 얘기를 해봐야겠어요. 그녀가 어떻게 느꼈는지 잘 들어보고, 내가 그녀와의 관계에서 공정하지 못했다는 걸 인정해야지요."

"결과는 어떻게 될 것 같으세요?" 리타가 물었다.

"클라리사와 얘기하고, 다른 얘기도 나눌 거예요. 그녀를 판단하지 않고, 내 관점을 강요하지 않고 잘 경청할 거예요."

"그러면 당신의 목표는 클라리사의 말을 듣는 거군요. 당신이 그녀를 판단하지 않고, 당신 관점을 밀어붙이지 않는다고 하셨는데, 그럼 그 대신에 어떻게 하실 건가요?"

앨리스와 로날드는 서로 쳐다봤다. '마침내 목표단계에 들어섰군!' 로날드가 수첩에 휘갈겨 쓴 걸 내밀었다. '그녀가 원하지 않는 것이 아니라 그녀가 원하는 것을 확인하도록!' 앨리스도 수첩에 후다닥 적어서 보여줬다. "인내할 것, 개방적일 것, 동의하지 않더라도 그녀의 관점을 받아들일 것."

"아주 좋아요! 인내하고, 마음을 열고 받아들일 때 어떨 것 같으세요?"

카밀라는 심호흡을 했다. "느긋하고, 조금 느리고, 많이 사려 깊을 거예요."

"호흡이 바뀌셨어요. 편안하면 어떻게 호흡을 하시나요?" 리타가 말했다.

"더 깊게 숨을 쉬는 것 같아요. 그리고 좀 더 천천히 쉬지요." 카밀라가 대답하면서 다시 한번 심호흡을 했다.

"지금 심호흡한 걸 봤어요. 심호흡할수록 긴장이 풀리는 게 느껴져요."

카밀라가 고개를 끄덕였다.

"지금 당신이 클라리사를 바라보면서 숨을 크게 들이쉬고, 그녀가 말하는 동안 편안함을 느끼는 상황이라고 상상해 보세요. 어떤 걸 알 수 있을까요?"

"클라리사를 좀 더 잘 볼 수 있어요. 제 말은 그녀를 더 선명하게 볼 수 있다는 거죠. 그녀가 뭘 말하고 있는지, 뭘 느끼고 있는지 들을 수 있다는 거예요." 카밀라가 말했다.

"맞아요. 클라리사를 더 분명하게 볼 수 있고, 실제로 뭘 말하는지, 뭘 느끼는지 들을 수 있어요." 리타가 말했다.

"잠깐 일어나 보실래요? 카밀라는 그대로 그 의자에 두고, 준비되면 클라리사 의자에 앉으세요. 다시 클라리사가 되어 보시는 거예요. 맞은편에서 당신을 바라보며, 당신의 말에 귀를 기울이고 있는 카밀라를 보세요. 클라리사로서 기분이 어때요?"

"아까와 달라요. 존중 받는 느낌이에요. 신경을 써 주는 걸 알게 된 느낌이요."

"맞아요. 다시 카밀라로 돌아와서 클라리사에 대해서 어떤 느낌이 드시나요?" 리타가 빈 의자를 가리키며 덧붙였다.

"훨씬 마음이 열려 있는 것 같고, 대화가 통할 것 같고, 그녀의 이야기도 들어보고 싶어요."

"좋아요." 리타가 시계를 힐끗 쳐다보며 말했다. "시간이 다 됐네요. 다시 이리로 오세요. 카밀라에게 드리는 질문이에요. 이제 뭘 먼저 하시겠어요?"

"숨을 깊게 들이쉬고, 클라리사와 얘기를 나눌 때 그녀의 입장을 고려하는 것이죠. 고마워요." 카밀라가 말했다. "정말 고마워요."

"저도 기뻐요." 리타가 말했다. 카밀라가 자리에서 일어났다. 로날드가 말했다. "만나서 반가웠습니다. 그리고 참관하게 해 주셔서 감사합니다."

잠시 정적이 흘렀다. 리타는 카밀라를 바라봤다.

"클라리사와의 관계를 주제로 다뤘지만, 나중에는 그걸 얼마나 확장해서 다른 상황에도 적용할 수 있는지 생각해 보시기 바래요."

16

먹을 수 있는 입장

지각적 입장

앨리스는 카밀라의 코칭 참관을 하는 동안 얼마나 시간이 흘렀는지 깨닫지 못했지만, 케이크를 먹은 기억은 이미 사라졌고 다시 배가 고프다는 생각이 솟구쳤다. 간식이 저녁 식사를 망친다는 말은 전혀 걱정할 필요가 없었다.

리타는 앨리스와 로날드에게로 왔다. "재미있는 세션이었어." 그녀가 말했다.

"질문할 게 백만 가지나 돼." 로날드가 말했다.

"그럴 줄 알았지." 리타가 대답했다.

"배고파 죽겠어." 앨리스는 그렇게 말했다.

"나도 그래." 리타가 말했다. "요 앞 모퉁이를 돌면 근사한 식당이 있어. 우리 거기 가서 좀 더 얘기하는 게 어때? 로날드의 질문도 해결해 보자고."

그들 세 명은 다시 아트리움으로 걸어가 콘퍼런스 센터를 나왔다. 아직 환하긴 했지만, 곧 어두워질 것 같았다. 앨리스는 시간 가는 줄 모르고 있었다. 하긴 앨리스에게 시간을 알려주는 유일한 시계는 뱃속에 들어있었다.

"피자 먹을래?" 리타가 눈앞의 이탈리안 레스토랑을 가리키며 말했다.

"좋지!" 로날드가 말했다.

앨리스도 고개를 끄덕였다. '최근에 피자를 엄청 많이 먹었는데.' 앨리스가 혼잣말했다. '조심하지 않으면 피자처럼 보일 거야.'

그들이 빈 테이블에 앉았을 때 웨이터가 다가왔다. "주문하시겠어요?"

"아스파라거스, 호박, 페타치즈가 들어간 피자로 주세요." 리타가 말했다.

"저도요." 로날드가 말했다. "저도 그걸로 주세요." 앨리스도 말했다.

"네, 곧 가져다드리겠습니다." 웨이터가 말했다.

"그래, 질문이 뭐니?" 리타가 물었다. "아! 근데 그 전에 코칭세션을 참관하고 느낀 점부터 말해줄래?"

"코치가 자기가 관찰한 걸 피드백 해주는 걸 봤어." 로날드가 말했다.

"코치가 카밀라의 상황 그 자체보다, 그 상황에 대해 카밀라가 '어떻게' 생각하는지에 집중하는 걸 알 수 있었어." 앨리스가 말했다.

"그리고 카밀라가 조난자의 입장에서 시작해서 박해자가 되는 걸 알았지."

"카밀라는 아마 구조자 입장에서 시작했다고 볼 수 있어. 그날 해결해야 하는 모든 걸 해내려 하고 있지. 그러다가 조난자 입장이 되고, 박해자 입장도 되면서 삼각관계 사이클을 돌고 있어." 리타가 말했다.

"그 자리에서 코치는 정말로 코칭고객의 생각지도를 따라가고 있다는 걸 알았어. 코칭대화는 카밀라가 상황을 어떻게 인식하고 있는가와 그 상황에서 어떤 느낌을 드는가, 그리고 무슨 생각을 하는지를 다루고 있었어."

"카밀라가 사용한 단어와 문장들을 몇 개 선별해서 그대로 들려주는 피드백을 하는 걸 봤어." 로날드가 말했다.

"맞아, 너희 둘 다 정말 제대로 참관을 했구나." 리타가 말했다.

"그 의자와 관련한 내용을 말해줄래? 카밀라에게 딴 의자에 앉아 보라고 하던 거, 그게 뭐였지?" 로날드가 요청했다.

"좋아. 하지만 먼저 이론적인 것부터 설명해 줄게." 리타는 테이블 위의 접시를 의자 대신 자리 배치에 활용하면서 설명했다. 그녀는 자신의 거북껍질 속에서 립스틱을 꺼내 접시마다 글자를 쓰기 시작했다.

"어떤 상황에서건 뭔가 받아들이는 데는 세 가지 서로 다른 입장이 있어."

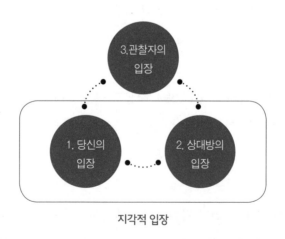

지각적 입장

"첫 번째는 너의 입장이야. 네가 어떻게 느끼고 너 자신이 처한 현실을 알고, 네 생각과 신념, 가치관, 목표와 필요한 걸 확인하는 거지. 이 위치는 자기 자신과 자기의 경계를 아는 데 필수적이야. 두 번째는 상대방의 입장, 상대방의 관점, 느낌, 생각, 가치관 그리고 믿음을 경험하지. 이 입장은 너 자신을 내려놓고 상대방이 어떻게 생각하는지 알려고 노력해. 첫 번째 입장인 너의 입장에 머물러 있으면 상대방에게 네가 보는 세계관을 강요하게 돼. 두 번째 입장에 가면 상대방도 자신의 세계관을 가지고 있다는 걸 알게 되지."

"두 번째 입장에 있으면 어떤 좋은 점이 있겠니?" 리타가 물었다.

"그건, 우리가 공감할 수 있도록 도와줄 거야." 앨리스가 말했다.

"다른 사람의 관점을 이해하고 인정하는 데 도움이 돼." 로날드가 말했다.

"그렇지. 두 번째 입장에 있어야 상대방의 느낌에 공감할 수 있어."

"그건 동정하는 것과는 다른 거지?" 앨리스가 물었다.

"동정하는 건 상대방에 관한 관심과 배려에 관련된 감정이라고 할 수 있어. 그런데 동정에는 감정을 공유하는 건 포함되어 있지 않아. 동정은 내 입장에 나 자신을 두는 거라서 자기 입장에서 상대방에 관한 관심을 갖는 수준에서 상대방이 다른 방식으로 느끼거나 다른 상황에 있었으면 좋겠다고 기대하는 경우가 생기곤 해. 공감하는 거와 동정하는 건 비슷하지만 내가 '어느 입장에서 상대방을 받아들이고 있는가'라는 점에서 미묘한 차이가 있어."

"그럼 세 번째 입장은 어떤 거야?" 로날드가 물었다.

"세 번째 입장은 객관적인 관찰자 입장이야. 특정한 상황이나 관계를 떠나서 객관적인 입장에서 한 걸음 물러서서 보고 있는 거지. 공평한 시각에서 상황을 보니까 더 큰 그림을 볼 수가 있어. 관련된 모든 사람이 더 넓은 그림을 보고 자신만의 감정에서 벗어나는 데도 도움이 돼."

"카밀라의 코칭세션에서 그런 걸 볼 수 있었어. 카밀라가 관찰자 입장에 서게 됐을 때, 그녀는 양쪽 모두의 입장을 더 객관적으로 바라볼 수 있었지. 그렇게 되니까 그들 사이에 어떤 게 꼬여 있는지 분명히 알게 됐어." 로날드가 말했다.

"그래, 정말 그랬지." 리타가 말했다. "자기의 입장이나 상대의 입장에 있을 때는 여전히 흥분되어 있었어. 그 감정이 세 번째 입장에 서면서 풀어지더군."

"보통 때도 그런 식으로 진행 돼?" 로날드가 물었다.

"전혀 그렇지 않아. 내 경험에 비춰보면, 코칭고객에겐 익숙하지 않은 지각적 입장이 하나 있게 마련이야. 상대의 입장에서 뭔가를 생각해 본 적이 없을 수 있지. 아마 너희도 남의 입장을 이해하는 건 한 번도 생각해 본 적이 없는 사람들을 만난 경험이 있을 거야."

"맞아!" 로날드와 앨리스는 동시에 외쳤다.

"그렇지? 그래서 그들이 상대방의 입장에서 보는 두 번째 위치를 놓치고 있는 거야. 코칭에서 그걸 자원으로 제공하면 도움이 될 수 있지."

"모든 사람은 평소에 늘 첫 번째 위치에 있지. 누구나 익숙한 위치야." 로날드가 말했다.

"그렇지 않아." 리타가 말했다. "매우 초연한 사람도 있고 아주 단절되어있는 사람도 있어서 자기 자신의 감정과 연결이 어려운 사람들도 있어. 그들은 관찰자 입장인 세 번째 위치에 머물려는 경향이 있거든. 아주 냉소적인 태도를 견지하는 사람들이지. 때로는 아예 자기의 입장은 신경쓰

코칭 어드벤처

지 않고 남의 입장만 중시하는 경우도 있어. 상대방의 요구와 감정을 우선하다 보니 자기 입장, 즉 첫 번째 입장에 서는 걸 너무 못하기도 해."

"그걸 상호의존성이라고 생각해도 돼?" 로날드가 물었다.

"그렇다고 볼 수 있지. 상대방이 어떻게 느끼는가에 시간을 많이 쓰는 사람은 결국 자신의 행복도 상대방을 행복하게 만드는 데서 찾으려 하거든. 사람들이 세 번째 입장에 머물려고만 한다거나, 두 번째 입장만 중시하다가는, 첫 번째 입장에 있어 보는 경험이 너무 부족해지게 돼."

"첫 번째 입장이 코칭의 실마리가 되는 건 어떤 경우지?" 로날드가 물었다.

"자기 느낌에 정말 솔직해지는 건 언제 중요한 걸까?" 리타가 되물었다.

"뭘 먹을지 결정할 때!" 앨리스가 기대에 찬 눈으로 웨이터를 바라보며 말했다. "배고파 죽겠을 때!"

"그거 실질적이고 좋은 사례네. 결정해야 할 때 우린 자기 느낌을 중시하지. 건물을 사거나 어떤 관계가 시작될 때, 너흰 그 건물이나 그 사람에 대한 객관적인 분석부터 하게 되니?"

"난 분석 같은 건 안 해." 앨리스가 말했다. "난 성격만 보고 친구를 고르지는 않거든. 난 같이 있으면 기분이 좋아지는 친구가 좋아."

"맞아." 리타가 말했다. "관찰자적 입장도 중요하지만, 결정을 내릴 때 자기감정에 주의를 기울여야 할 수 있거든."

"내가 관찰자적 입장인 세 번째 입장을 제대로 이해했는지 잘 모르겠어. 상상하기가 어려워." 앨리스가 말했다.

웨이터가 나타났다. "피자 삼 인분 나왔습니다. 맛있게 즐기세요."

앨리스는 피자를 내려다보며 리타의 말을 곰곰 생각하고 있었다. 고소하고 맛있는 냄새가 군침을 돌게 했다. 피자를 한 입 베어 물 생각에 다소 흥분되기도 했다. '피자는 포크와 나이프로 장난치면 안 되지, 피자는 역시 손으로 먹는 게 정석이지.' 앨리스는 그런 생각을 하면서 피자 한 쪽을 집어 들려고 했다. 그런데 이상한 일이 일어나기 시작했다. 피자가 점점 밑으로 가라앉는 느낌이 들었다. 앨리스가 한 조각 집으려고 손을 뻗었을 때는 이미 그녀의 손이 닿지 않는 저 아래쪽으로 멀리 가버렸다. '나, 날아오르고 있니?' 앨리스는 자신에게 물었다. 지금은 그녀를 태운 우버드 택시도 없었다.

앨리스는 식당 천장에 올라 저 아래에 놓여 있는 테이블들을 바라보았다. 놀랍게도 거기 앨리스의 의자에는 어린 소녀가 한 명 앉아 있었다. '내가 자리를 뜨자마자 내 자리를 차지한 쟤는 누구지?' 그 어린 소녀는 리타와 로날드를 잘 아는 것 같았다. 그들은 즐겁게 대화를 나누고 있었다. 그 소녀는 앨리스의 피자까지 먹고 있었다.

'이런 도둑 같으니, 멈춰! 그건 내 피자야, 손 떼라고!' 앨리스가 소리쳤다.

앨리스는 식당 전체를 다 내려다볼 수 있었다. 하지만 아무도 앨리스가 소리지르고 있는 걸 알지 못하는 것 같았다. 앨리스는 좀 더 자세히 그 소녀를 살펴봤다. 그녀는 앨리스와 똑같이 차려입고 있었다. 실제로 그녀는 앨리스가 기억하는 자기 모습과 엄청나게 똑같았다. 하긴 요 며칠 엄청나게 바빠 거울 볼 새가 없어서 최근의 모습이 어떤지 기억나는 건 아니지만 분명히 그녀는 나를 아주아주 많이 닮아 있었다. '쟤와 나는 쌍둥이 같아.'

'그러네!' 앨리스는 금세 상황을 깨달았다. '나한테는 일란성 쌍둥이 동생이 있는데 이제야 자신을 드러내기로 했군. 얼마나 신나고 흥분되는 일인가!' 앨리스는 자신과 쌍둥이 동생을 좀 더 자세하게 비교해보려고 했다. 순간, 그녀는 너무 놀라서 숨이 멎을 지경이었다. 천장에 올라와 있는 앨리스에게는 신체가 없었다. 앨리스의 생각이 있는 거기에는 아무것도 없었다. 돌아서서 위아래를 훑어봐도 자신의 몸이라고는 어느 한 부분도 보이질 않았다.

앨리스는 자책하기 시작했다. '이번엔 너무 부주의했어. 몸을 잃다니! 숙제나 수학책이 아니라 자기 몸을 잃어버리는 건 또 뭐니? 그건 용납할 수 없는 일이야. 자, 숙녀분, 잘 생각해 봅시다. 몸을 마지막으로 본 게 어디죠?' 자신에게 묻고 잠시 생각에 잠겼다.

테이블에 앉아있을 때 자신의 몸을 마지막으로 본 게 생각났다. 피자를 잡으려고 왼팔을 앞으로 뻗었던 걸 똑똑히 기억했다. '그럼 테이블에 두고 온 게 틀림없어.' 혼잣말로 대답했다.

'테이블에 내 몸을 놔둔 거면, 저 여자애는 나야. 그 애가 나라면 여기 있는 나는 누구지?' 이번에도 앨리스는 자신에게 묻지 않을 수 없었다. '논리적으로 생각해 봐. 내가 지금 나를 지켜보고 있다면, 그렇다면?'

'세 번째 입장!' 낯설고도 익숙한 소리가 말하는 게 들렸다. 자기 목소리처럼 들렸지만 확신할 순 없었다. 그럼에도 목소리가 말해준 내용은 맞았다. 이제 상황을 이해했다. 앨리스는 더는 자신의 입장에 있지 않았고, 무슨 일이 일어났든, 세 번째 입장에서 관찰자적 입장을 경험하고 있었다.

앨리스는 이제 상황을 파악했고, 자신이 어디에 있는지도 이해했다.

마음을 가라앉히고 결국 상황이 그렇게 나쁜 건 아니라고 판단했다. 예를 들면 앨리스는 매우 배가 고팠었고 피자라곤 한 조각도 못 먹었지만, 지금은 배가 고프지 않았다. 주위를 둘러보면서 식당 안에 있는 다른 사람들도 관찰하기 시작했다. 앨리스와 리타, 그리고 로날드의 뒷 테이블에서는 남녀 한 쌍이 손을 잡고 있었다. 이웃 테이블에는 아빠와 엄마, 그리고 세 아이가 있는 가족이 있었다. 웨이터가 그들에게 말하고 고개를 끄덕이는 걸 볼 수 있었다.

리타와 로날드, 그리고 앨리스가 있는 테이블을 내려다봤다. 그들은 좋은 친구처럼 보였다. 여전히 한 명은 거북이고, 다른 한 명은 물고기라는 게 좀 특이했지만, 그건 벌써 오래전에 익숙해져 버린 상황이었다. 그들은 아직도 활기차게 이야기를 나누고 있었다. 테이블에 남아있는 앨리스와 원래부터 거기 있던 로날드가 뭔가 토론하는 동안 리타가 다정하게 바라보는 것을 관찰했다.

'문제는, 어떻게 돌아갈 수 있는가 하는 거네.' 천장의 앨리스가 자신에게 말했다. '관찰자 입장이 되어 세 번째 입장을 경험해 본 것은 잘된 일이지만, 이젠 내 몸으로 돌아가려고 노력할 때야.' 그런데 진짜 문제는 애초에 어떻게 천장까지 왔는지 모른다는 것이었다. 그저 관찰자 입장에 대해 잘 모르겠다고 생각한 게 전부였다. 그 직후에 이런 이상한 일이 일어난 것이다.

솔직히 말하면 앨리스의 머릿속은 복잡했다. 개념은 이해하지만 두 번째 입장인 상대방 입장에서 보는 기분도 확신할 수 없었다. 그런 생각을 하자마자 상황이 다시 변하기 시작했다. 그녀는 돌멩이가 떨어지듯 천장에서 내려와 테이블에 납작하게 떨어졌다. '아이고, 아파라.' 혼잣말했

코칭 어드벤처

다. 떨어지면서 믿기 어려울 만큼 압축된 느낌이었다. 밀대로 납작하게 밀어내는 것 같았다.

앨리스는 두려움을 느끼기 시작했다, 눈을 떠보니 거대한 손이 그녀를 향해 오는 게 보였다. "안 돼, 안 돼, 멈춰욧!" 그 손은 그녀를 집으려 하고 있었다. 비명을 질렀지만, 그 손은 그녀를 집어 들어 커다란 이빨이 있는 입으로 가져가고 있었다. 이빨들은 가지런했다.

앨리스는 다시 소리를 질렀다, '멈춰, 멈춰, 멈추란 말이야!' 그러나 그녀를 들고 있는 손은 저 아래에 펼쳐진 거대한 검은 구멍을 향해 계속 움직이고 있었다. 그녀가 거대한 입의 어두운 구멍으로 막 들어가려는 바로 그때, 그녀를 잡은 손이 멈췄다. 그 순간 그녀는 입이 움직이고, 입은 거대한 동굴과 같은 모양이 되는 것을 보았다. '이건 또 무슨 일이지?' 앨리스는 자신에게 물었다. '마지막으로 기억나는 건 관찰자 입장이 되어 천장이 있던 거였지. 그런데 이 상황은 뭐지?'

앨리스는 이 상황을 곰곰이 생각해봤다. 어떻게 해야 첫 번째 입장인 자기 자신으로 되돌아갈 수 있을까 궁금했다. 동시에 두 번째 입장은 어떤 느낌일지도 알고 싶었다. '아, 안 돼!' 갑자기 앨리스는 자기가 두 번째 입장에 와 있는 걸 알아챘다. '난, 지금 피자구나.'

피자가 되어 본다는 건 아주 무시무시한 경험이었다. 그녀는 거대한 입에 먹히는 중이었다. 거대한 입은 정말 엄청나게 커서 양치질하는 데도 꽤 시간이 걸리게 생겼다. 앨리스는 자신에게 말했다. '다시는 피자를 먹지 말자. 그건 너무 잔인한 거야.'

앨리스를 삼키려던 입은 말하는 걸 잠시 멈추더니 다시 크게 벌어졌다. 앨리스는 움직임을 느꼈다. 갑자기 모든 것이 캄캄해지면서 뭔가가 자신을 반으로 자르는 걸 느꼈다. '아아악!' 그녀는 어둠 속에서 이리저리 휘둘리며 비명을 질렀다. 그녀의 팔 하나가 사라졌다. 남은 팔을 뻗어보려 했지만, 너무 어두워서 아무것도 볼 수가 없었다. 머리가 다음 순서였고, 나머지 부분도 조각조각 잘려나가는 것을 느꼈다. '아, 이건 정말 너무해. 모두 없어졌어.'

갑자기 동굴이 변하는 것 같더니 앨리스의 몸이 떨어져 내리는 걸 느꼈다. 큰 동굴 안으로 추락하는 동안 이번에는 아무런 사진도 보이질 않았다. 그녀는 떨어져 내리면서 손을 뻗어 미끄러운 벽면을 만져봤다.

'이게 먹힌 다음에 닥치는 상황이구나. 이런 걸 알게 된다는 건 흥미로운 일이야. 학교에 가게 되면 이 경험에 관해 쓸 거야. 만약 내가 내 팔들을 다시 찾을 수 있다면 말이야.' 앨리스는 혼잣말을 했다.

"앨리스? 넌 내 말을 듣고 있는 거니?" 로날드의 목소리가 앨리스의 생각 속으로 파고들어 왔다.

"물론! 근데 내가 팔이 없어져 버렸어." 앨리스는 어깨를 으쓱해 보였다.

"두 팔을 잃어버렸다니?" 리타가 물었다.

"내가 좀, 먹혀버렸거든. 처음에는 끔찍했어." 앨리스가 설명하기 시작했다.

"뭐라는 소리니?" 로날드가 물었다.

"먹혔다고. 내가 피자였거든. 거대한 입이 나를 먹었어. 아주 불쾌했지."

"네가 피자라고?" 로날드가 믿지 못하겠다는 듯 눈을 가늘게 뜨고 말했다.

"응, 방금. 난 두 번째 입장인 상대방 입장이었고, 그래서 피자가 되는 게 어떤 기분인지 처절하게 느끼고 돌아왔지. 내가 아무리 크게 비명을

코칭 어드벤처

질러도 아무도 들을 수 없었어."라고 앨리스가 대답했다.

"잠시 공상에 잠겨 있었구나. 피자는 감정이 없고, 피자는 말을 하거나 소리를 지를 수 없어요." 리타가 말했다.

"근데 이번엔 가능했어!" 앨리스가 대답했다.

"그걸 의인화라고 한단다." 리타가 말했다.

"의-인. 뭐라고? 그게 이것과 무슨 상관이 있지?" 앨리스가 물었다.

"의인화." 리타가 반복해서 말했다. "인간의 특성, 감정 또는 의도하는 것들이 인간이 아닌 어떤 사물에게도 있다고 생각해 보는 거야. 피자는 말하거나 느낄 수 없고, 생각할 수도 없어, 넌 뭔가에 흥분해 있었나 보네."

"물론이야." 앨리스는 대답했다. 앨리스가 그 단어를 다시 들은 것은 한참 후의 일이었다. 한참 후, 앨리스는 낄낄대며 한참을 웃었다. 내가 말하는 거북이한테 의인화를 배우다니!

"우린 로날드가 진행한 코칭에 대해 얘기하고 있어." 리타가 말했다.

"오전에 팀원을 코칭했어. 진행하는 중에 어려운 점이 몇 가지 있었어."

"다 같이 내 친구를 만나러 가면 좋겠다고 말하는 중이었지. 그 친구는 다른 코치들을 대상으로 일하는 전문가야. 너도 같이 갈래?" 리타가 말했다.

"우리 디저트, 푸딩은 어쩌고?" 앨리스가 물었다.

"그 친구한테도 단 걸 좀 챙겨야겠지? 가는 길에 뭐가 있나 찾아보자."

"벤 아저씨, 제가 리타라면 카밀라와의 코칭세션을 그렇게 훌륭하게 해낼 수 없을 것 같아요."

"고마워, 앨리스. 너는 이번에 두 번째 입장에 대해서 사람들이 얼마나 헷갈리는지에 대해 아주 잘 설명해줬어."

"그게 무슨 소리죠?"

"네가 카밀라와 함께 작업하는 리타였다면 뭘 해야 할지 알고 있어서 자신 있게 진행할 수 있겠지. 그러나 네가 직접 카밀라를 코치하려고 했으면 자신감이 없었을지도 몰라."

"아, 무슨 얘기인지 알아요."

"어떻게 해서 혼란을 느끼는지 보여주는 좋은 사례야. '만일 이러저러하다면 나는 이렇게 할 거다.'라고 말할 때는 두 번째 입장을 활용하는 걸 잊고 있지."

"근데 그게 뭔데요? 상대방 입장에 대한 건가요?"

"첫 번째 입장이 상대방과 겹쳐진 거지. 자기 입장으로 상대방을 보는 거라서, 자기 생각이나 느낌, 믿음을 가지고 있었기 때문에, 자기가 그 안에 있는 상황을 상상하고 있어. 진정한 두 번째 입장은 상대방의 입장이 돼서, 상황을 상대방의 관점을 담은 시각으로 봐야 해. 물론 아무도 그렇게 할 수는 없어. 왜냐하면, 우리는 실제로 상대방은 아니거든. 하지만 그의 관점을 받아들이려고 최선을 다할 수는 있지. 자기가 그 상황에 '있는' 것과 그 상황을 '받아들인' 것은 다르거든."

"오오. 마음에 들어요, 벤 아저씨. 과학 과목을 가르치시는 파커 선생님은 가끔 제게 이런 말을 해요. '앨리스! 내가 너라면 공상에 빠지지 않고 공부에만 집중할 거야!' 다음번에 또 그렇게 말씀하시면 저는 이렇게 말씀을 드릴 거예요. '사실은요, 선생님, 선생님이 정말 저였다면 공상이 이렇게 재미있는 줄 몰랐다며 계속 공상만 하실 거예요. 헤헤.'"

코칭 어드벤처

"흐음… 파커 선생님께 지각적 입장에 관해 설명해 드리기에 적절한 방법은 아닌 것 같다. 그리고 말이지, 우린 지금 코칭에서 지각 입장을 활용하는 것에 관해 이야기하고 있다는 걸 기억해."

"벤 아저씨, 그 내용을 정리해 줄 수 있어요?"

"다양한 입장에서 이해하는 건 다양한 코칭과제에서 도움이 된단다. 갈등과 불일치가 출발점이지만, 어떤 코칭에서든 소통문제가 있는 코칭고객은 이 세 가지 지각적 입장을 탐험하면서 배우게 될 거야. 발표하거나 말하는 데 문제가 있는 사람들은 보통 두 번째 입장에 있곤 해. 두 번째 입장은 상대방의 관점에서 자기 자신을 바라보는 거야. 자신에게 우호적이지는 않지만, 자신의 첫 번째 입장과 연결하는 데는 강점일 수 있어."

"지각적 입장의 개념은 신경언어적 프로그래밍^{Neuro-Linguistic Programming} 분야에서 나왔는데 주로 NLP라고 부르지. 꽤 쓸 만한 코칭도구야. 앨리스, 우리 같이 이거 한 번 해보자. 뭐냐면, 네가 잠깐 내 입장이 되어보는 거야. 예를 들면, 앨리스라는 사람이 방금 네 생일 케이크를 다 먹어 버린 거야. 기분이 어떻겠니?"

"아, 그런 거면. 화가 좀 났겠네요. 내 생일케이크인데 난 한 조각도 못 먹으면 많이 서운할 거예요."

"그래, 그럴 거야. 그리고 그게 지금 내 입장이야."

"벤 아저씨, 우린 지각적 입장에 대해서는 충분히 알게 됐어요. 이제 다른 걸 하자고요. 다음 장으로 넘어갈 때가 됐어요."

"그렇게 말할 줄 알았지. 앨리스. 그럼 다음 장으로 넘어가 볼까? 이제는 케이크가 생각나지 않았으면 좋겠다."

17

빅터의 슈퍼비전

코칭 슈퍼비전

식당을 나온 세 명은 길 건너에 있는 갈색 나무로 장식한 케이크 가게에 들어갔다. 근사한 케이크들이 진열된 가게는 작고 아담했다.

"케이크 좀 사서 가자." 리타가 말하며 진열된 케이크들을 둘러 봤다.

"빅터는 불평할 거야. 다이어트 중이거든, 그래도 맛있게 먹을 거야."

"누굴 만나기로 한 거야?" 로날드가 말했다.

"응, 빅터를 만날 거야. 빅터는 내가 아는 코치 중에서 가장 현명하고 경험이 많은 코치야." 리타가 말했다.

"그럼 그분이 내가 코칭에서 어떻게 해야 했는지 얘기해주실까?"

"빅터는 코칭 슈퍼 바이저로 일하니까 널 도와줄 거야." 리타가 말했다.

"코칭 슈퍼 , 바이저가 뭔데?" 앨리스가 슈퍼 와 바이저를 두 단어로 나눠가며 물었다. "코칭을 더 잘 이해할 수 있게 해주는 일종의 마법의 안경일까? 코칭을 위한 엑스레이 안경 같은 거?"

"슈퍼 바이저! 한 단어야. 슈퍼 바이저는 슈퍼비전을 제공해." 리타가 말했다.

"슈퍼 비전! 근사해, 최고 성능의 시력을 가졌다니! 내 시력도 제법 좋은 편이지만. 그래도 최고 시력을 갖는 건 멋진 일이야. 몇 킬로나 되는 거리에 떨어져 있어도 다 볼 수 있는 걸 상상만 해도 엄청나!" 앨리스는 여전히 자신의 방식으로 궁금해 했다. 리타가 다시 끼어들었다. "슈퍼비전! 그것도 한 단어야!"

"슈퍼비전은 코칭고객과 코치들 사이에서 발생한 상황에서 뭔가 깨달음을 얻는 과정이야. 코치들은 경험이 많은 슈퍼 바이저의 도움을 받게 되지. 보통 슈퍼 바이저는 코칭고객과 직접 일하지는 않아."

"슈퍼비전이란 건 실제로 척척 알아차려지는 건가?" 로날드가 물었다.

"슈퍼비전은 코치를 코칭하는 거로 생각할 수도 있지. 내가 코칭할 때 도움이 필요한 거에 대해서 한 달에 한 번 정도 빅터를 만나서 해결하거든."

"근데 넌 평생을 코칭 해왔잖아? 지금쯤이면 코칭고객과의 사이에 필요한 건 뭐든 다 알 거 같은데? 왜 슈퍼비전이 필요하지?" 로날드가 말했다.

"내가 그렇게 늙은 건 아니야. 난 겨우 117살밖에 안 됐어." 리타가 말했다.

"일백 하고도 열일곱? 세상에, 옛날 옛적 고리짝에 태어났다니! 난 고작 열두 살인데도 제법 나이 든 느낌이야." 앨리스가 말했다.

"우리 삼촌은 149살이 될 때까지 살았어. 나는 내가 중년이라고 생각하지. 로날드의 질문에 답하자면, 내가 슈퍼비전에 참가하는 이유는 많아. 코칭은 단순한 지식과 기술 그 이상의 과정이거든, 기술과 그 기술을 사용하는 사람 사이에는 뭔가 상관성이 있어서 기술 자체만 떼어서 생각할 수는 없어. 기술은 그 자체로 눈에 보이는 것이 아니고, 코치가 각자 가지고 있고 코치를 통해서만 드러나거든. 세상엔 똑같은 코치가 두 명이 있기 어려운 이유이기도 하고."

"그건 대부분의 전문직이 다 같은 상황일걸?" 로날드가 말했다.

"코칭은 일률적이지 않아. 그건 확실해. 같은 기술이라 하더라도 사용하는 사람에 따라서 다양하게 취급되지. 예를 들면, 의학은 진단과 치료를 위한 절차와 접근법을 아주 잘 기록해 놨지만 진찰할 때 두 명의 의사는 환자의 상황에 대해 서로 다른 의견을 가질 수 있어. 그런 건 흑백으로 간단하게 나눌 수 있는 게 아니야. 특히 코칭은 단순히 코치의 의견이 문제가 아니야. 코치의 세계관이 일에 영향을 미칠 수 있거든. 물론 코치는 판단과 관점을 내려놓고 코칭고객의 이슈를 다루는 것이 목표지만, 그래도 개인 경험이나 감정, 역사가 영향을 미치는 걸 막을 수 없고, 그건 문제가 될 수 있지."

나는 코칭 경험이 아주 많은 편이지만, 그래도 내 편견과 내 나름의 가정에 사로잡히는 걸 완전히 피할 수 없어. 무의식적으로 표출된다는 뜻이야. 내가 그러고 있다는 걸 깨닫지 못하고 넘어가게 돼."

"편견과 가정이 코칭에 스며든 건 어떻게 알게 되는데?" 로날드가 물었다.

"슈퍼비전을 통해서 알게 돼. 진척이 없는 코칭고객도 있을 테고, 내가 뭔가 놓치고 있는지 궁금한 상황에 관해서도 얘기할 수 있고, 어려움을 느끼고 있는 경우도 얘기할 수 있지. 때로는 그 상황들을 탐색해 가면서 어떤 가정을 하고 있는지 깨닫게 돼. 미처 눈치채지 못하고 있었던 그런 가정들이 코칭을 진행하는 데 방해가 되고 있는 건지 확인하는 거지."

"슈퍼비전은 코치가 자기 자신을 이해하려고 하는 거야?" 로날드가 물었다.

"그게 한 가지 측면이라 할 수 있어. 슈퍼비전은 코칭과정에 사용하는 다양한 접근 방식을 탐색해 보고, 스킬을 개발하고, 특정 코칭고객에게 도움이 될 수 있는 전략을 개발하는 것이라고 말할 수 있어. 코치가 발전하는 길이지."

"근사해!" 로날드가 말했다.

"그래도 난 최고의 시력을 갖게 하는 안경이 더 좋아." 앨리스가 말했다.

"있잖니, 앨리스. 어떤 면에서는 그게 바로 슈퍼비전의 역할이야. 슈퍼비전을 통해서 다양한 코칭시각을 갖게 되니까 코치들이 상황을 명확하게 알게 되거든. 사실 난 거기까지 밖에 몰라. 빅터가 더 자세하게 설명해 줄 거야."

세 명은 케이크 가게를 나와서 낡은 전화박스로 걸어갔다. 앨리스가 그런 전화박스를 본 건 오래전 여행에서였다. 앨리스 가족은 새로 구입한 은색 차를 타고 외진 길을 달리고 있었다. 그때 앨리스는 낯선 유리박스를 발견하고 그게 뭔지 궁금했다. 아빠는 예전에는 휴대폰을 가지고 다니지 않았기 때문에, 전화 걸 일이 있으면 저런 유리박스로 가야 했다고 설명해 주셨다.

전화박스 안으로 들어갔다. 앨리스가 기대한 건 전화기였지만, 그들 앞에는 어두운 위쪽으로 연결된 나무 사다리만 있었다. 앨리스는 사다리를 오르기 시작했다. 공중전화박스 지붕에 머리를 부딪치게 될까 봐 조심

코칭 어드벤처

했지만, 지붕은 나타나지 않았다. 현관까지 온종일 기어오르는 느낌으로 올라갔다.

앨리스는 여동생과 놀던 트리하우스를 생각해냈다. 그 트리하우스에도 나무 사다리가 있었지만 전화박스 안에서 시작되는 건 아니었다. 리타는 현관문을 힘차게 두드렸다. 이윽고 안에서 깊은 목소리가 들려왔다.

"들어와. 신발은 벗어서 문 앞에 둬."

리타는 빨간 모자를 벗었다. 앨리스는 리타의 머리를 처음 봤다. 주름이 많았고, 피부는 가죽처럼 느껴졌다. 그제야 리타가 117살이라는 게 실감 났다.

그들은 벽난로에 불이 지펴져 있는 작고 아늑한 방으로 들어갔다. 앨리스는 커다란 검은 고양이가 긴 의자에 비스듬히 누워 있는 것을 발견했다. 그는 코안경을 걸치고 있었다. 긴 의자chaise longue나 코안경pince-nez을 본 순간, 앨리스는 학교에서 불어 선생님인 마담 드브와Madam Dubois에게서 그 단어를 배우던 생각이 났다.

'어. 이게 웬일? 내 프랑스어 실력이 이 정도나 될 줄이야!' 앨리스는 혼잣말했다. 내가 긴 의자나 코안경을 프랑스어로 생각해 낸 줄 알면 마담 드부아 선생님이 매우 기뻐했을 거라는 생각이 들었다.

게다가 앨리스는 고양이의 출현에도 조금도 놀라지 않았다는 것도 깨달았다. 이젠 자신이 알고 있는 모든 동물 중에서 말하는 동물은 어떤 게 더 있을까 하고 생각하는 수준이 됐다.

고양이는 그 자체로 역사였다. 긴 수염은 은빛으로 반짝였고, 눈가에 주름이 가득했다. 반짝이는 검은 털로 덮여 있었지만 발은 눈처럼 하얬다.

리타는 케이크 상자를 내밀었다. "당신을 위한 작은 선물!"

"이러지 말라고 했잖아." 그는 화를 내듯이 말했다. "내가 결국 다 먹을 거 알잖아. 향이 이렇게나 좋다니!" 그가 윙크하며 말을 이어갔다. "신선한 케이크에서 나는 달콤한 향을 어찌 이겨내누."

리타는 로날드와 앨리스를 소개했다.

"난 빅터예요." 그가 앞발을 내밀며 말했다. "만나서 반가워요."

"너희들에게 물어볼 게 있어요. '향수'라는 영어단어 scent에서 s와 c중에서 어떤 게 묵음이지요?"

"s가 소리가 안나요." 앨리스가 말했다.

"c 소리는 안 나지요." 로날드가 거의 동시에 말했다.

"scent에서 s가 없으면 cent, c가 없으면 sent, 그렇게 놓고 보면 s인지 c인지 확실하게 말하기 어려워요. 어떤 게 묵음이고, 어떤 게 실제로 소리가 나는지. 철자 하나 빼도 전체 발음에는 차이가 없지만 그 의미는 다르지요."

"그 향수scent를 보내는sent 데 드는 비용은 1센트cent입니다." 앨리스가 말했다.

"똑똑한 아가씨네." 빅터가 말했다.

"1센트cent짜리 향수scent는 보낼sent 수 없어요." 앨리스가 또 말했다.

"의미는 다르지만 그 발음은 정확하게 같아요." 빅터가 말했다.

"질문 하나 더 할게요. 'scent'라는 단어를 받아쓰기에서 듣게 되면 'cent'로 받아 적을 건가요? 아니면 'sent'라고 적을 건가요? 어떤 게 맞는지 우리가 어떻게 알 수 있을까요?"

"그건 어려워요. 다른 단어들과 문장을 이루면 알 수 있겠지만. 주변에 나오는 다른 단어들을 힌트로 어떤 건지 알 수 있거든요. '소포가 보내졌

코칭 어드벤처

다^{sent}'나 '소포에서 이상한 냄새^{scent}가 난다'라든가, '그 소포는 1^{cent}센트의 가치도 없다' 라든가, 이렇게 전체 문장을 들으면 구별할 수 있지요." 로날드가 말했다.

"맞아요. 문맥을 제공하고 의미를 부여하는 건 그 주변의 단어들이죠. 단어 하나만으로는 큰 의미가 있다고 하기 어려워요. 의미는 어떤 일이 일어나는 문맥 안에서 시작되거든요. 제가 시작한 이 애매한 비유는 이 정도에서 끝내지요. 이런 허풍을 들으려고 오신 건 아닐 테니까요." 빅터가 말했다.

잠시 침묵이 흘렀다.

"이런. 그러면 비유를 한 가지 더 얘기해 볼까요?" 빅터가 말했다.

"원래 이러서." 리타가 눈짓을 하며 말했다. "미리 말할 걸 그랬나?"

빅터가 말을 이었다. "밤길을 걷고 있는데 길가에 있는 이층 방에 불이 켜져 있어요. 두 사람이 다투고 있네요. 작은 사람의 형체가 창문 밖으로 반쯤 나와 있어요. 무슨 일일까요?"

"두 사람이 말다툼하다가 한 명을 창밖으로 던지려고 해요."

"도둑이 들었어요. 그 도둑을 발견한 집주인이 소리 지르자 그 도둑은 창문 밖으로 도망치려고 하고 있어요." 앨리스가 말했다.

"흥미로운 해석이네요." 빅터가 말했다. "창 밑에 사람들이 그물을 들고 기다리고 있다면 어떻게 되지요?"

"헐! 난 그물로 떨어지는 건 싫은데." 로날드가 말했다.

"이층 방에서 본 불빛은 실제로는 불꽃이었다면 어때요? 한 사람은 남자고 다른 사람은 그의 딸이라면 말이지요."

"그는 딸을 구하려고 해요. 불이 나서 탈출하려면 그물로 뛰어 내리는 수밖엔 없어요." 앨리스가 말했다.

"그렇지요!" 빅터가 말했다. "두 사람이 싸우고 있다고 생각한 그 장면은 곧 두 사람이 고군분투하는 중이라고 생각이 바뀌었지요. 우리는 주변 정황을 묘사하는 내용이 전해지기 전에는 그 상황의 의미를 알기 어려워요. 모든 의미는 맥락을 이해해야 알 수 있어요."

"전부 그렇지는 않을 수 있어요." 로날드가 말했다. "사람의 몸에 칼을 대는 건 언제나 끔찍한 일이에요."

"그 칼을 든 사람이 외과 의사고, 당신은 맹장염에 걸려 당장 수술이 필요한 환자라면 어떨까요? 그 경우에는 생명을 구하는 일이지요." 빅터가 말했다.

"케이크 드실래요?" 리타가 서둘러 끼어들었다.

"그래요, 고마워요." 빅터가 상자에서 케이크를 꺼내며 앨리스에게 히죽 윙크를 던졌다. "오늘은 어떻게 오셨을까?"

리타는 로날드에게 고갯짓을 했다.

"제가 도움이 필요해요. 우리 직원을 코칭했는데요, 어려움이 좀 있었어요. 그럴 땐 어찌해야 하는지 가르쳐 주시면 좋겠어요."

"그렇군요. 당연히 최선을 다해서 도와야지요. 어떤 코칭고객이었는지 말해줘요." 빅터가 케이크 가득한 입으로 말했다.

"그는 우리 팀에서 일하는 직원이에요. 자기 프로젝트에서 어려움이 있어서 제게 와서 도움을 청했어요. 우리 팀은 웹사이트를 만들고 있거든요. 그걸 맡아서 진행하면서 그 직원은 처음 접해보는 여러 가지 기술적인 내용을 어찌해야 할지 당황하고 있었어요." 로날드가 말했다.

"난 코칭을 한 그 사람에 관해 물었다오. 그가 봉착한 문제가 아니고."

빅터가 말했다. 그가 사정없이 직격탄을 날리고 있다고 생각한 앨리스는 의자에 앉은 채로 몸을 움츠렸다. 요점으로 바로 들어가다니!

"아, 미안합니다. 그럴 의도는 아니었는데." 로날드는 당황해하며 말했다.

"사과할 필요는 없수. 천천히 시간을 갖고 생각을 정리해 봐요. 내 질문에 대해 댁은 코칭고객에 대해서가 아니라 문제를 설명하고 있다는 얘기예요."

"그 직원의 이름은 사이먼Simon이에요. 20대 후반이지요. 우리 회사에 온 지 2년 정도 됐어요. 내 팀으로 들어온 지는 6개월 정도 됐지요." 로날드가 말했다.

"당신은 사이먼을 어떻게 설명할 수 있나요?" 빅터가 물었다.

"정리정돈이 안 되고, 쉽게 흥분하고, 집중력도 부족해요. 그리고 그 자신은 자기가 실제 어떤지에 상관없이 뛰어난 줄 알고 있지요."

"그건 어떻게 알았어요?" 빅터가 물었다.

"자기가 실제보다 더 낫다고 생각한다는 거요?" 로날드가 물었다.

빅터가 고개를 끄덕였다.

"그는 허세를 부리거든요." 로날드가 말을 이었다. "어떤 과제든 나서서 자원하는데, 그 일이 얼마나 어려운지는 생각도 안 해요. 어떤 문제가 있을지 고려하거나 챙겨보지 않고 그저 해낼 수 있을 거라는 생각만으로 나서곤 해요. 그러다가 실제로 일이 제대로 진척되지 않는 경우가 많지요."

"그에 대해 당신은 어떻게 생각하시오?" 빅터가 물었다.

로날드는 리타를 힐끗 쳐다보고 빅터에게로 시선을 돌렸다. "제게 뭘 물어보시는 건지 확실하지 않네요. 전 제 코칭세션에서 뭘 다르게 할 수 있었는지 알고 싶어서 도와달라는 거였어요. 예를 들면, 더 나은 질문을 던질 수 있었을까, 혹은 우리가 더 나은 결과를 얻기 위해서 질문의 방향을 다르게 해야 했나 하는 게 궁금한 거였어요." 로날드가 말했다.

"당신은 의사한테 가서 '이러저러한 치료를 해 주세요.'라고 말하시우?" 빅터가 물었다. 로날드는 약간 어리둥절한 표정을 지으며 고개를 저었다.

"카센터에 차를 고쳐달라고 맡기면서 수리 기술자에게 어떻게 고쳐야 하는지 지시하우?" 그가 다시 물었다. 로날드는 그의 고개를 다시 저었다. "아니요, 그렇게 하지는 않아요."

"그럼 왜 내게는 당신과 당신 코칭고객을 어떤 식으로 도우라고 말하라는 거유?" 빅터가 물었다.

"아, 아닙니다." 로날드가 말했다.

"그렇지요." 빅터가 말했다. "당신은 내가 좀 나은 질문을 알려주길 원하고, 질문 방향을 다르게 가져가는 방법을 알려주길 원하지요."

로날드는 리타를 다시 쳐다봤다. 그건 도와달라는 간청처럼 보였지만 아무런 효과가 없었다. 로날드는 지금 물 밖에 던져져 있는 물고기 같았다.

"당신은 그 코칭고객을 돕고 싶은 거지요?" 빅터가 물었다.

"네, 네, 그거예요." 로날드가 더듬거리며 대답했다.

"좋아요. 내가 보기엔 당신은 동기부여가 잘 되어있는 청년인 것 같아요. 나는 내 최선을 다해서 당신을 도울 거예요. 약속할게요. 자, 당신은 그 코칭고객을 내게 설명해 주고 있었어요. '정리정돈이 안 되고, 쉽게 흥분하고, 집중력도 부족해요. 그리고 그 자신은 자기가 실제 어떤지에 상관없이 뛰어난 줄 알고 있어요.'라는 게 당신의 설명이었어요. 그럼 이제,

코칭 어드벤처

당신은 사이먼을 어떻게 생각하는지 말해줄래요?" 빅터가 말했다.

"그에게 특별히 편견은 없어요. 그는 업무를 어떻게 처리했는지 제게 보고하지 않아서 문제를 일으키곤 해요." 로날드가 말했다.

"특별히 편견은 없다. 당신은 늘 그렇게 관대한 편인가요?"

"글쎄요, 불친절하고 싶지는 않아요. 그에게 호의를 가지고 있어요."

"그가 문제를 일으킨다고 말했는데요." 빅터가 말했다.

"네, 그렇죠." 로날드가 대답했다.

"그러면, 당신은 문제를 많이 일으키는 사람에 대해 어떻게 느끼시나요?"

"신경에 거슬려요. 짜증도 나고, 어떤 때는 화도 나요." 로날드가 말했다.

"사이먼에게 화가 난 건 어떻게 표현하시나요?" 빅터가 말했다.

"표현 안 해요. 화를 내는 건 싫어해요. 화를 내는 스타일이 아니에요."

"알겠어요." 그의 눈꼬리가 가늘어졌다. "당신은 사이먼보다 낫죠?"

"전 그렇게 생각하고 싶어요." 로날드가 대답했다.

"저도 그러리라고 믿어요. 사이먼과의 대화 내용을 말해봐요. 어떻게 시작하셨지요? 그가 어떻게 당신과 코칭대화를 시작하게 되었나요?" 빅터가 말했다.

"저는 최근에 코칭에 대해 알게 됐어요. 리타는 제가 저희 팀원들과 일할 때 어떻게 하면 더 나아질 수 있는지 몇 가지 스킬을 가르쳐 줬어요. 저는 어제 팀 회의에서 이제부터는 답을 직접 주는 게 아니라 더 생각해 볼 수 있도록 질문하는 방식으로 해보겠다고 설명했지요." 로날드가 말했다.

"팀원들은 어떤 반응을 보이던가요?" 빅터가 물었다.

"좋다고 하더라고요. 조금 회의적인 표정도 있었지만요. 제가 왜 그렇

게 하는 게 좋을지 설명을 했어요. 도움이 되는 점과 사업상 이로운 점에
대해서요."

"알았어요. 그러면 사이먼과의 코칭은 어떻게 시작하게 됐나요?"

"사이먼은 웹사이트 작업에 어려움이 좀 있다고 하면서 그중 일부를
제가 해결해 줬으면 좋겠다고 말했어요."

"그래서 당신은 사이먼에게 뭐라고 말했나요?" 빅터가 물었다.

"저는 사이먼이 그 일을 직접 해내기를 바란다고 말했고, 그가 그 일을
하는 걸 지원해 줄 거라고 말했어요. 어떻게 지원해 줄지 설명했고, 그래
서 합의를 봤어요. 그래서 제가 그를 코칭하게 된 거예요."

빅터는 고개를 끄덕였다. "올바른 방법으로 진행된 것 같아요. 잘했네
요. 그래서 코칭세션은 어떻게 시작했나요?"

"사이먼에게 목표가 뭔지 묻고, 뭘 해내고 싶은 건지 질문했어요. 사
이먼은 목표가 명확했어요. 계획대로 결과물이 나와야 하는 걸 알고 있거
든요."

"그가 그 코칭주제에 동의했다고 생각해요?" 빅터가 물었다.

"네, 전 그렇다고 생각해요. 그는 해내기를 원하는 거죠."

"그런 다음에는요?"

"현황을 파악하기 시작했어요. 지금까지 한 것과 그가 이해한 것들을
정리했어요. 거기까진 금방 됐어요. 사이먼이 지금까지 한 게 별로 없었
거든요."

"그리고는?" 빅터가 물었다.

"가능성의 단계로 넘어갔어요. 사이먼에게 어떤 생각을 하고 있는지
물었죠. 그는 나라면 절대 하지 않았을 방법을 내놨어요. 물론 저는 그런

제 생각을 말하진 않았어요. 그 대신에 그가 제안한 방식대로 하면 결국은 실패할 것이라는 걸 스스로 깨달을 때까지 다양한 질문으로 탐색을 하도록 했어요. 그런 다음에 또 어떤 생각이 있는지 물었어요. 두 번째 방법은 더 취약했지요. 이번에도 저는 '말해주지' 않았어요. 그래서 그가 그 방식의 결점이 뭔지 이해할 때까지 질문을 계속했어요. 그러다가 어려워진 그 상황이 된 거지요."

"이 지점에서 상황이 어려워졌습니다!" 빅터가 눈썹을 치켜뜨며 큰 소리로 말했습니다. 앨리스는 그 문제가 아주 흥미로워지기 시작했다. 특히 로날드와 빅터가 서로 주고받는 것을 지켜보는 것이 매우 재밌었다.

"네. 전 사이먼에게 다른 가능성은 없느냐고 물었는데, 그는 이제 아무것도 생각나지 않는다고 대답하는 거예요. 그래서 누가 그걸 해결할 수 있겠는가 하고 물었지요. 그는 아무것도 생각나지 않는다고 말했는데, 이미 약간 기분이 상한 것 같았어요." 로날드가 말했다.

"기분이 상했다." 빅터가 고개를 한쪽으로 기울이며 장난스럽게 말했다.

"꽤 언짢았던 거 같아요. 비협조적이 되더라고요. 절대 대답하지 않을 거 같았어요." 로날드의 말에 빅터가 신음을 내는 것 같아서 얼른 덧붙여 말했다. "제가 도움이 안 됐어요." 빅터가 물었다. "왜 그렇게 생각해요?" "그 시점에서 저는 사이먼에게 그의 생각을 정리할 필요가 있다고 말했어요. 난 그에게 화가 나 있었어요."라고 로날드가 말했다.

"사이먼과 함께 코칭을 시작했을 때, 그가 이 문제를 해결할 수 있다고 생각했던 거였어요?"

"아마도 그렇지 않았던 거 같아요." 로날드가 대답했다.

"그런데도 진행을 한 거예요?" 빅터가 물었다.

"사이먼에게 기회를 주고 싶었어요." 로날드가 말했다.

"기회였을 수도, 아닐 수도 있었겠죠. 당신이 사이먼에게 그가 모르는 것을 보여주고 싶었고, 그게 사이먼이 생각하는 것만큼 잘하고 있지 않다는 걸 알려주는 거였다면, 그게 기회를 준걸까요! 어때요?" 빅터가 말했다.

로날드가 입을 벌렸다가 닫았다. 그리고 다시 벌어졌다.

"당신이 화가 난 건 사이먼이 자신을 실제보다 훨씬 높게 평가하는 것 때문이고, 게다가 문제까지 일으키고 있어서인데, 그가 실제로는 얼마나 아는 게 없는지 드러내는 게 코칭의 목적이라면." 빅터가 말을 이었다.

로날드는 놀란 표정을 지었다. "뭐라 말해야 할지 모르겠어요."

"내가 하는 말이 사실이라고 생각해요?" 빅터가 물었다.

로날드는 고개 숙여 바닥을 내려다보며 말했다. "정말 부끄럽습니다."

앨리스는 빅터의 표정이 변하는 걸 바라봤다. 그의 모든 표정이 부드러워졌다. "부끄러워할 거 없어요, 로날드."

"하지만, 말씀하신 게 전부 사실이에요. 전 사이먼에게 화가 났어요. 속으로는 그를 바꿔놓고 싶었지요. 그건 코치가 절대 해서는 안 될 일이죠."

"그를 바꿔놓고 싶었나요?" 빅터가 물었다.

"아니, 그를 돕고 싶었어요. 하지만 내 감정이 방해가 됐어요. 그 감정이 질문 방향을 어느 한쪽으로 몰고 가게 했어요. 그게 도움이 되질 않았어요." "우리, 여기서 잠시 멈추죠. 앨리스와 리타도 얘기해봐요." 빅터가 말했다. 그의 손은 케이크 상자를 뒤적이고 있었다. 그는 상자를 물끄러미 바라봤다. "케이크가 다 어디 갔담?" 빅터가 슬픈 표정으로 말했다.

앨리스의 뺨이 발그레해지는 걸 느낄 수 있었다. 그녀는 고개를 숙였다. 그녀의 옷에는 케이크 조각들이 많이 떨어져 있었다. 앨리스는 빅터가 그걸 눈치채지 못하기 바랬다.

"앨리스!" 빅터가 불렀다. "할 말이 있죠?"

"네, 네, 드릴 말씀이 있긴 하지요." 앨리스가 말했다. 그녀는 '내가 도대체 뭘 한 거지?'라고 생각하고 있었다. "말해보세요." 빅터가 천천히 말했다.

"시를 하나 읊어 드릴게요." 앨리스가 말했다.

"뭐라고? 내가 물어본 건 어떻게 내 케이크를 전부 다 먹어버렸냐는 거였는데."

앨리스는 일어서서 목청을 가다듬고 반듯하게 섰다.

우리의 일상이 케이크로 가득 차 있다면 어떨까.

우린 실수라곤 안 할 거야.

우린 뭔가 잘못되게 하지도 않을 거야.

그러니 우리 식으로 배워야 해.

우리는 질문은 해도 들을 시간이 없어.

우리의 코칭고객은 대답을 알아.

어떻게 돌아가는 건지 들여다 볼 시간은 없어.

표현과 몸짓에서 모든 걸 알 수 있어.

내용과 과정을 분리할 새는 없어.

그러니 시간의 흐름 속에서 둘 다 살펴봐야 해.

역추적하거나 탐험할 새도 없어.

제기된 것들을 놓쳐버렸어.

우리의 불쌍한 일상이 케이크로 가득 찬다면

우리는 실수를 할 리가 없지.

"브라보!" 빅터가 감사의 손뼉을 쳤다. "멋진 시야, 전에 들어본 적이 없는 새로운 버전." 그가 윙크하며 말했다.

앨리스는 짧게 무대식 인사를 하며 말했다. "그 케이크를 다 먹은 건 정말 죄송해요. 제가 그렇게 많이 먹은 줄 몰랐어요."

"괜찮아요, 꼬마 아가씨." 빅터가 말했다. "난 사실 그렇게 많이 먹으면 안 돼요. 그러니 내게 도움이 되는 걸 한 거라오. 그럼 이제 로날드에게 되돌아갑시다. 지금은 어떻게 생각하고 있죠?"

"이제 내 감정이 코칭에 영향을 미쳤고, 그게 코칭이 잘 풀리지 않은 이유가 됐다는 걸 알았어요. 제대로 된 코칭을 하려면 코칭에서 내 감정을 내려놓아야 한다는 걸 깨달았어요."

"잠깐만, 너무 앞서가지 맙시다. 자, 당신의 감정이 사이먼과의 코칭대화에 영향을 미쳤고, 그 세션이 성과를 거두지 못한 주된 이유라는 데 동의해요. 하지만 이런 식으로 대응하려던 의도는 아니었다는 것, 그리고 표현하지 못한 감정이 당신을 사로잡았다는 것, 그걸 기억합시다." 빅터가 말했다.

"그래서 코칭할 때 감정을 내려놓아야 해요." 로날드가 말했다.

"Plus ça change, plus c'est la même chose!" 빅터가 탄식을 했다.

"네?" 로날드가 되물었다. "더 많은 것이 변할수록, 더 비슷해진다." 앨리스가 다소 혼란스러워하며 말했다. '난 어디서 이렇게 잘 배웠지? 아마도 내가 생각하는 거보다 더 많이 프랑스어 수업에 열중했나 봐.'

"문제에 대한 해결책이 문제를 영영 고착화하거나, 그 자체가 새로운 문제가 되기도 해요. 뭔가 변화와 발전을 이룬 것처럼 보이지만 사실은 문제가 계속되거나 다른 수준에서 새로운 문제를 만들어 내지요."

"죄송하지만 잘 모르겠어요." 로날드가 말했다.

"어떻게 시작됐는지 생각해 봐요. 사이먼에 대해서는 어떻게 생각하세요?"

"화가 났어요. 사이먼에게 화가 나고 짜증이 났었던 걸 인정해요."

"그래서 그걸 어떻게 처리했지요?" 빅터가 물었다.

"감정을 내 속에 지니고 있으면서 무시하고 억누르려고 했어요."

"맞아요. 그랬더니 얼마나 잘 됐죠?" 빅터가 말했다.

"별로 좋지 않았어요. 그게 제 코칭에 영향을 미쳤거든요."

"맞아요. 해결책으로 자기감정을 무시하고 억누르려고 했어요. 문제를 만들어 낸 원인을 더 많아지게 하면서 문제를 해결하려고 한 겁니다."

"아! 이제야 제게 해주시는 말을 이해했어요." 로날드가 말했다.

"뭘 알게 됐죠?" 빅터가 물었다.

"코칭이 시작되기 전에 문제가 시작됐다는 걸 알았어요. 문제는 내가 사이먼을 대하는 방식에 대한 거였어요."

"자기 자신의 감정을 다루는 방식에 대한 거, 맞아요." 빅터가 말했다.

"이것도 코칭인가요?" 로날드가 물었다.

"우린 지금 일반적인 코칭을 좀 넘어서고 있지요. 나라면 이런 건 코칭 플러스라고 말할 거예요." 빅터가 말했다. "빅터 선생님을 만나러 온 이유예요. 내가 빅터 선생님 입장이 되곤 해서요." 리타가 말했다.

로날드는 고개를 끄덕이며 혼잣말을 했다. '난 오늘 여기서 엄청나게

배우고 있어. 뭐라고 딱 설명할 순 없지만 말이야.'

"자, 좀 더 전통적인 접근 방식으로 돌아갑시다. 로날드, 오늘은 어떤 목표를 가지고 있나요?"

"더 이상은 내 감정을 억누르지 않고 털어 내고 싶어요." 로날드가 말했다.

"그건 당신이 하고 싶지 않은 거지요."

"맞아요. 내가 느끼는 걸 표현하는 방법을 찾을 필요가 있어요." 로날드는 한숨을 쉬었다. "왜 한숨을 쉬고 그래요?" 빅터가 물었다.

"다른 사람들을 화나게 하는 게 싫어요. 그래서 내 속에 묻어뒀었어요."

"그래도 그렇게 했을 때 무슨 일이 일어났는지 직시해야 해요."

"사이먼을 화나게 했어요. 왜 그랬는지 이제 알겠어요. 나를 표현하기를 더 원했어요. 이제야 알게 됐어요." 로날드가 고개를 끄덕이며 말했다.

"감정을 담아 두지 말고 적절하고 효과적으로 표현하는 법을 배우면, 관계가 엄청나게 향상되는 걸 알게 될 거예요." 빅터가 말했다.

"전 그게 걱정돼요. 자연스럽게 느껴지질 않아요." 로날드가 말했다.

"물론 그럴 거예요. 익숙해질 때까진 서툴고 자연스럽지 않지요. 자연스럽다는 건 우리가 아무 생각 없이도 할 수 있다는 걸 가리키는 말이거든요. 처음 해보는 건 뭐든 자연스럽지 않아요. 자전거를 타는 건 자연스럽다고 말할 수 있나요?" 빅터가 물었다.

"네, 그건 자연스러워요. 세상에서 제일 자연스럽게 할 수 있는 거예요."

"어릴 때, 자전거를 배울 때는 그렇게 자연스럽게 느껴지지 않았을 걸요."

"네, 그래요." 로날드가 고개를 끄덕였다. "처음에는 보조 바퀴가 달린

코칭 어드벤처

걸 타야 균형을 유지할 수 있었어요. 아주 부자연스러웠죠."

"맞아요." 빅터가 계속해서 말을 이어갔다. "자연스럽다는 건 우리가 생각 없이 할 수 있다는 것을 표현하는 말이니까요."

"4단계 - 의식적으로 기술이 숙련된!" 앨리스가 말했다.

"그래요, 학습사다리! 자연스럽게 하는 것은 어떻게 하는지 의식하지 않고 하는 거지요." 빅터가 말했다.

"의식적으로 기술이 없는 건 2단계 수준이야. 의식적이고 미숙해." 로날드가 혼잣말처럼 말했다.

"아마 그럴 거예요. 아직은 능숙하고 효과적으로 해내는 방법을 터득하지 못한 거예요." 빅터가 말했다.

"기분이 나아졌어요. 배워서 될 거라면 걱정이 덜 돼요." 로날드가 말했다.

"배울 수 있는 거 맞아요. 처음 자전거를 탔을 때 얼마나 갈 수 있었는지 기억해요?" 빅터가 말했다.

"별로 못 갔어요." 로날드가 말했다.

"당신의 감정을 다루고 표현할 때 기억하도록 하세요. 균형을 유지하기 위해서 초기에는 보조 바퀴를 준비하는 게 도움이 됐던 걸 기억하세요."

"이번에는 어떤 보조 바퀴가 필요할까요?" 로날드가 물었다.

"누군가에 대해 어떻게 느끼는지 표현하는 데 필요한 간단한 아이디어들이 있어요. 그건 상대방이 좀 더 쉽게 받아들이게 해주지요." 빅터가 말했다.

"그건 어떤 거지요?" 로날드가 물었다.

"예를 들어 드릴게요. '당신은 아주 게으르고, 저를 정말 화나게 하고 짜증나게 해요.'라고 내가 말한다면, 어떻게 반응하실 거예요?"

"아마도, '전 안 그래요.'라고 말하겠죠." 로날드가 말했다.

"정확해요. 당신은 내 비난에 방어하려 들겠지요. 내 표현방식은 당신의 반발을 유도하고 그러면 우리의 의견은 일치하기 어렵습니다."

"그래서요, 전 뭐라고 하면 되나요?" 로날드가 물었다.

"당신 팀원한테, '프로젝트를 완성하지 않고 오면 나는 화가 나고 짜증이 나요.'라고 말할 수 있어요. 뭐가 다른지 알아차리셨어요?"

"그건 팀원을 비난한 게 아니죠. 내 감정은 내 것이니까요." 로날드가 말했다.

"당신이 그렇게 말하면 팀원이 반발할 수 있을 거 같아요?" 빅터가 물었다.

"아니요. 내 생각에는 그러지 못할 거예요. '당신은 화나지 않았어요.' 라고 말할 수는 없지요. 그렇게 말하는 건 어리석은 일이에요. 내가 느끼는 걸 말하고 있고, 그건 내겐 진실이니까요." 로날드가 말했다.

"맞습니다. 논쟁할 게 없는 거지요. 좋아하지 않을 수도 있고, 다른 관점을 가지고 있을 수도 있지만, 사실이 아니라고는 말할 수 없지요. 우린 자신의 감정을 가지고 있어야 하지요. 'X라는 일이 생기면 Y를 느낀다.'라고 하는 게 좋겠어요. '당신은 Z이고, 당신이 나를 Y로 만든다.'라고 말하는 대신 말입니다. 그게 불화를 빚어낼 기회가 적어요."

"그래서 더 쉽지요. 내가 우려하는 것은 상대방과 다투거나 동의하지 않을까 하는 걱정이었거든요." 로날드가 말했다. 그는 노트패드에 펜으로 이렇게 적었다. 'X라는 일이 벌어지면 나는 Y라고 느낀다.'

"여기서 중요한 요소는 '나 자신'이에요. 당신이 그 감정을 당신 자신의 것으로 만들면 상대방은 그에 대해 이의를 제기할 수 없어요. 거기엔 뭔가 좀 더 생각할 게 많고, 좀 더 효과적으로 만들어 내는 미세한 방식들이 있어요. 지금은 그게 뭔지 알게 된 것 같으니 여기서부터는 당신이 생각해 보도록 해요, 리타, 로날드의 코칭세션에 대한 슈퍼비전의 관점은 여기서 종료하면 될 것 같네요." 리타가 고개를 끄덕였다. "준비되면 다음에 또 계속해요."

"감사합니다." 로날드가 말했다. "제가 기대한 것과는 다르지만, 제 눈을 뜨게 해 주셨어요."

"괜찮아요. 두 분을 만나서 즐거웠습니다. 제 케이크를 모두 먹어버리긴 했지만 말이요." 빅터는 쓴웃음을 지으면서 앨리스에게 말했다.

"정말 죄송해요." 앨리스가 말했다. "다음번에는 더 많이 가져올게요."

"고맙습니다. 빅터, 재미있었어요. 아주 많이 배웠고요." 리타도 말했다.

"사다리를 내려갈 때 조심해요." 빅터가 말했다. "불은 계속 켜 둘게요."

"감사합니다. 올라올 때는 좀 어두웠어요." 앨리스가 말했다.

"고맙습니다." 로날드가 다시 감사의 인사를 했다.

그가 현관문을 열고 모두와 악수를 했다. 그들은 내려가기 시작했다.

그들 셋은 조심조심 사다리를 내려왔다. 앨리스는 곧 전화박스가 저 아래에서 불빛을 보내오는 걸 볼 수 있었다. 그녀는 아직도 그 전화박스 속에 이렇게 길고 긴 사다리가 들어있는 걸 이해할 수 없었다. 특히 그 사다리는 밖에서는 보이지도 않았다. 물리학의 다른 영역이겠거니라고 생각하기로 했다. '과학에 조금 더 관심을 가져야겠어.' 앨리스는 자신에게 말했다. '그러면 아마도 이 모든 것이 일어날 수 있는 이유를 알게 될 거야.'

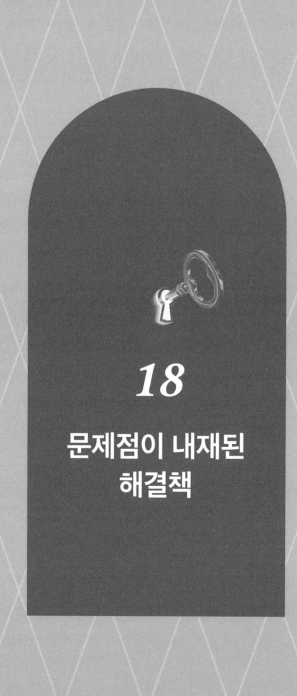

18

문제점이 내재된
해결책

1수준 변경과 2수준 변경

전화박스를 빠져나오니 바깥세상은 아직도 따가운 햇볕이 내리쬐고 있었다. 그들 셋은 호수에 가서 수영으로 몸을 식히기로 했다. 호수에 도착했을 때 앨리스는 물에서 뭔가를 본 것 같았다. 그들은 호숫가로 달려갔다. 녹색으로 밝게 빛나는 뭔가가 물속을 휘젓고 다니다가 가끔 물 위로 튀어 올랐다. 그는 그렇게 사라졌다가 나타나기를 반복했다.

하지만 정작 호숫가에서 그게 뭔지 알아보려 했을 때는 아무것도 보이질 않았다. 온통 휘젓고 다닌 물속은 이미 아무것도 볼 수 없을 정도로 흙탕물이 되어 있었다. 그들은 흙탕물이 점차 가라앉는 걸 지켜봤다. 마침내 호수는 밝은 녹색으로 안정되기 시작했다. 앨리스는 그 속에서 개구리 한 마리를 발견했다. 그는 며칠 전에 만돌린을 연주하던 그 개구리였다.

"하이! 개구리 아저씨. 지내긴 어때, 괜찮아?" 앨리스가 물었다.

개구리는 고개를 들어 그들을 보더니 펄쩍 뛰어 다가왔다. "도움이 필요해." 그가 다급하게 말했다. "내 소중한 만돌린을 잃어버렸어. 호수를 다 뒤졌는데 어디에도 없어. 찾는 걸 좀 도와줄래?"

"물론이지. 뭘 해주면 돼?" 앨리스가 물었다.

"그게, 좀, 젖게 될 거야. 셋 중 적어도 둘은 수영을 할 줄 알겠네."

"무슨 소리야, 우리 셋 다 수영할 줄 알아." 앨리스는 단호하게 말했다.

"그럼 뭘 기다리고 있어, 같이 찾자!" 개구리가 말했다.

"내가 좀 끼어들어도 될까? 우리가 여기서 수영을 하면 할수록 호수는 진흙탕이 될 거야." 리타가 말했다.

"그렇지. 그래서 도움이 필요하다고 말한 거야. 진흙으로 더러워질수록 물속을 들여다보기 어려워. 찾아 줄 눈들이 더 많이 필요해." 개구리가 말했다.

"눈이 많아지면 진흙탕도 더 심해지게 돼." 리타가 말했다.

"그러면 또 눈이 더 필요하고." 개구리가 말했다.

"더 많이 참여하면 흙탕은 더 심해지고."

"흙탕이 더 심해지면 더 많은 이를 동원해서 찾아야 해." 개구리가 말했다.

"다 같이 들어가서 진흙탕이 심해지면 만돌린도 진흙 덩어리가 될 텐데?"

"그러니까 만돌린이 진흙 덩어리가 되기 전에 찾아야 해." 개구리가 말했다.

"내 퍼즐을 풀면 모두 나서서 만돌린을 찾도록 도와줄 거라고 확실히 말할 수 있지." 앨리스가 다시 끼어들며 말했다.

"모두가? 너희들 전부 다 도와줄 거야?" 개구리가 의심스럽다는 듯이

코칭 어드벤처

물었다. 앨리스가 친구들을 돌아다보니, 그들은 마지못해 고개를 끄덕였다.

"좋았어. 너희들 나랑 약속한 거야! 뭔지 말해봐." 개구리가 말했다.

앨리스는 호숫가에서 돌멩이 9개를 골라내어 땅바닥에 네모난 형태로 늘어놓았다. "퍼즐 문제는 연결된 직선 네 개를 그어서 아홉 개의 점들을 모두 연결하는 거야." 개구리는 앨리스를 쳐다보더니 그리기 시작했다. "간단해!"

"직선 네 개이긴 하지만 아직 점 하나가 남았어." 앨리스가 말했다.

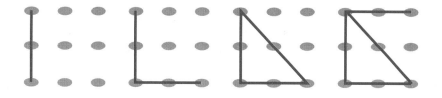

"이런!" 당황한 개구리는 다시 문제를 풀기 시작했다. 그들 셋은 개구리가 이렇게 저렇게 시도해보는 것을 지켜봤다. 이윽고 로날드가 말했다. "빅터와의 미팅에서 깨달은 게 있어. 해결책이 문제를 지속시키거나, 새로운 문제를 만들어 낸다는 거야. 이 점은 우리가 코칭을 할 때 신경 써야 하는 사항인 것 같아."

"맞아. 논의해 볼 가치가 있는 발전된 개념이야." 리타가 말했다.

"그건 또 무슨 의미야? '해결책이 문제를 만들어 낸다'라니? 난 이해가 안 되네."

"어려움이나 도전에 처한 사람이 시도하는 해결책이 후에 또 다른 문제를 만들어 낸다는 거지. 그래서 결국, 처음에 지녔던 어려움이 계속되는 거야. 여기 이 친구가 만돌린을 찾는 걸 봐. 더 열심히 찾을수록 호수는 더 진흙탕이 되고, 만돌린은 더 찾기 어렵게 되지. 그의 해결책은 새로운 문제를 만들어 냈고, 새로 발생한 문제는 원래의 문제점과 함께 문제해결을 방해하고 있어."

"코칭에서는 어떤 걸 예로 들 수 있을까?" 로날드가 물었다.

"문제를 문제가 아니라고 부인함으로써 해결하려 하는 상황은 언제?"

"엄연히 있는 사실을 외면하는 거구나." 앨리스가 말했다.

"맞아." 리타가 말했다. "뭔가 일어나지 않은 척 문제의 존재 자체를 부인하는 것도 외면하는 방법 가운데 하나야."

"부인하는 게 어떻게 해결책이면서 문제가 되지?" 로날드가 물었다.

"예를 들자면 그것이 문제가 되지 않는다고 애써 생각하며, 그것이 문제라는 사실을 부인하는 거지. 그리고는 그 문제가 소멸하기를 바라는 거지. 사람들이 의외로 자주 선택하는 방법이야. 잠깐은 효과적인 것처럼 느껴져. 그런데 문제가 있다는 걸 부인하기 때문에 실질적인 해결 가능성도 없어. 문제를 부인하는 또 다른 방법은 문제의 핵심은 아닌 어느 한 부분에 집중해서 그걸 해결하려 하고 거기에 초점을 맞추는 경우야. 그런 접근 방식도 결국 도움이 되는 해결책을 제시하진 못해."

코칭 어드벤처

"문제를 부인하는 방법이 더 있나?" 앨리스가 물었다.

"요즘 유행하는 '긍정적으로 생각하기'가 있지. 긍정적으로 산다는 건 가끔은 어려운 상황을 영원히 계속되게 해."

"그렇지만, 긍정적으로 살아가는 건 확실히 좋은 건데?" 로날드가 물었다.

"세상엔 부정적인 게 너무 많아서, 우린 좀 더 긍정적일 필요가 있잖아."

"긍정적 사고방식은 뭔가 좋은 걸 찾아내서 그걸로 상황을 재구성하지. 아무리 나쁜 상황에도 한 가지 긍정적인 면은 있거든. '적어도 넌 이렇지는 않잖아, 적어도 네겐 이런 일은 일어나지 않았어.'라는 설명을 덧붙이곤 해. 그걸 밝은 면을 보는 거라고 말하지. 그리고 그러는 게 좋을 수도 있어. 긍정적인 사고가 도움이 안 된다는 말은 아니야. 문제는 어려움이나 문제점들이 있다는 걸 인정하지 않는다는 거지. 있는 그대로 보지 못하면, 문제를 제기하거나 해결할 수 없는 환경에 처하게 돼. 만사를 긍정적으로만 보면 문제를 암암리에 부인할 수 있어. 문제에 대한 거부감이 자리잡거든."

"그런 식으로는 생각한 적이 없어. 해결책이 문제점이 되는 경우를 더 자세히 설명해 줄래?" 로날드가 말했다.

"우리의 감정이나 생각을 받아들이는 걸 거부하면, 혹은 다른 사람들의 감정이나 생각을 받아들이는 걸 거부하면, 사물을 있는 그대로 인정하기 어려워. 코칭하면서 알게 된 건데, 변화가 시작되려면 실제 일어나는 일을 알아차릴 수 있어야 해. 현재를 인식하는 것에서 시작하지 않으면 성공적인 변화를 가져오기 어려워. 변화의 과정을 시작할 수 있는 단단한 플랫폼이 없거든. 생각이 현재 상황에 기반을 두고 있지 않고. 그래서 긍정적으로만 생각하느라 인정하지 않고 넘어간 점이 해결책을 찾기 어렵게 할 수 있다는 거지."

앨리스는 뭔가 흥얼거리더니 노래를 부르기 시작했다.

널 언짢게 하는 것들이 있어.

널 실망시키는 것들이 있어.

네게 스트레스를 안겨주고 있어.

그들이 자꾸만 와서 엉겨 붙어.

다루기 힘들다는 걸 인정해야 해.

그런 게 있다는 걸 인정해야 해.

그러니까, 그러니까

너 자신의 문제를 제대로 바라봐야 해.

만사가 긍정적일 때 조심해야 해.

네가 지녀온 문제가 있다면

아마도 잊어버린 뭔가가 있을 거야.

변하려면 지금 현실을 직시하는 게 필요해.

너 자신의 생각과 감정을 알아차려볼까.

그게 너 자신을 치유할 거야.

부인하는 건 문제점들을 끌어안는 거야.

"어떻게 이런 생각을 해내는지 궁금해." 리타가 앨리스를 보며 말했다.

"네가 긍정적인 거에 대해 말하고 있을 때야. 그 노래, 제목이 뭐더라? 아, '항상 일상의 밝은 면을 바라봐'라는 노래가 불쑥 생각이 났어. 사실 가

코칭 어드벤처

사를 다 맞게 불렀는지는 나도 잘 모르겠네." 앨리스가 대답했다.

"궁금한 게 있는데, 우리는 낙관주의와 비관주의에 관해서 얘기하고 있었지?"

"그렇게 물으면, 그렇다고도 아니라고도 할 수 있지. 그 용어들은 생각하는 방식이나 패턴을 설명할 때 사용해. 낙천적 사고방식은 사물이나 상황이 어떠한지, 그리고 원인이 어디에 있는지 우리 자신에게 설명하는 방식이야. 긍정적인 것과는 별 상관없어. 내가 말하고 싶은 건, 긍정적 사고방식이 어떻게 문제가 되게 하거나 문제를 확대하는 방식이 될 수 있는가 하는 거지." 리타가 대답했다.

"부인하는 건 문제가 될 요소를 포함하고 있는 해결책이라고 해도 될까?"

"그렇지, 하나의 예시가 되지. 하지만 그거 하나만이라고 말하긴 어려워."

"딴 건 뭐가 있는데? 점점 더 궁금해지네." 로날드가 말했다.

"'해결책'을 통해서 '문제점'이 악화할 수 있는 두 가지 유형이 있어. 두 가지 전부 코칭에서 중요해. 첫 번째 유형은, 해결책을 모색할 여지가 없는 문제야. 어떤 코칭고객이 말하길 그는 영원히 행복하고 평안하길 바란대. 그런데 영원히 행복하고 평안한 걸 성취할 수 없어서 고군분투하는 거야. 그래서 그 사람은 전 세계를 돌아다니면서 그 방법을 찾아다녔어. 구루들을 만나고, 명상도 했어. 단식도 했고, 요가를 배웠어. 장거리 달리기도 했지. 가정을 이뤄 봤지만, 그 어떤 것도 도움이 되지 않았어. 그러다가 나를 찾아온 거야. 그는 장애물이 있다고 믿고 있었고, 그걸 없애줄 코칭을 원했어."

"그 장애물이 뭔지 알아냈어?" 로날드가 물었다.

"알 수 없었지. 진짜 '문제'는 노력으로 가질 수 없는 걸 원하는 거였어."

"사람들이 행복하려고 하거나 평화로워지고 싶은 게 당연한 거 아니야?"

"당연히 행복과 평화를 열망하지. 그건 맞아. 그런데 그걸 갖고 싶다고 열심히 노력한다고 되나? 당연히 아니야. 성취하려는 노력이 성취하는 데 방해가 된다고 할 수 있어. 긴장을 풀려고 엄청나게 노력한다면 어떨 것 같아? 긴장이 풀리지 않아. 긴장을 풀려면 노력하지 말아야 해."

"그 얘길 들으니 잠이 들려고 애쓰던 게 생각이 나." 로날드가 말했다.

"그건 무슨 소리야?" 앨리스가 물었다.

"한밤중에 깼는데 다시 잠들 수 없었던 경험 말이야. 침대에 누웠는데 머릿속이 소용돌이치고 있어." 로날드가 물었다.

"그런 적 있지! 잠이 들고 싶어서 자려고 노력할수록, 잠은 저만치 달아나버려. 점점 더 힘들어지지. 잠들려는 의지가 강해질수록 잠은 안 오고 걱정되고 초조해지기까지 해. 결국, 말똥말똥한 상태가 되지." 리타가 소리쳤다.

"난 잠들려고 애써본 적이 없는데. 자리에 누워서 하루 중 신났던 것들을 생각해. 오늘은 무슨 일들이 있었나 생각하다가 보면 어느새 잠들어 있어."

"맞아. 그게 좋은 사례라고 말할 수 있어. 때에 따라서는 문제를 풀기 위해 노력하지 않는 것이 가장 좋은 방법일 수 있어." 리타가 말했다.

"이해가 돼." 로날드가 말했다. "문제를 어떻게 정의하는가 하는 게 중요한 거였어. '행복이나 평화를 위해 노력한다.'를 해결해야 할 문제로 정의하고 절대 도달할 수 없는 방법으로 그 해결책을 찾고 있었어."

"맞았어. 어려운 건 문제점을 파악하고, 해결책을 찾으려고 노력하는 거야." 리타가 말했다. "그건 한밤중에 깨었다가 도로 잠들기 위해 하나만 더 시도하면 성공하리라고 생각하는 거야."

"그게 코칭고객이 지닌 가정에 대해서 조심해서 경청해야 하는 이유네. 우린 다시 심층구조와 표면구조에 관해 얘기하는 것 같아." 앨리스가 말했다.

"우리 앨리스가 잘 기억하고 있구나. 코칭고객이 뭘 가정하고 있는지 이해하는 것은 확실히 코칭의 일부야." 리타가 말했다.

"해냈다!" 개구리가 소리쳤다. 그는 땅바닥에 그린 직선 네 개를 가리켰다.

"내가 해냈어!" 그들은 개구리가 그린 직선들을 내려다봤다.

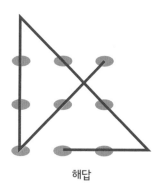

해답

"아주 잘했어." 앨리스가 말했다. "이걸 풀어내는 사람은 얼마 없는데."

"어려움은 해결책과 함께 있는 게 아니라 문제에 함께 있지." 개구리가 말했다. "한참 동안 직선 4개가 사각형 안에 있어야 한다는 것만 생각했거든. 답은 직선들을 어떻게 배치하는가에 있는 건 맞아. 결국, 내가 깨달은 건 문제 정의를 내가 내렸다는 거야. 너는 직선이 사각형 안에서만 배치되어야 한다고 말한 적이 없는데 내가 그렇게 받아들인 거지. 그러다가 그 선들이 사각형 밖으로 나가도 된다는 걸 깨닫게 되고, 그 뒤로는 해결하기가 쉬웠어."

"아주 인상적인걸." 로날드가 말했다.

"그럼 이제 다 같이 내 만돌린을 찾는 거니?" 개구리가 간청하며 말했다.

"물론이야! 약속은 약속이니까." 앨리스가 말했다.

그들 넷은 호수 쪽으로 몸을 돌렸다. 이제 호수는 수정처럼 맑은 상태가 되어있었다. "맑아졌네, 가자." 개구리가 말했다.

"호수 주위를 따라 걸어보자. 어느 지점에서 찾으러 들어가는 게 좋을지 알 수 있을 거야. 너희 둘은 이쪽으로 가." 리타가 앨리스와 개구리에게 말했다. "우린 반대편으로 돌면서 만돌린이 있는지 살펴볼게."

앨리스와 개구리는 작은 호수를 돌며 찾아보기 시작했다. 태양은 이제 낮게 내려와 고요한 물 저편에 아름다운 오렌지빛을 만들어 내고 있었다. 호수는 바닥까지 다 들여다볼 수 있게 맑았지만, 물속 어디에서도 만돌린은 보이지 않았다. 호수를 반 바퀴 돌아서 그들 네 명은 다시 만났다.

"없지?" 앨리스가 물었다.

"응, 아무것도 없었어. 내 생각엔 호수 반 바퀴를 마저 돌아보는 게 좋을 거 같아. 혹시 놓쳤을 수도 있잖아. 리타가 대답했다.

앨리스와 개구리는 호수 주위를 마저 돌기 시작했다. 물과 호수 바닥을 주의 깊게 살폈지만, 만돌린의 흔적은 어디에도 없었다. 그들이 다시 만났을 때 개구리가 흐느끼기 시작했다. "찾을 수 있을 거라고 했잖아!"

"호수에 빠진 건 확실한 거야? 어떻게 호수에 빠졌지?" 앨리스가 물었다.

"확실하냐고? 아니, 확신할 순 없어. 그걸 저 숲에서 잃어버린 것 같아."

"뭐어라구? 숲에서 잃어버렸다고? 근데 왜 호수에서 찾고 있는 건데?" 앨리스가 날카롭게 소리를 질렀다.

"숲은 어두컴컴해. 그리고 숲에서는 여기저기 찾아보는 것도 아주 힘들어. 나는 수영을 아주 잘 하니까, 그리고 나는 물을 좋아하니까. 그러니까 여기 이 호수에서 찾는 게 나을 것 같았어." 개구리가 말했다.

"말도 안돼!" 앨리스가 아연실색하며 말했다. "알았어, 알았으니까 이제 숲으로 가보자. 정신 똑바로 차려!" 앨리스는 개구리를 잡아끌며 숲으로 가기 시작했다. 리타와 로날드가 그 뒤를 따랐다.

"근데 네 이름은 뭐니? 아직도 너를 미스터 개구리라고 부르는 건 싫어."

"테드." 개구리가 대답했다.

"테드?" 앨리스가 캐물었다.

"테드 폴Tad Paul." 개구리가 웃으며 다시 말했다.

앨리스가 신음을 토해냈다. "넌 진실을 말한 적이 있는 거니?"

"물론이지. 하지만 확실한 건 모든 개구리는 거짓말쟁이라는 거야." 개구리가 대답했다.

"그건 말도 안 돼. 그 말이 사실이라면, 그건 그 말조차 거짓이라는 뜻이거든." 앨리스가 말했다. "그걸 패러독스라고 하지." 리타가 덧붙였다.

"그건 또 뭐야?" 앨리스가 물었다.

"패러독스는 역설이라는 건데, 겉으로 보기엔 타당한 논리를 가지고 있지만, 사실은 자기모순에 빠지는 걸 말하지."

"나는 잠자기 위해 더 많이 노력할 거야.' 라는 거." 로날드가 말했다.

"바로 그거야." 리타가 덧붙였다.

"패러독스는 해결될 수 없네." 앨리스가 생각에 잠겨 혼잣말했다.

"뭐, 때에 따라서. 역설은 상식적인 생각의 차원에서는 해결될 수 없긴 해."

"생각의 차원이라니?" 로날드가 물었다.

"설명해 줄게. 그렇지만 설명을 잘하려면 '변경한다'는 것에 관해 좀 더 얘기할 필요가 있어. 너희는 자전거를 타지?" 리타가 말했다.

로날드와 앨리스는 고개를 끄덕였다.

"좀 더 빠르게 달리려면 어떻게 하지?" 리타가 물었다.

"자전거 페달을 빠르게 돌려." 앨리스가 대답했다.

"기어를 바꾸지." 로날드가 말했다.

"그래, 기어를 바꾸는 것도 방법이야." 앨리스도 동의했다.

"맞았어! 그렇게 두 가지 방법이 있지. 같은 기어에서 페달을 빠르게 돌리거나, 같은 속도로 페달을 돌리더라도 기어를 바꾸면 돼."

"이걸 코칭과는 어떻게 연결해?" 로날드가 물었다.

"그런 이슈를 들고 온 코칭고객이 있었어. '나는 동기부여가 필요해요.'그건 좀 특이한 말이라는 생각이 들었어. 누군가가 어떤 일에 동기부여가 안 되어있다면, 결국 그는 그걸 별로 하고 싶지 않다는 말이지. 그런데 그가 원하는 것은 그 일을 '하고 싶게 되기를' 원한다는 거야. 다시 말하면 희망 사항과 실제 상황이 다른 거지.

그럴 때 코치로서 우리는 자신에게 어떤 일이 벌어지고 있는지 물어봐야 해. 방해되는 게 있는 걸까? 코칭고객이 가려고 하는 지점으로 더 쉽게 연결되도록 도와줘야 할까? 더 빨리 페달을 밟는 것처럼 말이지. 혹은 자신의 기분이 아닌 걸 왜 원하는지 탐색해야 할까? 기어변경처럼 말이야."

"기어를 바꾼다는 건 차원을 바꿔서 보자는 거구나?" 로날드가 말했다.

"그렇지. 그런 걸 1수준 변경, 2수준 변경이라고 해. 1수준 변경은 정의된 주제 안에서 변경되는 거야. 2수준 변경은 정의 자체를 변경하는 거지.

다른 코칭고객 한 분은 그의 팀원들이 열심히 일하지 않는다며 코칭을 시작했어. 그는 팀원들이 더 열심히 일해주기 바랄 뿐 아니라, 팀원들 '스스로' 더 열심히 일하고 싶어 하기를 원했어. 기어변경을 원한 거지. 행동 변화뿐 아니라 2수준 변경인 태도 변화까지 원한 거야. 문제는 행동 변화는 충분히 일어날 수 있지만, 자발적으로 행동하게 만드는 건 쉽지 않거든.

가끔 사람들은 잘못된 수준에서 뭔가를 '해결'하려고 엄청나게 노력해. 최근에 만난 코칭고객 한 분은 아주 성공한 기업가였는데, 자기 자신을 쓰러질 때까지 강하게 몰아붙이고 있었어. 창업 1년 차에 사업은 크게 성공했고, 그는 그 이후에도 계속 사업을 더 키워가는 목표를 세웠지. 2년 차에도, 3년 차에도 더 큰 목표를 모두 달성했어. 그렇게 하느라 일하는 시간을 늘리고, 집에서 가족과 보내는 시간을 줄였지. 일의 효율성을 높이려고 애썼고, 자기 자신에게도 많은 투자를 했어. 4년 차에도 그는 똑같이 목표를 늘리고, 노력을 배가하려고 애썼어. 그의 코칭목표도 어떻게 하면 더 열심히, 더 효율적으로 일을 더 많이 할 수 있을까 하는 데 집중하고 있었지."

"그분은 페달을 더 빠르게 돌리고 싶었던 거네. 하지만 내 생각엔 그의 다리는 이미 너무나 빠르게 페달을 돌리고 있는 것 같아. 그러면서 코치에게 쓰러지지 않도록 도와달라고 원하는 거야." 로날드가 말했다.

"그렇지! 그런 때에 내가 코치로서 어떻게 해야 했을까? 그의 생각에 공감하고 그가 원하는 결과를 내도록 도와야 했을까? 결국, 그가 내게 돈을 지불하고 그가 원하는 내용을 코치와 함께 이루어 가기를 기대하는 상황이거든. 그가 원하는 대로 한다면 결국, 여러 문제를 안게 될 텐데 말이지."

"그래서 어떻게 했는데?" 로날드가 물었다.

"나는 그와 함께 그가 원하는 목표를 성취하면 어떤 상황이 되는지 같이 생각하는 과정을 가졌지, 그가 뭘 원했겠니? 내년에도 수익을 늘리고 싶다는 거야. 나는 그가 언제쯤에야 만족할지 물었고, 그의 대답은 만족이란 없다는 거였어. 난 그가 뭘 해냈는지는 관심이 없다는 걸 알았지. 그는 뭘 해도 충분하지 않다고 생각하거든. 그는 1수준 변경의 범주에 갇혀 있었어."

"본인도 그걸 인정할까?" 로날드가 물었다.

"응, 인정하지만 달리 어떻게 해야 하는지 몰랐어. 우리는 목적을 다른 관점에서 보는 방식으로 진행했지. 나는 그에게 수익을 계속 늘려가는 게 왜 그렇게 중요한지 물었어. 그게 그에게 뭘 해주는 거냐고. 그렇게 해야 자기 자신이 중요하고 탁월한 사람처럼 느낄 수 있다는 대답을 들었어. 그렇게 함으로써 자기 자신을 기분 좋게 느낀다는 거야."

"물론 그럴 수 있겠지만 탈진해서 쓰러져 버릴 걸." 앨리스가 말했다.

코칭 어드벤처

"그렇지. 그의 목적은 그렇게 길을 잃었고, 그는 그 끝없는 목표가 자신이 원했던 의도에서 멀어지고 있다는 걸 깨닫기 시작했어." 리타가 말했다.

"나무를 보느라 숲을 보지 못했네. 어떻게 코칭을 진행했어?"

"그의 현재 방식으로는 목적을 달성하게 하지는 못한다는 걸 깨달아야 했어. 그렇게 되면 우린 바로 그 지점에서 다시 변경하면서 시작할 수 있거든. 코칭을 하면서 다른 관점을 보게 했어. 그가 점점 더 열심히 일하는 것에 대한 걸 다루는 게 아니라 탁월함과 중요성에 관한 그의 욕구를 다루게 됐지."

"2수준 변경!" 로날드가 말했다.

"그 초기 단계라고 할 수 있지. 2수준 변경의 상태에 도달하기까지는 탐색도 좀 하고 노력도 좀 필요했지만, 우리가 그의 탁월성 이슈들을 다루게 되니까, 그는 사업 그 자체에서 한 발 뒤에서 그 사업과 관련 있는 다른 사람들도 볼 수 있게 됐어. 그전에는 그런 게 불가능했던 거지. 자신의 중요성에 대한 욕구가 그를 그렇게 일하도록 밀어붙였어." 리타가 말했다.

"정말 흥미로워. 현실적으로 생각하면, 그렇게 하는 것이 명백한 해결책이거든. 사업체 대표가 과로하게 되면 가장 먼저 하는 일은 다른 사람을 고용하고, 책임을 일부 위임하거든." 로날드가 말했다.

"맞아. 하지만 처음부터 그렇게 하자고 제안했으면 쉽게 받아들이지 않았을 거야. 그게 이성적으로는 올바른 방향이라는 걸 이해하지만, 마음이 정리가 안 된 상태에서는 받아들이지 못하고 반발하지. 쉽게 받아들였다 해도 탁월함을 추구하는 욕구가 여전해서, 제대로 해결되지 않았을 거

야. 해결책을 가로막고 있는 문제에 대한 이해가 부족한 경우지." 리타가
말했다.

"찾았다!" 개구리가 소리쳤다. "내 만돌린을 찾았어, 내 소중한 만돌린
이 여기 있어." 그는 서투른 솜씨로 민요를 연주하기 시작했다. "나는 파
리를 삼킨 할머니를 안다네…"앨리스도 목청을 가다듬었다. "나도 그 노
래 알아." 그녀가 말했다. "넌 만돌린을 연주해, 노래는 내가 부를게."

나는 햇빛을 무서워한 할머니를 안다네.

나는 왜 햇빛을 무서워하는지 궁금했다네.

할머니는 심심했다네.

나는 집에만 머무는 할머니를 안다네.

나는 왜 햇빛을 무서워하는지 궁금했다네.

할머니는 심심했다네.

나는 술을 잔뜩 마신 할머니를 안다네.

술 마신 할머니는 우울했고 제대로 생각을 할 수가 없었다네.

할머니는 실내에서 뼈를 튼튼하게 하려고 술을 마신다네.

할머니는 햇빛을 피해 집안에만 머물렀다네.

나는 왜 햇빛을 무서워하는지 궁금했다네.

할머니는 심심했다네.

나는 먹을 게 다 떨어진 할머니를 안다네.

먹을 게 없는 할머니는 기분이 나빴다네.

술 취한 할머니는 남은 음식을 다 먹어버렸다네.

할머니는 집안에 있을 땐 술을 마신다네.

코칭 어드벤처

할머니는 햇빛을 피해 집안에만 머물렀다네.

나는 왜 햇빛을 무서워하는지 궁금했다네.

할머니는 심심했다네.

나는 자기의 옷을 먹는 할머니를 안다네.

자기 옷을 먹다니 엉망진창이야.

할머니는 음식이 다 떨어져서 자기 옷을 먹는다네.

술취한 할머니는 남은 음식을 다 먹어버렸다네.

할머니는 집안에 있을 땐 술을 마신다네.

나는 왜 햇빛을 무서워하는지 궁금하다네.

할머니는 심심했다네.

나는 알몸으로 식품점에 간 할머니를 알고 있다네.

햇빛이 가득했지만, 할머니는 멈추지 않았다네.

할머니는 끊임없이 웃었다네.

"앨리스, 거기서 아주 좋은 표현이 나타났어. 때때로 해결책이 아주 엉뚱한 데에서 나타나기도 한다는 거지." 리타가 말했다.

"비합리적인 문제는 비합리적인 해결책으로 연결돼." 로날드가 말했다.

"하지만 그 문제들이 사실은 꼭 비합리적인 것만은 아니란 걸 기억해야 해. 때로는 문제점을 아주 다른 수준에서 생각해야 해결책이 보이기도 하거든. 해결책은 기대한 만큼 논리적인 게 아닐 수도 있어." 리타가 말했다.

"이제 조금씩 이해가 되기 시작했어. 코칭고객이 코칭에서 어떤 이슈에 대해 좀 더 동기부여가 되고 싶다고 말한단 말이지. 논리적으로는 왜 그걸 해야 하는지 이유를 찾아내. 예를 들어, 박사 논문을 마무리 지을 동기부여가 필요하다고 말했다면 합리적인 전개 방식은 그렇게 하는 데 따른 이익이 뭔지 생각해 보게 하는 거지. 그런 다음 왜 끝내야 할지에 대한 긍정적 측면들을 나열해보게 하지." 로날드가 말했다.

"그 과정은 충분히 그럴만한 가치가 있어. 그게 기분을 변화시키고 동기를 부여한다면 도움이 되거든. 그걸 하는 게 어떤 가치가 있는지 스스로 납득 되게 하는 합리적인 생각 말이야. 그렇게 생각하는 과정이 충분히 가치가 있지. 그럴 땐 비합리적인 문제가 계속해서 영향을 미칠 것 같지는 않아."

"우리가 여기서 말하는 '비합리적인' 접근 방식은 왜 하고 싶지 않은 일에 동기부여 되기를 원하는가, 그리고 동기부여가 되고 싶은 목적이 뭔지 탐색하는 걸 말하는 거구나." 로날드가 이어서 말했다.

"그렇게 하면 더 깊은 곳에 내재 되어있던 문제들을 찾아낼 수 있을 거야. 그건 그 코칭고객도 계속 곱씹어 생각하던 문제일 거야." 리타가 말했다.

"코칭에서 마주치는 다른 비합리적 사례는 뭐가 있지?" 로날드가 물었다.

"행동 변화를 원하는 사람들도 그러한 경우야. 그런 분들은 전형적으로 뭔가 새로 해보길 원하거나, 하던 걸 그만두려는 식으로 진행하지. 물론 더 많이 한다거나 적게 하길 원하는 것도 이 범주에 들어간다고 할 수 있어."

"헬스장을 다니려고 하는 사람이거나 운동을 시작하려는 사람들인 거지?"

코칭 어드벤처

"케이크를 안 먹기로 하거나 적게 먹으려는 사람." 앨리스가 덧붙였다.

"그렇지! 사람들이 지금까지와는 다르게 행동하고 싶어 하는 것에 대해서야. 회의할 때 여러 사람 앞에서 분명하게 이야기하고 싶다거나 프로젝트를 제시간에 끝내고 싶다거나 하는 따위야. 합리적인 진행방식은 그들이 어떻게 실행할지 살펴보는 거야. 어떤 헬스장이 가까운 데 있는지, 몇 시에 문을 여는지, 하루 중 언제가 가장 운동하기에 좋은지 등을 살펴보는 거지. 물론 케이크를 안 먹는 대신 다른 어떤 걸 먹는 게 건강에도 좋은지, 케이크를 구매하는 횟수가 줄었는지 살펴볼 수 있겠지. 어떻게 다른 것으로 대체하는가, 혹은 대신에 무엇을 하는가를 알아보는 거지. 대체할 행동을 알아보거나 어떤 요소가 행동습관을 통제하는지 살펴보는 건 합리적인 접근 방식이야."

"그건 같은 수준에서 변화하는 건가?" 로날드가 물었다.

"물론." 리타가 고개를 끄덕였다. "같은 수준에서 변화하는 방식이고, 그게 수월해. 그런데, 그 행동습관이 왜 생겼는지, 그 행동을 하면 어떤 기분이 드는지, 그가 가치 있다고 생각하는 게 뭔지 알아내는 게 더 낫더라고."

"그건 다른 수준에서 작동하는 거구나?" 로날드가 말했다.

"응. 목표가 행동습관의 변화라고 하더라도, 느낌이나 가치관의 수준에서 다루게 돼. 그 행동이 나타나게 되는 이유가 뭔지 탐색할 수 있으면, 그리고 그걸 다루게 된다면, 그 행동습관은 더 쉽게 변화할 수 있게 돼."

"그걸 헬스장에 가려는 사례를 놓고 생각해 본다면 어떻게 하면 돼?"

"그 코칭고객이 어떻게 느끼는지 살펴보겠지. 동기부여가 잘 되어있지 않다면, 혹은 진짜로 그걸 원하는 건 아니라면, 행동수준은 전혀 안 변하거나, 변하더라도 오래 지속되지는 않을 수도 있어. 때로는 행동 습관적 접근 방식이 잘 작동하기도 해. 그렇지만 헬스클럽을 다니고 싶어한 근본목적을 탐색하는 과정에서 자기 스스로 깨달은 게 있으면 그 깨달음이 행동에 큰 영향을 미치게 돼." 리타가 말했다.

"근데 네가 전에 말한 걸 기억하는데. 코칭고객이 동기부여가 더 잘 되기를 원하는 건 그 자체가 문제라고 했던 거 같아. 그 코칭고객 동기부여가 되도록 돕는 것은 진짜로 그들이 필요한 걸 얻게 돕는 것이 아닐 수 있다고 했잖아?" 로날드가 어리둥절해서 물었다.

"그렇지 않을 수도, 그럴 수도 있어." 리타가 말했다.

"그런 대답을 원한 건 아니야!" 로날드가 외쳤다. "내 질문은 코칭을 시작할 때, 어떤 방향으로 탐색해야 할지 어떻게 아는가 하는 거였어."

"나도 몰라. 모든 아이디어를 마음속에 지니고 있다가 코칭과정에서 진행해보는 거지. 필수적으로 하는 건, 문제의 수준이 어디 속해 있는지 파악하려고 노력한다는 거야. 이런 질문 방향으로 어떻게 되는지 살펴보다가 아니다 싶으면 다른 방향의 질문들로 변경하지." 리타가 말했다.

"너희 셋은 말을 참 많이 하네." 개구리 테드가 끼어들었다.

앨리스는 그를 완전히 잊고 있었다. 테드는 느긋하게 풀밭에 앉아 서툰 만돌린 연주를 즐기고 있었다. "어떻게 하면 내 만돌린을 찾아준 거에 대한 감사 표시가 될까? 뭐든 말해봐." 테드가 물었다.

"우리한테? 뭐든지?" 리타가 의심스러운 듯이 되물었다. "그게 가능할까?"

"우주로켓!" 앨리스가 끼어들었다. "나는 우주로 날아가 보고 싶거든."

"알았어!" 테드가 대답했다. "그걸 원하는 거라면 넌 우주로켓을 가질 수 있을 거야." 앨리스가 소리를 질러댔다. "좋아 좋아. 조오오오오아!"

리타는 로날드를 쳐다봤다. "아, 안돼. 저러다간 앨리스가 아주아주 실망하게 돼." 리타가 속삭였다.

앨리스는 어디서 우주로켓을 찾을 수 있는지 물었다. 테드는 놀이터가 있는 공원에 가면 찾을 수 있다고 말했다.

"뭐야, 그럼 얼른 가야지, 가자! 가서 로켓을 찾아보자" 앨리스가 기운차게 일어서며 말했다. 리타는 로날드를 다시 한번 쳐다봤다. "그래, 가자." 로날드도 찌푸린 얼굴로 테드를 쳐다보며 대답했다. "근데 우리가 우주로켓을 찾을 거 같진 않아." 리타와 로날드는 이미 저 멀리 앞서가고 있는 앨리스를 바라봤다. 앨리스는 신이 나서 뛰어가고 있었다. 리타와 로날드도 따라 걷기 시작했다.

"곧 닥칠 일을 조금이라도 예측했다면 그렇게 신나지는 않았을 텐데."

"저도 알아요, 벤 아저씨. 저도 결국은 슬퍼졌거든요. 그래도 전 지금 정말 기분 좋아요. 오늘이 올해 제가 제일 좋아하는 밤이거든요."

"앨리스, 혹시 오늘이 네 생일이니? 아닌가?"

"아뇨, 벤 아저씨, 오늘 밤은 그냥 '올해의 기분 좋은 날'인거지요."

"일 년에 이틀씩이나 돼?"

"실제론 사흘이나 되지요."

"사흘! 오늘은 무슨 날인데? 앨리스"

"불꽃놀이 날이잖아요! 전 불꽃놀이가 좋아요. 아빠는 제가 아직 불꽃놀이 폭죽에 직접 불을 붙이기에는 어리대요. 그래서 어른들의 슈퍼비전supervision 아래 있어야 한 대요."

"그래, 맞아. 너희 아빠는 아주 현명하신 분이구나. 그럼 우리 잠깐 슈퍼비전에 대해 요약도 해볼까?"

슈퍼비전

슈퍼비전의 목표는 코치와 코칭을 지원하고 발전시키는 데 있다. 코치는 비밀준수의 범위 내에서 코칭고객과의 코칭내용을 공유할 기회를 갖는다. 슈퍼비전에는 다음 3가지 이점이 있다.

1) 슈퍼비전은 코치에게 코칭상황과 코칭경험을 회상해볼 수 있는 여유를 제공한다. 그 기회를 통해 코치들은 탐색에서 마주친 도전과 유용한 접근 방식, 자원들을 되돌아볼 수 있다.
2) 슈퍼비전은 코치들의 성장을 지원하고, 새로운 기술을 습득하도록 도와주며, 이해의 폭을 넓히고 자기 이해를 강화하게 한다.
3) 슈퍼비전은 코칭 윤리적 딜레마와 우수사례를 공유하도록 돕는다.

"어휴, 벤 아저씨, 내용이 너무 많아요. 조금 더 단순하게 정리해 주실 수 없을까요?"

매우 간단하게 말하자면, 정기적으로 코칭을 하는 사람들이 자기 일에 관해 얘기 나눌 수 있는 경험 많은 코치를 곁에 둘 수 있다는 것이라 하겠다. 이는 신참코치들에게나 경험이 많은 코치이거나를 막론하고 매우 도움이 된다. 슈퍼비전은 각자에게 다른 영역을 볼 수 있게 해준다.

"훨씬 낫네요!"

"고마워, 앨리스!"

1수준 변경 & 2수준 변경

1수준 변경과 2수준 변경에 대해서도 요약해 두고자 한다. 지금 다루는 내용은 다소 심화 과정에 속한다고 할 수 있으므로, 코칭 초급자라면 시간을 좀 더 할애하길 바란다. 내용은 매우 간단하다.

1수준 변경은 정의된 문제 안에서 변화를 일으키는 것으로 이미 하던 일을 좀 더 하거나 조금 줄이는 것을 말한다.

2수준 변경은 문제 자체의 정의를 변경하는 것으로서 패러다임을 다른 차원으로 옮겨가서 생각을 바꾸게 된다. 무엇을 진짜 중요시하는지 고려하는 것으로 어느 방향으로 진행하는지, 어떤 가치관을 지녔는지 파악하여 성취하고자 하는 더 큰 목적을 이해하는 것이다.

코치로서 1수준 변경에 머물러 있는 것이 효과적인지, 1수준 변경이 어떤 다른 문제를 유발하는지, 또는 기존의 문제를 고착시키고 있는지 주의 깊게 살피는 것이 중요하다.

"벤 아저씨, 저는 그걸 이런 방식으로 기억할 거예요. 1수준 변경은 그 상황 안에서 변화를 일으키는 것이라고 말이죠. 예를 들면 '자전거 페달을 좀 더 빠르게 돌리면 좀 더 빠르게 갈 수 있다.'는 것 처럼요. 2수준 변경은 문제를 다시 정의하는 거나 구조화하는 거로 생각해요. 이건 자전거 기어를 바꿔서 빨리 달릴 수 있게 하는 것과 같은 거죠."

"맞아. 자전거 페달링 개념이 그 차이들을 기억하는 데 아주 좋구나. 그건 그렇고, 앨리스, 넌 매년 사흘 동안의 근사한 밤을 즐긴다고 말하던데 생일과 불꽃놀이 하는 날 밤, 그리고 세 번째는 뭐지?"

"물론 성탄절 이브요! 일 년 중 신나는 밤엔 당연히 크리스마스가 들어가야지요!"

"생일, 불꽃놀이 하는 날 밤, 크리스마스이브, 사흘이구나."

"네. 그 사흘 밤이 내가 좋아하는 밤이죠. 왜 그렇게 당연한 걸 모르는 거죠? 내가 제일 좋아하는 불꽃놀이 폭죽이 로켓인 건 알아요? 그건 색깔도 다양하고 샤워 물 쏟아지듯 하늘을 수놓곤 하지요."

"아, 그렇구나, 그럼 앨리스, 우리 로켓에 대해 말하면서 이 이야기를 마무리할까? 로켓 얘기로 돌아가 보자고!"

"좋아요. 난 로켓에 관한 얘기가 너무너무 좋아요."

코칭 어드벤처

19

로켓소녀

코치의 신념과 인식

그들이 공원을 향해 걸어가고 있을 때 리타가 얘기를 시작했다. "내 생각에 너희들도 이제 심화 단계로 접어든 것 같아. 그래서 인식에 관해 얘길 나누고 싶어. 너희가 존경하는 분에 대해 말하는 데서 시작하기로 하자."

"발렌티나 테레시코바Valentina Tereshkova, 첫 번째 여자 우주인이야." 앨리스가 말했다.

"슬래쉬Slash, 건즈앤로지스Guns N'Roses의 멤버지." 로날드도 말했다.

"네가 건즈앤로지스를 좋아해?" 엘리스가 믿을 수 없다는 듯 반문했다.

"날 놀라게 하네, 로날드."

"내가 예전엔 록피시rock fish였어. 늘 GNR그룹의 곡을 들었지. '파라다이스 시티Paradise City'가 내가 좋아했던 곡이야." 로날드가 대답했다.

"나는 머틀리 크루Mötley Crüe가 더 좋아." 리타가 말했다. "그러면 발렌티나나 슬래쉬에 관해서 정확하게 왜 그들을 좋아하는지 설명해 봐. 그들이 해낸 업적을 들이대는 대신에 그들의 강점이나 특징적 성향을 말해줘."

"내 생각엔 발렌티나는 결단력과 추진력이 있고, 세간의 시선으로부터 자유로운 것 같아. 발렌티나가 뭐라고 말했는지 알아? '러시아에서는 여성도 철도노동자가 될 수 있는데, 왜 우주 공간을 날아가는 건 안 된다는 거죠?' 나는 그런 성향에 반했지. 나도 그럴 수 있기를 바래." 앨리스가 말했다.

"나는 슬래쉬를 존경해. 슬래쉬는 스스로 정한 길을 꿋꿋이 걸어가고 있어. 기타연주는 그의 열정 그 자체야. 그는 기타연주에 자신의 온 생애를 걸었어. 그는 초기 시절에 정말 끊임없이 연습했어. 자신에게 진솔했고 지금의 그를 있게 한 재능 대부분을 노력해서 만들어 냈지." 로날드가 말했다.

"너희에게도 그런 성향이 있다고 생각하니?" 리타가 물었다.

"아니." 앨리스가 말했다.

"내게도 없어." 로날드가 말했다.

"수준의 차이는 있겠지만 너희들에게도 그런 성향이 있을 거야. 그렇지 않으면 너흰 그들의 그런 성향을 알아채기 어렵거든."

"그게 무슨 뜻이야?" 로날드가 물었다.

"이미 알고 있는 게 아닌 걸 관찰하긴 매우 어려워. 우리의 인식 필터는 계산할 수 없거나 곱씹을 수 없는 모르는 정보를 지워버리는 경향이 있거든. 그 얘긴 전에도 한 것 같은데?" 앨리스가 얼른 대답했다. "응, 우리 아빠의 새 은색 자동차를 예로 들었지."

"맞아." 리타는 계속해서 설명했다. "넌 은색 자동차를 본 적이 있어서 그런 게 이 세상에 존재하는 걸 알고 있어. 우리가 다른 사람들을 볼 때도 같은 상황이 전개되지. 코칭고객이 어떤 성향인지 알기 위해서 우리의 인식 필터를 사용하게 된다는 말이야."

"우리가 이미 그런 성향들을 우리 안에 가지고 있다고 말하는 거지?"

"그게 정확하게 내가 말하려는 거야. 원하는 만큼 많이 개발된 건 아닐 지도 몰라. 그런 게 자기 안에 있다는 걸 표현하지 않을 수도 있어."

"안심이 되네. 나도 어느 정도 열심히 했고, 내가 가진 재능을 최대한 활용한 것으로 생각하고 싶어." 로날드가 말했다.

"그런 게 인식이 진행되는 방식이지. 그런 걸 투영이라고 불러. 우리가 가진 속성들이 다른 사람에게 나타날 때 일어나는 현상이야. 투영이 일어나는 건 수준 차이는 있겠지만 우리가 그런 성향들을 가지고 있기 때문이지. 그렇지 않다면, 우린 다른 사람들이 그런 성향 가지고 있다는 걸 인식할 수 없을 거야. 자신에게도 존재하는 성향이 상대방에게도 존재할 때 쉽게 인식한다는 거지." 리타가 뭔가 잔뜩 쓰인 그녀의 노트패드를 보여주면서 이어서 설명했다. "예를 들어줄게. 이 노트 페이지에서 t라는 철자가 몇 개나 나오는지 살펴봐."

앨리스와 로날드는 그 페이지에서 t자가 몇 번이나 나오는지 세어 봤다.

"자, 이제 눈을 감고 t가 들어간 단어를 얼마나 기억하는지 말해 봐." 리타가 말했다.

"13개." 앨리스가 말했다.

"11개." 로날드가 말했다.

"눈을 감은 채로 m이 들어간 단어가 몇 개인지 기억해 봐."

"난 하나도 기억 안 나. 분명 몇 개는 있었을 텐데 전혀 기억할 수가 없어." 앨리스가 말했다.

"나두야. 하나도 기억 안 나." 로날드가 말했다.

"이제 눈을 뜨고 이 페이지를 다시 봐. m이 들어간 단어가 몇 개나 되지?"

"하나, 둘, 셋, 넷, 아주 많은 걸." 앨리스가 말했다.

"그런데도 단 하나도 기억할 수가 없었지." 리타가 말했다.

"그건 우리더러 t를 살펴보라고 해서 그렇게 된 거야." 앨리스가 말했다.

"맞아. 너희들은 페이지를 들여다보면서 t에 집중했잖아. 그리고 너희는 t를 찾는 동안 다른 글자들에는 관심 없이 지나쳤지. 너희들의 인식은 너희들의 마음에 있는 걸 투영하는 중이었거든. 그런 일이 경험이나 사람들과의 소통에서도 일어나지. 우리가 인식한 건 대체로 우리 안에 있는 게 투영된 거야. 그런데, 대부분 상황에서는 우리가 그런 걸 하고 있다는 걸 의식하지 못해. 글자 하나에 관해서 이야기했지만, 그건 무의식 속에서 투영하고 있는 특징, 믿음, 생각, 감정 또는 태도 등에 대해서도 마찬가지야." 리타가 말했다.

"이걸 코칭과 어떻게 연결 짓게 되지?" 로날드가 물었다.

리타가 계속했다. "유명한 심리학자 칼 융Carl Jung 은 '투영이 가장 흔한 심령현상 중 하나다.'라고 말했어. '자기 자신에게서 무의식적으로 발견되는 모든 것은 우리 이웃에게서도 발견되고, 거기에 맞춰서 상대를 대한다.' 는 얘기지. 우리가 코칭고객에게서 받은 관찰정보나 대답들은 우리 자신을 투영시킨 것이 아니고, 실제 코칭고객의 눈으로 바라본 결과여야 한다는 것에 유념해야 해. 그렇지 않으면 우리는 코칭고객의 생각지도를 따라갈 수 없고, 그저 우리의 생각에 따라 코칭을 진행하게 된다는 얘기야."

"정말 그런 걸까? 우리 자신의 무의식적인 생각을 상대방에게 투영하는 거라고?" 로날드가 의심스럽다는 듯이 물었다.

"빅터와 나눴던 얘기들을 다시 생각해 보자. 넌 네가 사이먼을 어떻게 설명했는지 기억하니?" 리타가 물었다.

"자기 자신을 실제보다 더 낫다고 생각한다고 말했지." 로날드가 약간 움찔한 표정으로 말했다.

"맞아"리타가 말했다. "빅터와 나눈 얘기 중에 네가 화를 내는 모습을 보이고 싶지 않다고 말했던 걸 기억하니?"

"응, 그렇게 말했지." 로날드가 말했다.

"화를 내는 건 너답지 않다는 생각인데, 실제로는 매우 화가 나 있었지. 생각으로는 네가 그 정도에 화낼 정도의 수준은 아니라고, 그보단 더 낫다고 생각하고 싶었지."

"그렇긴 하지만 아직도 네가 뭘 말하는 건지 모르겠어." 로날드가 말했다.

"사이먼은 자신이 실제보다 더 낫다고 생각하고, 너는 자신이 실제보다 화를 잘 다스리고 있다고 생각하고."

"하지만 그 두 가지는 서로 다르잖아." 로날드는 고개를 저으며 말했다.

"어떻게 다르지?" 리타가 물었다.

로날드는 입을 열었다가 닫았다. 그리고 같은 행동을 여러번 반복했다.

"똑같다고 치더라도, 내가 투영하고 있는지는 어떻게 알지?"

"난 몰라. 내가 아는 건 네가 사이먼에게서 발견한 것이 바로 너 자신에게도 있다는 걸 알아채지 못한 거라는 거지." 리타가 말했다.

"아아악!" 로날드가 그의 머리를 지느러미 사이로 밀어 넣으며 말했다.

"넌 가끔 너무 짜증 나."

"어떤 면에서 내가 짜증이 나는데?" 리타가 물었다.

"바로 그런 거, 그런 걸 알아채는 거, 게다가 하는 말마다 항상 옳다는 거!" 로날드가 소리쳤다.

"내가 너무 심했니? 그랬다면 미안해, 정말 미안해." 리타가 말했다.

"아니, 아니야. 자신에 대해 나도 모르는 걸 네가 발견했다는 게 싫을 뿐이야 그게 날 불편하게 해." 로날드가 말했다.

리타가 잠시 말을 멈추고 조용히 있었다. "몰아붙여서 미안해. 너 자신에 관해 뭐든 새롭게 발견할 필요는 없어. 불편하게 했으면 이제 안 할게."

"놀라운 경험이야. 코칭에 대해 이렇게 배우는 거 말이야. 단지 조금 부담스러웠다고나 할까." 로날드가 말했다.

"많은 걸 나눴지. 너희는 모두 빠른 학습자들이야. 게다가 아이디어를 빠르게 연결하곤 해." 리타가 말했다.

"그렇게 생각해?" 로날드가 물었다.

"정말 그렇게 생각해. 아직도 그만두지 않고 질문하고, 탐구하고, 배우지. 다른 이들 같았으면 이미 오래전에 그만뒀을 거야. 너희는 생각한 것보다 더 슬래쉬나 발렌티나의 수준에 근접해 있는지도 몰라." 리타가 말했다.

"아직 내가 기타 연주하는 거 못 봤지?" 로날드가 어색하게 웃으며 말했다.

"내 기타연주를 들으면 내가 슬래쉬와 얼마나 비교 불가인지 알게 될 거야. 그래도 뭐, 난 네가 뭘 말하려는 건지 잘 이해하고 있어. 고마워."

"다른 사례를 들어볼게. 휴고와의 코칭을 참관한 걸 기억해봐. 휴고가 자기 모습을 다른 사람들이 어떻게 보는지 상상하던 걸 말이야." 리타가 말했다.

"휴고는 남들이 자기를 지루하다거나 좋아할 수 없는 사람이라고 생각한다고 믿고 있었지." 로날드가 말했다.

"맞았어, 근데 휴고는 그걸 어떤 방식으로 알게 됐을까?" 리타가 물었다.

"그냥 휴고가 그렇게 상상했을 뿐이야." 앨리스가 말했다.

"그렇지. 그런 생각들을 사람들에게 투영한 거지. 내가 알기론, 아무도 그에게 그렇게 말한 적은 없어. 단지 휴고 스스로 그렇게 생각했을 뿐이야."

"그러면, 그런 생각을 다른 사람들에게 투영했고, 그게 사실인 것처럼 그들에게 반응한 거네." 로날드가 말했다.

"실제로 우리가 투영하는 것은 무의식적으로 이뤄져. 우린 그걸 깨닫지 못하지, 그래서 우리는 그 사람에게 투영된 모습이 실제 모습인 것처럼 반응해."

"와아. 그렇구나. 그럼 카밀라에게도 같은 일이 벌어진 거였네, 그렇지?"

"응, 그랬어. 카밀라도 동업자인 클라리사가 들으려고 하지 않고 고집만 부린다고 했지. 내 생각엔 카밀라도 자기가 말을 들으려고 하지 않았고, 자기 방식이 아주 고집불통이었다는 걸 이번 코칭세션 중에 깨달은 것 같았어."

"이제야 어떻게 돌아가고 있는 건지 알 수 있게 됐네." 로날드가 말했다.

"자, 그럼 이제 어떻게 해야 하지?"

"코치로서 유의해야 할 사항을 정리해보자. 우리는 코치로서 내 생각을 강요하지 않아야 하고, 코칭고객의 생각이 어떻게 흐르는지 그 생각지도를 탐색하면서 질문을 해야 한다는 것!"

"근데 리타, 네 생각 몇 가지를 공유하고 싶다고 말한 것 같은데? 인식은 투영된 것이라는 게 첫 번째 나누려던 생각이고, 다른 건 뭐였어?"

"믿음에 관해 얘기하고 싶었어. 코치로서 우리가 믿는 것과 기대는 코칭에 영향을 미친다는 것에 관해서야." 리타가 말했다.

"우리의 믿음과 기대가 뭐라고?" 앨리스가 물었다.

"코칭고객들에 대한 우리의 믿음, 그리고 코칭고객에 대한 기대야. 학교 선생님들과 실험을 한 연구 결과가 있어. 신학기에 선생님들한테 반 아이들 몇 명이 높은 IQ를 가지고 있고, 앞으로 1년 안에 훌륭한 성과를 낼 거라고 미리 말을 해주는 게 실험의 시작이야. 근데 실제로는 그 높은 IQ를 가졌다는 아이들은 사실은 보통의 IQ를 가진 무작위로 추출된 아이들이었거든. 그 실험의 결과는 어땠겠니? 연말에 더 지능이 높다고 분류

된 대상 학생들은 실제로 다른 학생들보다 IQ가 더 높아졌다는 걸 발견하게 된 거야."

"어떻게 그런 일이 생길 수 있지?" 로날드가 물었다.

"실험자들은 선생님들이 대상 학생들에게 더 높은 기대를 했기 때문이라고 추측을 해. 예를 들면, 선생님들은 더 똑똑하다고 믿었던 학생들에게 더 어려운 질문을 던졌을 수도 있고, 더 칭찬하거나 관심을 더 많이 표현했을 수 있다는 거지. 선생님들이 일부러 그러는 건 아니야. 좋은 선생님들은 항상 학생들을 동등하게 대하지만, 이 실험에서 본 것처럼, 선생님들이 이 대상 학생들에 대해 가지고 있는 믿음이 결과에 영향을 미쳤다고 보는 거야."

"엄청나네. 코치로서의 우리의 믿음과 기대가 코칭고객의 변화를 불러올 거라는 말인가?" 앨리스가 말했다.

"누군가 네게 코칭을 해주러 왔다고 생각해 봐. 너는 코치가 네 문제를 해결할 수 있다고 생각하지 않아. 그런 상황은 코칭에 어떤 영향을 미칠까?"

"아마 쉽게 포기하거나, 아니면 가능성을 찾는 탐색을 안 할 수도 있겠지."

"코칭고객이 내 바디 랭귀지를 알아차릴지도 몰라." 앨리스가 말했다.

"너희들 말이 맞아. 그중 하나거나 둘 다 맞거나, 더 많은 가능성이 있어. 코치의 믿음과 기대가 은연중에 표현으로 묻어나거든." 리타가 말했다.

"코칭고객이 뭔가를 성취한다거나 해결할 수 없다고 생각한다면?"

"그러지 못하지. 코치가 진정으로 코칭고객의 가능성을 믿지 않는다

코칭 어드벤처

면, 그건 코칭을 할 적임자가 아니야." 리타가 말했다.

"알겠어. 그렇다면 코치는 코칭고객에게 어떤 믿음과 기대를 해야 되지?"

"아주 좋은 질문이야." 리타가 말했다. "내가 몇 가지 말해 볼게."

"내 생각만 진실이라고 주장하는 건 아니야. 내가 말하려는 건 믿는 게 유용하고, 사실이라고 믿고 행동하는 것이 코칭하는데 더 가능성이 커지고 유연성을 줄 거라는 거지."

"좋아. 이해했어. 네가 말하려는 몇 가지 생각은 뭐야?" 로날드가 말했다.

"첫 번째 생각은, 사람들은 주어진 순간에 할 수 있는 최선의 선택을 한다는 거야. 그런 선택은 때때로 좌절하게 하거나, 이해하기 어렵기도 해. 게다가 부정적인 결과를 가져올 수도 있어. 하지만 기준을 달리해서 보면 그건 앞으로 나아가는 최선책일 수 있지."

"믿기 어렵겠지만, 사람들은 때론 엄청난 걸 해내지." 로날드가 말했다.

"정말 그래. 사람들이 나쁜 짓을 하지 않는다거나, 고의적으로 다른 사람을 해치지 않는다는 걸 의미하는 게 아니야. 최선의 선택을 한다는 게 진실이라면, 그게 코치의 질문을 어떻게 바꾸게 하는지 생각해 보자는 거야."

"사람들이 왜 뭔가를 하고, 생각지도에서 어떤 일이 일어나는지 이해하는 데 관심을 더 가질 것 같아. 그게 코치의 판단을 우선시하지 않는 이유일 거야." 로날드는 생각에 잠겼다.

"그래, 나도 동의해. 너희는 그들의 선택을 탐색하면서 통찰력과 이해의 폭을 넓혀 갈 거야. 그렇게 해서 코칭고객이 해낼 수 있는 또 다른 가능성과 다른 선택지들을 끌어내게 될 거야. 너희가 코치로서 코칭고객의 생각지도에서 더 나은 선택지를 찾을 수 있도록 도와준다면, 그들은 실천해볼 다른 방법들을 찾게 되지."

"또 뭐가 있어?" 앨리스가 물었다.

"두 번째는, 사람들을 그들의 행동으로 판단할 순 없다는 거야. 우린 사람들이 보여 주는 행동으로 그 사람을 규정하는 선입견을 품고 있지. 심리학에서는 귀인이론[7]이라고 하는데, 그건 행동과 행동습관을 다루는 이론이야. 가장 일반적인 귀인 오류는 타인들의 행동에 대해서는 그 행동의 원인을 그들 자신에게서 찾으려는 반면, 자기 행동에 대해서는 그 원인을 처한 환경이나 상황에서 찾으려 하는 거야."

"그런가? 그건 미처 몰랐어." 로날드가 말했다.

"우리는 코치로서 그 사람이 누구인지와, 그의 성향이나 행동을 혼동하지 않아야 하겠네." 앨리스가 말했다.

리타가 계속해서 말을 이어 갔다. "내 경우에 코칭의 핵심은 사람들을 그가 하는 행동보다 더 넓게 봐야 하고, 사람들은 그들의 도전이나 문제를 훨씬 넘어서는 존재라는 걸 중요하게 생각하는 거지. 비록 어려움에 놓여 있더라도 그는 한 사람으로서는 여전히 기본적으로 괜찮은 사람이거든. 내 목표는 각각의 코칭고객을 훌륭하고, 충분히 잠재력을 지닌 사람으로 보는 거야. 그 시각이 다음 아이디어로 연결해 주더라고.

우린 필요한 모든 자원을 이미 가지고 있든지, 혹은 그 자원을 만들어낼 수 있어. 자원이 없는 사람은 없는데, 단지 자원이 없다는 마음의 상태

---

7   귀인 이론attribution theory은 자신이나 다른 사람들의 행동의 원인을 찾아내기 위해 추론하는 과정을 설명하는 이론 (譯註)

가 존재한다는 생각이야. 우리는 우리가 가진 문제를 뛰어넘는 존재이고, 우리 안에 해답과 해결책을 지니고 있거든. 우리 인생에 찾아오는 도전들을 다루는 방법을 배울 수도 있지."

"그건 희망이라는 걸 설명하는 거네." 앨리스가 말했다.

"나도 그렇게 생각해. 예전엔 희망을 크게 고려하지 않았어. 사실 그건 희망 이상이거든. 사람들에게는 능력과 회복력이 있다는 믿음이야. 사람들이 경험한 것과 느끼는 감정 사이를 분리해야 아는 것일 수도 있어. 고승들은 아픔은 피할 수 없고, 고통은 선택할 수 있다고 말하지." 리타가 대답했다.

"와! 정말 어려운 거네." 로날드가 말했다.

"나도 알아, 내가 말한 것처럼, 이런 생각들이 유일한 진실이라고 말하는 건 아니야. 너희가 직접 살펴보고 너희는 어떻게 반응할 건지 생각해 보라는 거야. 만약에 이런 몇 가지 아이디어 중 어떤 것에서 거부감이 느껴지면 그걸 무시하지 말고 왜 거부감이 드는지 궁금해하고 살펴보라고 권하고 싶어. 거기엔 너를 위해 아주 가치 있는 게 들어있을 거야."

"고마워. 그렇게 해 볼게." 로날드가 말했다.

"이 길이 공원으로 가는 가장 느린 코스 같아." 앨리스가 말했다.

"그래, 우리가 제법 많은 얘길 했네. 거의 다 왔어." 리타가 대답했다.

그들이 공원에 도착했을 때 앨리스는 꼬마 아이 한 명이 놀이터에서 놀고 있는 걸 봤다. 놀이터 한가운데에는 빨간색의 우주로켓이 시끄러운 사람들에게 둘러싸여 있었다.

그들은 로켓으로 갔다. 거기서 앨리스는 전에 만났던 애벌레를 만났다. 그의 옆에는 침팬지 휴고가 있었다. 휴고는 레이나드와 머리를 맞대고 진지한 대화를 나누고 있었다. 카밀라도 있었는데, 그녀는 여전히 깔끔하게 차려입은 모습으로 빅터와 함께 있었다. 가까이 다가가 보니, 빅터와 카밀라는 무당벌레 크리스티나와 얘기하는 중이었다. 그들의 뒤에서 부드러운 곡이 서툴게 연주되고 있었는데, 개구리 테드가 만돌린을 연주하는 것이었다.

"멋진 송별파티네." 리타가 말했다.

"너희들이 무척 그리울 거야. 정말 여러 가지로 고마워." 앨리스가 한 명씩 포옹하며 말했다. "같이 배우게 돼서 참 좋았어. 과정 내내 즐거웠어." 로날드가 말했다. "나같이 늙은 거북이가 젊음이 뭔지 추억하는 건 큰 기쁨이지. 고마워, 앨리스." 리타가 말했다. 앨리스는 그들을 다시 한 번 끌어안았다. 그리고 몸을 돌려 다른 이들을 바라봤다.

"안녕하세요? 빅터." 앨리스는 공손하게 인사를 건넸다. "앨리스, 내게 케이크를 가져다준 예쁜 아이, 맞지?" 그가 눈을 반짝이며 말했다. "다음에 뵐 날을 기대해요, 코치님을 뵐 수 있었던 건 큰 행운이었어요." 앨리스가 대답했다. "그래요. 우리 꼬마 아가씬 아주 좋은 코치가 될 거야. 충분한 잠재력을 지니고 있거든. 그걸 사용하는 걸 겁내지 말아요." 빅터가 말했다.

"하시는 건 잘 되어 가나요?" 앨리스가 카밀라에게 물었다. "엄청난 진전이 있었지." 카밀라가 대답했다. "클라리사와 나는 처음으로 아주 생산적인 대화를 길게 나눴어. 우리는 근사하게 잘해가고 있어." 앨리스가 화답했다. "그렇게 말해주셔서 기뻐요."

"나한텐 인사를 안 할 거니?" 어디선가 끼끽거리는 소리가 들렸다. "크리스티나! 널 다시 만나서 정말 기뻐!" "코칭해 줘서 고마워, 앨리스. 난

코칭 어드벤처

이미 인터뷰 준비를 시작했어. 매우 설레고 신나." 크리스티나가 말했다.

앨리스는 한 무리가 그룹 지어 있는 곳으로 갔다. "안녕, 휴고, 처음 뵙네요." 앨리스가 인사를 건넸다. "만나서 반가워요. 레이나드가 당신 얘길 많이 했어요." 침팬지 휴고의 말이 끝나기가 무섭게 레이나드가 말했다. "내가 휴고에게 우리가 어떻게 도그하우스를 빠져나올 수 있었는지 설명해 줬거든. 날 어떻게 도와줬는지 말하고 있었어. 고마웠어, 앨리스." 앨리스도 상냥하게 말했다. "평안한 내일들을 기원할게. 정말 그랬으면 좋겠어."

"안녕? 애벌레!" 앨리스가 인사를 건넸다. 리타와 로날드, 애벌레를 처음 만났던 어느 날 아침이 생각났다. 그 느낌은 백만 년 전처럼, 아주 오래전 일로 느껴졌다. "안녕, 앨리스." 그는 얼굴 가득 미소를 지으며 말했다. "너와 대화를 나눌 수 있어서 고마웠어. 그날 아침이 내게 매우 도움이 됐거든. 너의 전문성이 큰 역할을 했지." 앨리스가 웃으며 말했다. "나도 즐거웠어. 잘 알겠지만 나는 깔때기나 와인 만들기에 대해서는 아는 게 없어. 내가 한 거라고는 잘 듣고 몇 가지 질문을 한 게 전부였어." 애벌레가 대답했다. "많은 걸 해줬지. 네가 엄청난 아이디어를 생각나게 해줬고 그걸 해볼 수 있게 됐거든." 앨리스가 대답했다. "그건 네가 해낸 거지. 그래도 우리가 같이 얘기한 게 도움이 됐다고 말해줘서 고마워."

"잘 있어, 테드." 앨리스가 말했다. "만돌린 잘 챙기는 걸 잊어선 안 돼. 그리고 너와 함께 노래해서 참 좋았어." "만돌린 찾는 걸 도와줘서 고마워, 그리고 퍼즐을 푸는 것도 재밌었어." 테드가 대답했다.

앨리스는 우주로켓 쪽으로 돌아섰다. 그리고 층계를 올라가서 문 앞에 섰다. 꼭대기에 도달할 무렵 마지막 인사를 위해 돌아섰다. "떠나기 전에 네 생각을 우리에게 나눠주면 좋겠네." 리타의 말을 들으며 앨리스는 눈가가 촉촉해지는 걸 느꼈다. '울지 말고 생각을 해봐야지, 앨리스.' 그녀는 자신에게 그렇게 말했다. '모든 걸 다 기억할 수 있다면, 많은 걸 배웠다고, 감사를 표한다고 이들에게 표현할 수 있다면, 행복한 생각을 남겨놓을 수 있지. 그걸로 충분히 감사하다는 걸 전할 수 있겠지.'

앨리스는 눈물을 닦고 목소리를 가다듬고 반듯하게 섰다.

당신에 대한 모든 걸 들을 수만 있다면

생각과 느낌은 당신에게 속해 있나요?

코칭고객이 전해주는 생각의 여정들을 탐색할 수 있다면 그 안에 내재 된 추측들을 찾아야지요.

질문할 수 있고 묻는 게 싫증 나지 않는다면

무슨 말을 하는지 관찰하고, 피드백하고

가면 속에 숨은 표현을 알아채고

공감대를 유지하고 같은 트랙 안에 머물러야지.

코칭고객이 원하는 걸 끌어내고, 원하지 않는 건 놔둬야 하지.

탓하지 않고 책임지도록 돕는다면

박해자와 구조자를 만날 수 있기도 하고

두 협잡꾼을 똑같이 대한다면

콘텐츠와 과정을 분리할 수 있다면

그들의 생각지도에서 어떻게 문제가 살고 있는지 찾아내어라.

코칭고객이 표현하도록 묻고, 돕고, 탐색하라.

논리적 함정에 빠지지 말고!

코칭 어드벤처

그게 쉬운 일이 아니라는 걸 알 수 있다면

힘들 때 인정하고 알아차리면

실패한 느낌이 들 때는 슈퍼비전을 요청하고

네 역할을 찾고 거기에서 네 몫을 해라.

너 자신의 투영을 객관적으로 알아차릴 수 있다면

네 안에서 뭐가 무의식적인지 탐구하고 배워라.

너의 믿음은 성찰을 통해서 따르고

같은 코칭고객과는 새로운 방식으로 함께 하라.

변화를 예측 할 수 있는 방법을 안다면

해결책이 문제점을 지니고 있는 것을 기억하라.

첫 번째인지 두 번째인지 변화단계를 생각해보고

코칭고객이 알 수 있게 도와라.

코칭역량을 키우는 노력을 계속하려면

연습하고 연습하고 인내하라.

코칭스킬과 보상은 영원하리라.

그리고, 더군다나, 당신은 코치가 될 거야, 내 사랑!

그들 일행은 손뼉을 치기 시작했다. 앨리스는 로켓 안으로 들어가면서 마지막 작별인사를 했다. 앨리스의 뒤에서 문이 조용히 닫혔다. 그녀는 그제야 하얗게 반짝이는 내부를 둘러보았다. 그녀의 앞에는 안락하고 커다란 의자가 놓여 있었다. 앨리스는 의자에 파묻히듯 편하게 앉았다. 로켓 밖에서는 아직도 박수가 들려왔다. 우레와 같은 큰 소리가 들렸고 로켓이 출발했다. 그녀는 몸을 가누며 그 순간을 즐겼다.

20

자각

문제점을 지닌
해결책의 사례

박수 소리가 잦아들면서 로켓은 좌우로 앨리스를 부드럽게 흔들기 시작했다. 구내전화가 울리는 소리를 들었고, 이내 아빠의 목소리를 들을 수 있었다.

"앨리스, 앨리스, 괜찮니?"

'참으로 이상하네.' 앨리스는 혼자 생각했다. '아빠 목소리가 어떻게 로켓의 구내전화에서 들리지?'

"앨리스!" 아빠의 목소리가 다시 들려왔다. "일어날 시간이야."

로켓은 점점 더 심하게 흔들렸고 앨리스가 눈을 뜨자 사라져 버렸다. 거기엔, 아빠가 걱정스러운 표정으로 몸을 굽혀 자신을 내려다보고 있었다. 그는 앨리스가 앉아있는 의자를 흔들고 있었다. 아빠의 어깨너머로 한 무리의 사람들이 문을 통해 빠져나가고 있는 모습을 볼 수 있었다.

"앨리스, 괜찮니?" 아빠가 물었다.

"네, 그런 거 같아요." 앨리스가 대답했다.

"온종일 잘 자더구나. 내가 매시간 너를 보러 왔는데 그때마다 잘 자고 있었어."

"온종일요?" 앨리스가 물었다. 그녀는 다시 주위를 둘러보았다. 그곳은 많은 의자와 스크린이 있는 큰 회의실이었고, 자기는 뒤쪽 큰 의자에 있다는 걸 알았다. 거길 어떻게 가게 됐는지는 전혀 기억나지 않았다.

"아빠가 일하는 데 널 데리고 와야 해서 미안해. 방학이 시작되자마자 이렇게 됐네. 아침에 네 컨디션이 좋지 않은 걸 알았지만 어쩔 수 없었어. 오늘은 너하고 집에 머물러 있을 수가 없었거든. 도착했을 땐 네가 잠결에 비몽사몽이어서 여기 앉혀뒀단다."

"아, 그랬구나." 앨리스는 새로운 상황을 받아들이며 말했다. "아빠, 오늘은 워크숍을 진행하셨어요?"

"그래, 얘야." 아빠가 대답했다. "워크숍에 사전 등록한 사람들이 많아서 취소할 수가 없었단다. 정말 미안해."

"오늘 워크숍의 주제는 뭐였어요?" 앨리스가 물었다.

"오늘 주제는 코칭이었어."

"아, 알아요." 앨리스는 미소를 지으며 말했다. "잘 되었나요?"

"아주 잘 됐어." 아빠가 대답했다. "흥미로운 분들이 많이 참석 했더라고."

"아, 그랬구나. 그분들은 어떤 분들인데요?" 앨리스가 물었다.

"음, 자전거 제조회사에서 일하는 로날드, 휴고라는 이름의 체조선수, 의류회사에서 일하는 크리스티나라는 여성도 있었고, 자선단체의 대표인 카밀라, 실직상태인 남자분, 그리고도 많은 사람이 있었지."

"크리스티나는 승진하고 싶어 했나요?" 앨리스가 물었다. "응, 그랬지." 아빠가 대답했다. "깨어 있었구나! 난 네가 온종일 자고 있다고 생각했어. 그 여자분의 빨강과 검정 드레스를 봤니? 정말 굉장하더구나."

"확실하진 않아요." 앨리스는 웃으며 말했다.

"그리고 여기서 자전거를 타던 로날드도 봤니?" 아빠가 물었다. "그는 오늘 진정한 스타였지. 그를 봤니?"

"오늘은 혼자 진행하셨어요?" 앨리스가 물었다.

"대부분은 그랬지. 오후 한 시간 동안은 아빠의 동료가 와서 도와줬단다."

"빅터?" 앨리스가 물었다.

"그래!" 아빠가 말했다. "다 보고 들었네. 빅터가 와서 짧은 특강을 했지. 그분은 이제 연세가 많아서 온종일 일하는 걸 좋아하지 않거든."

"슈퍼비전!" 앨리스가 말했다. "정말 흥미로운 대화였어요. 로날드에게는 좀 미안하긴 했지만, 빅터는 제가 케이크를 다 먹어서 화가 났나요?"

"케이크를 다 먹었다고? 넌 오늘 온종일 아무것도 안 먹었어. 내가 점심시간에 피자와 아이스크림을 갖다 놨는데 손도 안 댔단다. 쉬는 시간에 케이크도 갖다 놨는데 그것도 하나도 안 먹었잖아. 여기 전부 그대로 있네."

"아, 물론! 바보 같아라." 앨리스는 피자와 케이크가 담긴 접시를 바라보며 말했다.

두 사람이 회의실을 나섰을 때 앨리스는 '아트리움'이라고 쓰인 팻말을 봤다. 그들은 밝고 통풍이 잘되는 출입구를 통해 주차장으로 빠져나갔다.

차가 달리기 시작하자, 앨리스는 아빠가 생각에 잠겨서 정신이 딴 데 있는 것처럼 보인다고 생각했다.

"아빠, 무슨 생각을 하고 계세요?" 그녀가 물었다.

"오늘 밤에 리허설이 있거든."

"재즈밴드?" 앨리스가 물었다.

"응, 그게 좀 매끄럽지가 않은 느낌이 들어." 앨리스의 아빠가 대답했다.

"어느 부분에서 그런데요?" 앨리스가 다시 물었다.

"글쎄다. 전에도 말했지만, 우리 연주가 즉흥적인 부분이 많고, 그래서 실제 공연을 시작하기 전에는 어떻게 진행될지 알기 어렵거든. 근데 아빠는 왠지 잘 해내고 있다는 생각이 안 들어. 실제 연주가 머릿속에서 상상했던 것만큼, 근사한 건 아닌 거지."

앨리스는 경험에서의 표면구조와 심층구조의 차이를 설명하는 리타의 목소리를 들을 수 있었다.

"아빠는 어디에 막혀 있는 건데요?" 앨리스가 물었다.

"어떻게 하면 더 잘할 수 있는지 모르겠어. 오해하지는 마. 내 연주는 수준급이니까. 단지 다음 단계로 나아가고 싶은 거야."

"그런데 어떻게 해야 더 잘할 수 있는지 모르겠다고요?" 앨리스는 아빠의 말을 반복했다.

"그렇지. 난 이론도 공부했고, 그건 음악적으로 완전히 이해했어. 내 연주 실력은 훌륭해. 너도 알잖아. 난 내 등급과 4단, 5단을 연습해. 하지만 즉흥연주에서는 더 많이 맞춰주려고 할수록 더 잘 안 되는 걸 느껴." 앨리스의 아빠가 대답했다.

"더 열심히 노력할수록 더 나빠진다고요?" 앨리스는 캐물었다.

"딱히 그렇게 말하긴 어려워. 더 나빠지는 건 아니야. 다만 더 나아지지도 않는 거지. 실수하고, 다른 사람의 음을 놓치기도 해. 내가 좀 더 근사하게 소리를 낼 수 있다는 걸 아는데도 말이야."

"어떤 걸 놓치는데요?" 앨리스가 물었다.

앨리스의 아빠는 운전석에서 그녀를 건너다보았다. "무슨 일이지, 앨리스? 우리 따님은 원래 그렇게 많이 물어보는 편이 아닌데. 워크숍에서 온종일 깨어 있으면서 노트필기를 했을까?"

"자면서 듣고 있었던 것 같아요, 아빠." 앨리스는 상냥한 미소를 지으며 말했다. "그래도 말해줘요, 연주할 때 어떤 걸 놓쳤지요?"

"리드 연주자가 연주하는 음표와 리프, 그리고 멜로디지. 그걸 빠르게 따라잡지 못하고 거기에 어울리게 연주하지 못했어."

"아빠의 목표는 뭔데요?" 앨리스가 물었다.

"오늘 네가 강의를 듣고 있었다는 걸 이제 알겠네." 아빠가 웃으며 말했다.

"그런 거 같아요." 앨리스가 대답했다. "하지만 말해줘요, 목표가 뭔데요?"

"글쎄다." 아빠는 생각에 잠겨 말했다. "내 생각엔 재즈밴드에서 즉흥연주를 더 잘하는 게 목표인 것 같아."

"아빠가요? 아니면 밴드의 다른 분들요?" 앨리스는 리타의 목표 기준을 되짚어 생각하며 물었다.

"나! 이건 내 문제거든. 내가 다른 사람들의 연주에 잘 어울리게 연주해야 하는 거니까"

"좋아요. 그러면 아빠가 스스로 컨트롤 할 수 있는 범위네요. 아빠가 더 잘 연주하게 됐는지는 어떻게 알 수 있지요?"

"앨리스, 그런 건 어떻게 알게 됐지? 아주 훌륭한 코칭질문을 하고 있네."

"헤헤, 고마워요, 아빠." 앨리스는 미소를 지었다. '리타와 로날드가 지금 이 모습을 봐야 해'하는 생각을 하며 다시 물었다. "아빠가 더 잘 어울리게 연주하고 있다는 건 어떻게 알 수 있게 돼요?"

"몇 가지 방법이 있어." 아빠가 대답했다. "우선, 멜로디가 더 자연스럽게 흐르고 힘은 덜 들어. 가끔은 연주할 때 그 연주를 내가 하는 게 아니라 저절로 흐른다는 생각을 하게 되는 것을 의미해. 둘째로는, 밴드의 다른 사람들이 내 연주에, 피드백을 주는 연주로 화답해. 이따금 공연이 끝난 후 그날 공연이 어떻게 진행되었는지에 대해 얘기를 나누는데 거기서 내가 놓쳤던 것들을 알게 돼. 궁극적으로는 관객들이 이 공연을 더 즐기게 되지."

"아주 분명하네요." 앨리스가 말했다. "즉흥연주가 잘 안 풀리는 건 어떤 건지 좀 더 자세히 얘기해줘요. 아주 재밌어요."

"잘 안 풀릴 때?" 아빠가 물었다.

"응, 잘 안 풀리는 거요." 앨리스가 대답했다.

"글쎄다. 내가 연주하는 중에 리드 연주자가 연주내용을 즉흥적으로 바꾸기 시작하는 걸 듣게 되거든. 그러면 그가 어떻게 바꿀지 궁금해지지. 재즈에서는 즉흥연주에 관한 이론이 많아. 그래서 나는 리드 연주자의 연주를 어디서 받을지 몇 가지 가능성을 생각해 보게 돼."

"지금 기분은 어떤데요?" 앨리스가 물었다.

코칭 어드벤처

"걱정되긴 하지."

"뭘 걱정하는데요?" 앨리스가 계속했다.

"제대로 되려나 하는 걱정. 난 오늘의 연주가 정말 멋졌으면 좋겠어. 그래서 난 진짜 열심히 연주할 거거든. 근데 스트레스가 좀 심하단다."

"그러니까 오늘 아빠가 멋지게 연주했으면 좋겠다고 생각하기 때문에 불안감을 느끼고 있고, 그걸 제대로 해내려고 열심히 노력하고 있고, 즉흥연주가 어느 방향으로 흐르게 될지 그 가능성에 대해 생각하고 있는 거네요."

"그래, 그게 딱 맞는 말이야." 아빠가 대답했다.

"즉흥연주가 어디로 흐를지 미리 생각해 두면 잘 되나요?" 앨리스가 물었다.

"잘되지는 않아. 실력은 별로 늘지 않고 있지만, 내 연주는 괜찮아. 내가 더 잘할 수 있다는 것도 알아. 만약에 네가 묻고 싶은 다음 질문이 '내가 뭘 개선해야 하는가'라는 거라면, 내 생각은 이런 거야. 연주할 때 충분히 집중하지 못하는 것, 그리고 즉흥연주가 어느 방향으로 흐를지 예측하기 위해 더 큰 노력을 해야 한다는 것."

"흥미롭네요." 앨리스가 말했다. "아빠는 좋은 연주를 하기 위해 열심히 노력하고 있는데 그 방법은 효과적이지 않다고 말하고 있어요. 그러면서 해결책으로는 같은 방법으로 더 많이 하고 더 열심히 노력하는 거라고 했어요."

앨리스의 아빠는 앨리스가 케이크를 너무 많이 먹었다고 꾸짖을 때처럼 쳐다봤다. "네가 이해할 거라곤 생각하지 않아. 이건 어른들의 문제거든. 열심히 노력하는 것도 포함해서."

앨리스는 심호흡을 했다. "난 아빠를 돕고 싶을 뿐이에요."

앨리스의 아빠는 그녀를 쳐다보았다. 그의 표정이 부드러워졌다. "물론, 얘야. 난 네가 이렇게 말하는 게 익숙하지 않은 거야. 정말 놀랍거든."

"아빠는 연주가 스스로 진행되고 멜로디가 자연스럽게 흘러가는 것처럼 느낄 때가 있다고 했는데, 그러면 노력도 덜 들고 저절로 되는 것 같다면서요? 그건 어떤 거지요?"

"그건 자주 일어나는 건 아니야. 보통 리허설에서 그렇게 되지, 실제 공연할 때가 아니고. 가끔은 내가 그 안에 있는 느낌이 들어. 내 최고의 즉흥연주는 그럴 때 일어나곤 해."

"지금은 기분이 어떠세요?"

앨리스의 아빠는 잠시 말을 멈추고 숨을 깊이 내쉬었다. "마음이 편해졌어. 실제로 안정이 됐어."

"편안해지고 침착해졌네요. 지금은 뭐에 관심이 있지요?" 앨리스가 물었다.

"듣는 거." 아빠가 말했다. "난 리드 연주를 듣고, 그 연주의 음 하나하나를 다 듣고, 그 음들이 함께 어떻게 흐르는지 들으며 패턴을 알 수 있는 것이지."

"아빠가 듣는 연주군요." 앨리스가 반복해서 말했다. "뭐에 대해 생각해요?"

아빠는 잠시 뜸을 들였다. "난 지금 아무 생각도 안 해. 난 그냥 듣는 것."

그는 앨리스를 보았다. "우리 영리한 따님! 아주 영리해!"

앨리스는 침을 꿀꺽 삼켰다. "무슨 뜻이에요?" 그녀가 물었다.

코칭 어드벤처

"네가 방금 어떻게 하면 나아질지 알려 줬어. 왜 그걸 몰랐지?"

앨리스는 아빠에게 어떤 방법도 알려주지 않았다는 걸 확신할 수 있었고, 그게 뭔지 알 수도 없다는 것도 확신할 수 있었다. "아빠가 알게 된 건 뭐죠?"

"글쎄다. 내가 더 열심히 노력하면 할수록 더 많이 불안해지고 그럴수록 더 연주되는 음들과 리프를 받아내지 못할까 걱정을 하지. 그렇게 되면 이론에 근거해서 즉흥연주를 예측하려고 애를 쓰지. 그럴수록 나는 같이 연주하는 사람들의 즉흥연주를 덜 듣게 돼. 지금 깨달은 건 내가 제대로 하려고 열심히 노력하지 않을 때 더 편안해지고, 긴장하지 않으면 더 잘 듣고, 그때가 제일 연주를 잘한다는 거야."

"적게 노력하면 더 잘 연주한다." 앨리스가 말했다.

"노력을 적게 할수록 더 잘 연주한다." 아빠가 정정했다.

"잘하려는 노력 대신에 내 주의력을 리드 연주를 듣는 데 집중하면, 내 연주가 훨씬 나아진다."

"아까 열심히 노력하는 것도 그 일부라고 했죠?"

"난 언제나 열심히 노력해. 열심히 하는 것이 내가 나아지는 방법이거든."

"지금은 어떻게 생각해요?" 앨리스가 물었다.

"난 여전히 그게 사실이라고 생각해. 열심히 노력하고, 성공하기 위해 더 노력하는 건 우리 인생에 필요한 일이거든. 하지만 가끔은 그렇지 않을 때도 있어. 성공하기 위해 혹은 제대로 해내기 위해 열심히 노력하는 것이 가끔은 성취하는 걸 막기도 한다는 걸 알았어. 내가 연주할 때 긴장을 풀고, 듣는 데 집중하면 연주를 더 잘할 수 있어. 직관에 반하는 것이지만 말이야. 향상이 내 목표지만, 제대로 하려는 노력을 적게 하면 더 나은 연주를 할 수 있어."

"그럼 향상을 위한 첫 단계는 뭔데요?" 앨리스가 물었다.

"계속 듣기." 아빠가 대답했다. "나는 내가 향상되기를 원했고, 그 목표는 변하지 않았어. 문제는 '어떻게' 그걸 해낼 거냐 하는 거였지. 그래서 제대로 해내려고 더 노력하는 대신 더 듣고, 긴장을 푸는 것이 내가 연주하는 데 더 도움이 되고 원하는 목표를 성취하게 되는 거지."

"멋있네요! 우리 아빠."

"고마워, 앨리스. 그게 코칭이 주는 엄청난 효과야. 넌 오늘 정말로 많이 배웠네."

앨리스가 미소를 지었다. 얼마나 놀라운 날인가. 앨리스는 자기 생각과 아빠와의 대화에 너무 몰두해서 차 속에 있다는 걸 거의 잊고 있었다. 아빠는 차를 세웠고, 앨리스는 집 앞 잔디에서 놀고 있는 여동생을 보았다. 차에서 내려 여동생에게 다가간 앨리스는 거기서 동생과 놀고 있는 거북이를 봤다. 앨리스는 혼자 미소를 지었다. 거북이도 그녀를 똑바로 바라보며 미소 짓는 것 같았다.

현관으로 걸어가면서 앨리스는 연못을 힐끔 쳐다봤다. 수면 근처에 물고기 한 마리가 그녀를 바라보고 있었다. "고마워." 그녀가 물고기를 보며 소리 내지 않고 입 모양으로 말했다. 이번엔 여동생 쪽을 바라보며 거북이에게 다시 입 모양으로 고맙다고 말을 했다. 순간 그녀는 거북이가 자신에게 윙크했다는 걸 확신할 수 있었다.

21

시작의 끝

코칭여행을 이어가게 할
요약과 질문들

"앨리스, 이 책을 끝내려는데 네 프레시précis가 필요해."

"프레이시아pray-sea가 뭔데요, 벤 아저씨?"

"아직 불어를 배운 적이 없나보구나, 앨리스, 요약이라고 생각하면 돼."

"햇빛과 푸른 하늘과 사과나무들, 그리고 피크닉, 또 새로 단장한 잔디?"

"앨리스, 그게 아니고 요약! 간단하게 요점만 말해 보라니깐!"

"왜 그렇게 화를 내세요? 전 그냥 도우려는 건데."

"도우려는 거라고?"

"벤 아저씨, 이 전체 스토리는 저에 관한 거잖아요. 누군가 그 프레이시아라는 걸 쓸 수 있다면 그건 바로 저라고요."

"좋아. 좋아. 요약해 봐. 시를 쓰라는 건 아니야, 앨리스."

"알았어요, 벤 아저씨. 제가 생각하기에 우리는 코칭적 접근이 왜 유

코칭 어드벤처

용한지를 생각하는 데에서 시작했어요. 중요한 건 제가 그들을 위해서 뭔가 해결책을 내놓지 않고도 도와줄 수 있다는 걸 알게 된 거죠. 그리고 누굴 도와준다는 건 그들이 스스로 해결책을 찾게 돕는 거라는 거였지요. 그럼으로써 스스로 풀었다는 주인의식을 갖게 하는 방식이라고 했어요. 코치는 그들이 할 수 있게 하고, 의존하는 대신 자신을 믿도록 이끌어주는 역할이죠."

"맞아, 잘하고 있어. 앨리스. 비즈니스 맥락에서는 우리는 코칭적 접근이 때로는 더 많이 참여하게 하고, 받아들이게 되고, 대화하게 된다는 얘길 했지. 코칭적 접근은 혁신적 아이디어와 해결책들을 불러오는 잠재력을 가지고 있어. 코칭은 가능성을 끌어내지. 개방적으로 되게 하고 다양하게 생각하게 해서 개인을 성장시키는 역할을 해. 근데, 앨리스, 이번에 배운 코칭스킬과 아이디어는 어떻게 정리할 수 있지?"

"글쎄요, 벤 아저씨. 생각 좀 해보고요. 말하는 것과 질문하는 것의 차이가 생각나요. 경청에는 여러 단계가 있다는 것도 알았어요. 질문은 열린 질문으로 하라는 것도 배웠고, GROW모델에 대해서도 알게 됐어요. 그리고 코칭내용과 코칭과정을 분리하라는 것, 라포 형성, 그리고 생각지도에 대해서 배웠지요. 표면적인 구조와 내재된 구조가 다르다는 것, 관계의 역동성에 대해서도 생각해 보게 되었어요. 관계의 역동성은 박해자와 구조자, 그리고 조난자로 나눠 입장을 정리하는 것이었어요. 거기에 피드백 주는 방법, 관리하기, 변화의 다양한 수준, 입장, 그리고 코치로서의 자신의 신념과 아이디어에 대해서도 생각해 보는 시간이었어요. 와아, 나열해보니 정말 많네요!"

"그렇지, 그렇고 말고!"

"이제 마무리할 거지만 질문 하나만 더 해도 돼요?"

"뭔데 앨리스?"

"가끔은 제가 코칭할 때 리타의 목소리가 제 안에서 충고하거나 격려하는 걸 느끼곤 해요. 리타는 '열린 질문을 해야지'라거나, '이 코칭대화 계약에 동의했다는 걸 명심해'라고 말하는 것 같아요. 때론 저도 뭔가 하면서 '이럴 때 리타는 뭐라고 말하려나?'라고 묻기도 해요. 이상하게 들리겠지만 결국, 그건 꿈이었을 뿐이고 리타는 실존하는 것도 아닌데 말이죠."

"리타가 네게 준 충고와 격려는 도움이 되었니?"

"물론 도움이 됐지요. 한 걸음 물러나서 어떤 식의 대화로 다가갈지 생각해 본다니까요. 근데 그게 저한테서 나온 게 아니라, 마음속에 사는 상상 속의 거북이인 리타가 함께 해서 가능한 거라는 게 문제가 될까요?"

"이거 하나는 명확히 해야겠구나, 앨리스. 리타는 네 마음속에 사는 존재고, 그건 너의 일부라는 거지. 너의 일부로서 네 코칭 스킬이나 지식, 혹은 네 이해력에 자연스럽게 동화되어 나타나는 거고. 우리는 우리 각자의 내면에 여러 부분이 있어서 다르게 행동하고 다른 스킬로 나타나곤 한단다. 그냥 그런 걸 이름 붙여놓지 않았을 뿐이란다. 아마 벌써 이 책에서 만난 그 아이디어들을 흡수해서 너만의 코칭 원더랜드 속에서 연습하고, 실제 그렇게 해볼 기회를 고대하고 있을 거라는 생각도 들어."

"그럼 벤 아저씨, 이런 걸 지금 회상해보는 게 도움이 되겠네요."

코칭 어드벤처

다음에 당신이 코칭대화를 나눌 때, 당신은 아마도 '이건 나의 리타, 로날드, 혹은 앨리스가 나를 도와 경청하고 질문하게 하는 걸까'라는 생각을 할 거예요. 아마 당신은 코칭고객의 가슴 속에 원더랜드를 가지고 있음을 기억하게 될 거예요. 그 속에는 은유적이지만 생각지도도 있고 그 속에는 등장인물들이 많이 존재할 거예요. 코치로서의 당신의 역할은 당신의 코칭고객들이 원더랜드를 탐험하게 하는 거지요. 좀 더 잘 이해하고, 새로운 시각을 갖게 하고, 잠재력을 발견하게 하는 것이지요. 그런 당신의 가이드 덕분에 코칭고객들은 배우고 발전하는 여행을 즐길 거예요.

새롭게 느껴지는 스킬들과 아이디어들을 계속해서 연습하고 발전 시키면 별생각 없이도 자동으로 활용하게 될 거라 믿어요. 언젠가는 아마도 당신은 코칭과정에서 지금을 회상하면서 '그때 많이 배웠지'라고 생각할 거라고 믿어요.

이제 앨리스와 제가 당신과 작별인사를 할 때가 되었군요.

만사 원하시는 대로 잘 이루시길!

코칭 능력을 무한대로 늘려주는

코칭 어드벤처

초판 1쇄 발행 2021년 9월 30일

지은이	벤저민 다우먼
옮긴이	권오상, 허영숙
발행처	예미
발행인	박진희, 황부현
책임편집	김재서
교정 교열	차영순
디자인	김민정

출판등록 2018년 5월 10일(제2018-000084호)

주소 경기도 고양시 일산서구 중앙로 1568 하성프라자 601호
전화 031)917-7279 　**팩스** 031)918-3088
전자우편 yemmibooks@naver.com

ⓒ벤저민 다우먼, 2021

ISBN 979-11-89877-59-0 03190